헨델의 성경이야기

오라토리오와 구약성경

허영한 저

음악학연구소
Korean Institute for Musicology
총서 108

헨델의 성경이야기

오라토리오와 구약성경

허영한 저

발행인 | 조석희
제작·디자인 | 신인선

2010년 12월 14일 초판 발행

발행처 | 도서출판 심설당
인쇄 | 문성
출판등록 | 1980년 10월 31일(제1-24호)
서울시 서초구 서초3동 1601-2 한라그린빌 805호

전화(02) 3471-7431
팩스(02) 6008-3431

값: 30,000원
ISBN: 978-89-89544-43-2 03670
(CD 2장 포함 가격)

서 문

지난 3년 정도 헨델의 오라토리오에 푹 빠져 살았다. 3년 전 무슨 영문인지 그렇게 읽지도 않던 성경책을 작심하고 처음부터 읽어나가기 시작했다. <창세기>는 옛날이야기 같아서 그런대로 재미를 느끼며 읽을 수 있었으나 <레위기>와 <민수기>를 읽을 무렵에는 그야말로 나의 인내심을 시험한다는 생각도 들었다. 그러던 중 또 무슨 영문인지 헨델의 작품 목록을 뒤적이기 시작했다. 음악학 박사라는 학자의 위엄은 그 목록을 보는 순간 무너지고 말았다. "헨델이 오라토리오를 이렇게 많이 작곡했었나?" 나는 몰랐다. 그래도 서양음악사를 강의하는 교수이므로 <메시아>는 기본이고 <사울>, <솔로몬>, <이집트의 이스라엘인>, <유다 마카베오> 정도는 알고 있었다. 예전과는 달리 그 많은 오라토리오 제목들이 새롭게 느껴졌다. 그래서 이 작품들을 닥치는 대로 듣기 시작했다. <이집트의 이스라엘인>을 들으며 <탈출기>(출애굽기)를 보니 재미있었다. 그리고 음악이 너무 훌륭하다는 생각이 들었다. 예전에도 분명 몇 번 들었을 작품이지만 이번에는 완전히 새롭게 세세한 부분이 들리기 시작한 것이다. "그 때는 이렇게 재미있게 듣지 못했는데?" 달라진 것이 무엇인지 생각하다 결론을 내렸다. 내 손에 들려 있는 성경책이었다. 그 때는 음악으로 들은 것이다. 그러나 이번에는 성경을 읽듯이 듣게 된 점이 차이였다.

본격적으로 헨델의 오라토리오 음반을 수집하기 시작했다. 그야말로 수집이었다. 유명한 오라토리오를 제외하면 대부분 현재 구할 수 있는 음반이 하나 또는 둘 정도였다. 학교 도서관, 남의 학교 도서관, 국내 음반 판매점을 돌다가 안 되면 아마존 온라인 사이트를 통해 간신히 성경 내용을 소재로 한 오라토리오 15편을 모두 확보할 수 있었다. 헨델의 오라토리오가 음반도 별로 없는 작품이라는 점에 다소 실망하면서 듣기 시작했다. "괜한 고생을 하는 것은 아닐까?" 그러나 실망이 희망으로 바뀌는 순간이었다. 이렇게 훌륭한 음악인 줄 몰랐다. 15편 전체를 모아놓고 보니 놀랍게도 <창세기>부터 신약 성경까지 고대 이스라엘인들의 이야기가 오라토리오로 만들어져 있었던 것이다. 이 무렵 나의 성경 통독은 속도가 붙었고 성경책을 읽다가 신비스럽게 잠이 들기를 수없이 반복하기는 했지만 1년 만에 통독에 성공했다. 이때까지 헨델 오라토리오도 15편 모두 서너 번 이상 들었을 것이다. 헨델의 오라토리오는 몇몇 예외를 제외하면 전체를 듣는데 평균 2시간 30분정도 걸린다. 결코 짧은 시간은 아니다. 그나마 다행인 것은 가사가 영어라는 점이었다. 슈베르트를 노래하고 듣다가 독일어라는 장벽을 실감하고 베르디의 아리아를 듣다가 이탈리아어에 막혀버리는 것과는 달리 한결 편안했다. 그런데 문제는 다른 곳에 있었다.

오라토리오의 내용을 보다가 잘 모르는 부분이 나오면 다시 성경을 참고하게 되었고 성경 내용이 어려워지면 성경 해설책을 또 보게 되었다. 음악은 나의 전공분야이기 때문에 어려움을 만나도 나홀로 해결하는 것은 문제가 아니었다. 그런데 초보 성경 독자가 나홀로 그 내용을 깊이 들어가기에는 역부족이었다. 도대체 알 수 없는 지명 이름과 사람 이름들이 난무하니 남의 나라 이야기를 이렇게 열심히 읽어야 하는지 의문도 들었다. 때마침 수년전부터 성경을 공부하던 나의 음악친구가 "구약 초급(또는 입문)"이라는 소제목이 붙은 책들을 보여주었다. 성경을 읽다가 궁금증이 생기면 자꾸 물어보니 귀찮았던 모양이다. "음. 그동안 공부를 하긴 한 모양이군." 서재에서 피아노 치다가 조용해지면 졸고 있는 줄 알았는데 그 시간에 나의 음악친구는 성경공부를 하고 있었던 것이다. 신앙적인 측면에서 아내가 나보다 한 수 위라는 점은 솔직히 시인한다. 성경 공부한다고 며칠씩 어딘가 다녀오는 것에 불만을 품었던 일을 조용히 반성했다. 헨델 오라토리오를 소재로 책을 쓰기로 마음먹은 이상 그래도 성경을 좀 더 깊이 알아야겠다는 생각에 이 책 저 책들을 보게 되면서 나의 성경 지식이 "초급"을 넘어섰다고 뿌듯한 기분에 사로 잡혀 있을 때 아내는 오래전에 이미 마스터한 책인 양 "구약 중급"을 꺼내 놓았다. "음, 아직 멀었다는 말이군."

학자적 자존심을 걸고 본격적으로 성경 공부를 해야겠다는 생각이 그 무렵에 생겨나기 시작한 것 같다. 온라인으로 예일대의 성경 강좌를 듣기 시작했고 아마존을 통해 이번에는 음반이 아니라 성경 연구 관련 서적들을 주문했다. “고대 중동의 역사부터 공부해야지.” 마음먹고 길가미시 설화니 함무라비 법전이니 아시리아, 이집트, 바빌론, 페르시아까지 생각보다 쉽게 읽히는 것이 신기했다. 서양음악사 전공자는 아무리 멀리 내려가도 중세가 끝이다. 물론 고대 음악에 대한 논의가 없는 것은 아니지만 그리 큰 부분을 차지하지 않는다. 그런데 고대 중동 이야기는 기원전 3000년부터 시작해서 기원전 300년 경이면 끝나버린다. 그 옛날이야기들을 읽어나갈 수 있었던 것은 구약 성경에 대한 재미가 동시에 증가하기 때문이었다. 그러면서 다시 헨델의 오라토리오가 더욱 실감 있게 들려왔다. 이 책의 집필 동기는 바로 여기서 나왔다. 너무도 멀게 느껴지는 구약 성경의 세계를 부분적이나마 헨델의 멋진 음악과 함께 즐길 수 있다는 점이 나에게 집필 용기를 주었다. 사실 신약도 아니고 구약을, 그리고 오페라도 아니고 연기도 무대 장치도 없는 오라토리오를, 또 모차르트나 베토벤도 아니고 헨델을 합쳐 놓은 이 책은 실패를 보장받고 있는지 모른다. 그럼에도 가장 큰 힘이 되어 준 것은 헨델의 음악이었다. 그래서 이 책을 반드시 음반과 함께 내놓아야한다고 생각한 것이다. 독자들에게 헨델의 음악을 꼭 소개하고 싶었다.

이 책은 총 6부로 구성된다. 제1부는 헨델의 오라토리오를 이해하는 데에 필요한 사전 지식들을 모아놓았다. 클래식 음악 초보자를 위해 기초적인 음악 지식을 포함시켰으며 헨델이 누구인지, 헨델은 어떤 성경을 보았는지 등을 다루었다. 제2부부터 15편의 오라토리오를 3편씩 묶어 소개하고 있다. 오라토리오의 순서는 작곡 순서가 아니라 구약 성경의 순서에 따른다. 그래서 헨델의 첫 오라토리오인 <에스테르>가 뒤에 위치하게 되었고 비교적 후기에 작곡된 <요셉과 그의 형제들>이 책에서는 첫 작품으로 다루었다. 각각의 오라토리오는 작곡 배경과 관련된 이야기로 시작하며 등장인물과 줄거리 설명에 앞서 해당 오라토리오가 시작되기 이전의 성경 내용에 대한 간략한 해설을 곁들였다. 줄거리 요약이 모두 정리되면 10분 안팎의 선곡된 음악들을 음반과 함께 감상할 수 있도록 영어 가사와 한글 번역을 제공하고 그 곡의 감상 포인트를 짧게 서술하였다. 각 오라토리오의 대표적인 곡목들을 선곡하려했으나 제한된 분량으로 인해 많은 명곡들이 제외된 것이 무척 아쉽다. 그 다음에는 해당 오라토리오에서 들어볼 만한 곡으로 추천한 곡들의 리스트이며 각 곡에 대해 간략한 해설을 추가하였다. 마무리 부분은 해당 오라토리오가 실제 성경 내용과 다른 부분에 대해 집중한다. 오라토리오 내용과 연관된 서양의 그림들을 포함시켰으며 음악과 관련된 용어나 지식들에 대한 추가 설명이 필요한 경우에는 박스로 처리했다.

성경은 주교회의 성서위원회가 편찬한 <성경>(2005년)을 참조하였고 당연히 사람 이름이나 지명 등은 모두 가톨릭 성경의 철자법으로 표기하였다. 독자들 중에 기독교 성경에 익숙한 분들을 위해 크게 다른 용어들은 간간히 괄호 안에 기독교식 표기도 포함시켰다. 예를 들어 '파라오'라는 단어가 나오면 괄호 안에 '바로'라고 표시한 것이다. 그 외에 사소한 차이, 즉 에스테르와 에스더 같은 경우에는 굳이 괄호를 달지 않았다. 성경 말씀이 직접 인용된 경우에는 어느 부분에서 따온 것인지를 장과 절로 표시하였고 직접 인용하지 않더라도 관련된 내용이 있는 곳도 명기하였다.

이런 책을 팔아보겠다고 나서는 출판사가 있을지도 걱정거리였다. 단순한 책이면 몰라도 음반까지 포함시켜야 하고 컬러 그림까지 들어가 있는 이 비싼 책을 출판하겠다고 희생을 자처한 심설당의 신인선 선생님의 노고에 감사드린다. 교정과 기독교 용어에 능란한 음악원 전문사 학생 김일심 양의 도움도 잊을 수 없다. 첨부된 음반은 낙소스 코리아의 도움이 절대적으로 주효했다. 특정 레이블만으로 15편의 오라토리오를 해결할 수 없어 여러 레이블을 엮어야 하는 복잡한 문제를 낙소스 코리아의 카이 체피츠카(Kai Czepiczka)가 해결해 주었다. 그의 도움이 없었다면 음반을 포함시키지 못했을 것이다. 그리고 끝으로 나에게 구약 성경의 세계를 열어 준 헨델에게도 고마움을 표하고 싶다. 그의 음악이 아니었으면 이 책은 나오지 않았을 뿐만 아니라 나의 성경 지식도 초급에서 벗어나지 못했을 것이다. 물론 집안에서도 고마운 사람을 찾을 수 있지만 생략한다. 지난 해 부터 아내는 신약 중급을 공부하고 있다.

2010년 11월 허 영한

참고 자료에 대해

헨델의 오라토리오는 성경의 내용을 직접 인용하는 가사가 적지 않다. 심지어 <메시아>는 전체가 성경 구절을 짜깁기 한 가사로 되어 있다. 따라서 이 부분은 필자가 번역하기 보다는 참고한 성경의 내용을 직접 가져왔다. 참고한 성경은 가톨릭 주교회의 성서위원회가 편찬한 <성경>(2005년)이며 이 성경 구절의 인용을 승낙한 주교회의에 감사드린다.

오라토리오 악보는 독일의 음악학자 프리드리히 크리산더(Chrysander)가 편찬한 전집을 참고하였다. 19세기에 나온 악보라 최근의 연구 결과를 담고 있지는 못하지만 아직도 그 가치를 인정받고 있다.

참고 문헌에 대해

최고의 헨델 학자로 칭송받는 윈튼 딘(Winton Dean)이 50년 전에 출간한 Handel's Dramatic Oratorios and Masques(Oxford University Press, 1959)는 지금까지도 그 위력을 발휘하고 있다. 그 이후로 아무도 이런 책을 낼 생각을 할 수 없게 만든 놀라운 연구서이다.

헨델의 생애와 연관해서 지휘자이기도 한 크리스토퍼 호그우드(Christopher Hogwood)의 Handel(Thames and Hudson, 1984)과 도널드 버로우스(Donald Burrows)의 Handel(Oxford University Press, 2001)을 참고하였다.

성경 공부를 위해 접한 서적들로는 김혜윤, <역사서1>(생활성서, 2007)과 성바오로딸수도회에서 펴낸 시청각통신성서교육원 교재 등을 참고하였으며 외국 서적으로 Michael D. Coogan이 편집한 The Oxford History of the Biblical World(Oxford University Press, 1998)와 Hershel Shanks가 편집한 Ancient Israel From Abraham to the Roman Destruction of the Temple(Prentice Hall, 1999), 두 책이 큰 도움을 주었다.

물론 이 외에도 많은 서적의 도움을 받았으나 생략하기로 한다.

목차

제1부: 시작하기 전에

헨델의 오라토리오로 들어가기 전에 사전 지식이 필요하다. 헨델은 어떻게 살았으며 그에게 오라토리오는 어떤 의미를 지니는 지, 그리고 오라토리오라는 장르가 유럽에서 어떻게 발생했는지, 헨델이 작곡한 오라토리오에는 어떤 것들이 있는지, 그의 오라토리오는 누가 불렀는지, 헨델은 어떤 성경을 끼고 살았는지를 간략하게 간추려 본다.

독일 태생의 프랑스계 화가 필립 머시어의 〈헨델 초상화〉. 필립 머시어는 헨델과 유사하게 독일 하노버를 거쳐 런던에 정착한 화가이다. 1720년대 즉 헨델이 마흔살 경의 초상화이며 가발을 쓰지 않은 모습이 특이하다. 이 그림은 1748년까지 헨델이 지니고 있었다고 한다.

헨델의 삶

스무살에 오페라를 작곡하다.

조지 프리드릭 헨델(George Frideric Handel 1685-1759)은 1685년 2월 23일 독일의 할레에서 태어났다. 그의 아버지는 외과 의사였으나 지금과 같은 전문의와는 다른 방식의 의사였다. 중세 때부터 유럽에서는 이발사가 외과 의사를 겸하는 경우가 많았기 때문이다. 헨델은 아버지 헨델과 두 번째 부인 사이에 태어난 첫째 아들이었다. 어려서부터 음악에 대한 뛰어난 재능을 보였으나 아버지는 아들이 법학을 공부하기를 원했다. 십대 초반의 소년 헨델은 아버지가 궁정 의사로 일하던 귀족 집안에서 오르간 연주 실력을 선보였고 이에 감동한 그 귀족의 권유로 헨델은 1692년부터 법과 음악의 길에 들어선다. 1697년 아버지가 75세의 나이로 사망하고 1년 후인 1698년에는 할레 교회의 오르간연주자였던 착코우의 제자가 되었다. 1702년에 할레 대학의 법학 전공 학생이면서 동시에 할레 교회의 오르가니스트가 되었다. 1703년 헨델은 좀더 큰 도시를 경험하기 위해 함부르크로 간다. 함부르크는 독일 북부의 항구도시로 상업적으로나 문화적으로 당시 독일 지역에서 상당히 중요한 위치에 있었다. 특히 함부르크는 독일 지역에서 몇몇 안되는 오페라 극장을 갖고 있었고 당대 최고의 독일 오페라 작곡가인 카이저가 활동하던 곳이었다. 헨델은 곧바로 카이저의 오페라 극장 오케스트라 단원이 되어 바이올린을 연주하며 당시에 유행하던 이탈리아 오페라를 접할 수 있었다. 카이저가 잠시 오페라 극장을 떠나있는 동안 헨델은 그를 대신하여 하프시코드를 맡게 된다. 하프시코드란 악기는 현재의 피아노와 유사한 건반악기로 바로크 시대의 음악에서는 가장 기본적인 악기였다. 보통 작곡가들은 자신의 음악을 공연할 때 바로 이 하프시코드를 연주하며 연주자들을 지휘했다. 1705년 헨델은 1월과 2월에 각각 그의 첫 오페라인 <알미라>와 <네로>를 공연하였으며 <알미라>는 큰 주목을 받았다. 그러나 카이저가 복귀하면서 헨델은 위기를 맞이한다. 자신이 없는 사이에 벌어진 일을 목격한 카이저는 헨델을 견제했던 것으로 보인다. 카이저는 자기보다 11살이나 어린 헨델이 공연한 오페라와 똑같은 소재를 사용하여 1705년과 그 다음해에 공연한다. 카이저의 역할이 어느 정도였는지 확인하기는 어렵지만 헨델은 3년 만에 독일 최고의 오페라 극장을 떠나 오페라와는 전혀 관계없는 로마로 향한다. 카이저는 헨델이 로마로 떠난 후에 그가 남기고 간 오페라를 무대에 올린다. 헨델의 허락을 받았을 리 만무하다.

로마의 독일인

이탈리아는 17세기 초부터 많은 외국의 작곡 학생들이 찾아와 당시 최첨단의 음악을 공부하던 곳이었다. 그 중에서도 베네치아와 나폴리는 오페라의 중심지 역할을 했고 로마는 종교음악의 고장이었다. 1706년 말에 독일을 떠난 헨델의 첫 도착지는 로마였다. 가톨릭의 중심지인 로마에서 그는 당연히 가톨릭 종교 음악에 매진할 수밖에 없었다. 이 당시에 로마는 오페라 공연을 금지하고 있었기 때문이다. 초기 종교음악의 명곡인 <주님께서 말씀하시네>(Dixit Dominus)는 라틴어 가사에 붙여진 곡이며 그 외에도 카르멜 수도회를 위한 것으로 알려진 몇몇 작품이 로마에서 작곡한 첫 작품들이었다. 헨델은 이후 자신을 이탈리아로 초청해 준 피렌체의 메디치 공작을 찾아 오페라 <로드리고>를 1707년 11월에 초연한다. 이후에도 헨델은 이탈리아 다른 지역에서도 활동한 기록이 있지만 로마를 완전히 떠나지는 않았던 것으로 여겨진다. 로마는 종교음악의 중심지였을 뿐만아니라 당대 최고의 바이올린 연주자이며 작곡가였던 코렐리가 활동하고 있었다. 뛰어난 연주자와 성악가들이 몰려있던 로마를 헨델이 완전히 포기하기는 어려웠을 것이다. 바로 그 대작곡가 코렐리가 헨델의 첫 오라토리오인 <부활>(La Ressurezione)을 지휘하게 된다. 1708년 4월 8일 부활절에 공연된 이 오라토리오의 공연 기록을 보면 오라토리오이지만 무대 배경과 막을 설치했으며 45명의 오케스트라가 동원되었고 코렐리가 지휘했다고 한다. 스무 세 살의 작곡가에게 최고의 경험이었을 것이다. 1709년, 이번에는 베네치아에서 오페라 <아그리피나>를 발표하여 큰 성공을 거둔다. 이렇게 종교음악과 오페라 모든 분야에서 충분한 경험을 쌓을 수 있었다. 이탈리아에 있는 동안 그는 수시로 베네치아와 나폴리를 여행했으며 두 곳에서의 이탈리아 오페라에 대한 학습은 매우 중요한 그의 자산이 된다. 만약에 그가 베네치아나 나폴리에 바로 정착하여 오페라 작곡가로 성공했다면 그는 로마의 유구한 종교음악의 전통을 맛보지 못했을 것이다. 오페라가 없는 로마를 주요 거주지로 삼은 것은 젊은 헨델에게 가장 풍부한 음악적 경험을 제공한 요인이 되었을 것이다.

마르코 리치의 <오페라 리허설>. 리치는 이탈리아에서 태어났으나 1710년에 런던으로 이주한 화가이다. 이 그림은 오페라 연습 상번을 묘사한 것으로 왼쪽에 여러 연주자들이 악보를 보며 연주하느라 분주하고 가운데에 있는 하프시코드(피아노의 전신) 오른 편에는 젊은 여성이 곧은 사세로 노래하고 있다. 그 옆에 붉은 옷을 입은 이가 헨델로 알려져 있다. 헨델은 보통 오페라 연습을 자기의 집에서 가졌다고 한다.

런던을 맛보다.

베네치아는 국제적인 도시였고 외국인들이 가장 북적대는 곳이 바로 오페라 극장이었다. 헨델이 자신의 오페라로 베네치아에서 성공적으로 데뷔하면서 유럽 각지에서 온 귀족들이 그에게 관심을 보이기 시작하였다. 1710년 <아그리피나>의 공연을 마친 헨델은 독일의 하노버와 영국의 런던으로부터 모종의 제안을 받았던 것으로 추정된다. 헨델은 베네치아에서 곧바로 북쪽으로 향한다. 그가 도착한 곳은 정치적으로 영국과 밀접하게 연관되어 있는 독일의 하노버 궁정이었다. 궁정의 음악 감독으로 임명된 헨델은 그 조건으로 1년간의 런던 방문을 보장받는다. 물론 하노버의 선거제후(후에 영국 국왕 조지 1세)는 어머니가 영국 왕족 출신으로 차기 영국 왕위의 계승자격을 갖추었기 때문에 헨델이 런던에 머물겠다는 요청을 쉽게 받아들였을 것이다. 6월에 음악감독직에 임명된 헨델은 5개월 후인 11월에 런던으로 떠난다. 런던에 도착한 헨델은 앤 여왕으로부터 환대를 받았고 런던을 위해 작곡한 오페라 <리날도>를 총 15회 공연하여 런던 데뷔에 성공한다. 독일 작곡가 헨델이 영국의 런던 청중을 위해 작곡한 <리날도>는 이탈리아어 오페라이다. 물론 영국인들이 이탈리아어를 이해하는 것은 아니었으나 이 당시 프랑스 파리를 제외하면 유럽 어느 곳을 가도 이탈리아어 오페라가 공연되었다. 그만큼 이탈리아어 오페라는 절대적인 대세였다. 이 경우 청중을 위해 영어 번역이 이탈리아어와 함께 실린 책자를 극장에서 판매하였고 당시 극장의 조명은 책자를 읽기에 충분한 밝기를 제공했다. 1711년 6월, 런던의 오페라 시즌이 끝나면서 헨델은 하노버로 돌아온다. 하노버에는 오페라 극장이 없었기 때문에 하노버에 머물면서 헨델은 성악 소품들을 주로 작곡하였다. 헨델의 몸은 하노버에 있지만 그의 마음과 계획은 런던에 있었다. 하노버에 돌아온 직후인 1711년 7월의 편지를 보면 그가 영어 공부를 시작했음을 알 수 있다. 26살에 시작한 영어공부가 요즘 같은 학원도 없던 시절에 얼마나 진척을 보였을지는 짐작할 수 있다. 헨델과 가까웠던 영국인들에 의하면 헨델의 영어는 나이 들어서도 매끄럽지 않았다고 한다. 어쩌면 이 외국어에 대한 부담으로 후에 헨델이 영어 작품에 매달리지 못한 이유였을지도 모른다. 1712년 런던의 오페라 극장은 헨델이 없는 상태에서 그의 <리날도>를 재공연 한다. 헨델은 타고난 드라마티스트였다. 그런 그에게 하노버는 있을 곳이 아니었다. 고용주와의 관계가 악화될 것을 무릅쓰고 헨델은 1712년 10월에 런던 정착을 목표로 다시 하노버를 떠난다.

런던의 독일인 오페라 작곡가

1712년 겨울에 런던 정착을 시작한 헨델은 곧바로 새 오페라를 발표한다. 그러나 그의 새 오페라들은 <리날도>의 명성을 넘어서지 못했다. 헨델의 히트 곡 중에 하나인 "울게 하소서"(Lascia ch'io pianga)는 바로 이 오페라의 2막에 나오는 아리아이다. 헨델은 오페라 이외에도 앤 여왕을 위한 곡을 비롯하여 궁정 행사용 음악도 작곡하여 여왕과의 돈독한 관계를 유지하여 1713년 12월부터 여왕의 배려로 매년 200파운드의 연금을 받게 되었다. 1714년 8월 1일 앤 여왕이 서거하자 하노버의 선거제후가 조지 1세로 영국 왕위를 계승하였다. 헨델로서는 난감할 수밖에 없었을 것이다. 적당한 때에 하노버로 돌아오겠다는 약속을 지키지 않고 런던에 머물고 있던 헨델에게 전 고용주가 이번에는 영국의 왕이 되어 헨델에게 오게 된 것이다. 헨델의 대표작 중 하나인 <수상음악>이 둘 사이의 관계 정상화를 위해 계획된 이벤트였다는 이야기가 있지만 이는 1717년의 일과 혼동을 일으킨 것이다. 중요한 것은 헨델은 곧바로 왕으로부터 재신임을 받았다는 것이다. 조지 1세의 영국 도착을 축하하는 음악회를 위해 헨델은 <테 데움>을 작곡했고 왕 앞에서 직접 지휘했다. 더욱이 왕은 헨델이 받아오던 연금을 400파운드로 인상해 주었다. 조지 1세가 쩨쩨한 인물은 아니었던 모양이다. 정작 헨델의 위기는 다른 곳에서 찾아왔다. 1716년까지 그런대로 신작 오페라를 거의 매년 발표하며 오페라 작곡가로서 지위를 다지고 있던 중, 1717년 시즌을 끝으로 오페라 극장이 문을 닫은 것이다. 오페라가 없는 런던은 역시 헨델에게는 일이 없는 곳이 되었다. 왕으로부터 받는 400파운드의 연금이 적은 돈은 아니었지만 이 수입만으로 살아가기에는 벅찬 액수였다. 더욱이 헨델은 놀라운 식욕을 자랑했다고 한다. 그의 음식값만도 상당한 비용이 들었을 것이다. 그나마 1717년 오페라 시즌이 끝난 후에 그 유명한 왕의 수상 파티가 7월 17일에 열려 이를 위해 헨델은 앞서 잠시 언급한 <수상음악>을 작곡한다. 수상 파티는 왕이 초대한 인사들과 배를 타고 테임즈 강을 유람하며 저녁 파티를 즐기는 것이었다. 헨델과 친분이 있었던 킬만세그 남작이 이 파티 소식을 듣고 자기 돈을 들여 연주가와 배를 빌려 왕의 배를 따라다니며 음악을 연주한 것이다. 요즘 같으면 배의 한 구석에서 연주를 하면 될 일이었으나 그 당시에는 같은 배를 연주자들이 탈 수 없었다. 더욱이 킬만세그 남작은 무려 50명에 달하는 연주단을 구성했다고 하니 요즘 기준으로도 작은 오케스트라는 아니었다. 일설에 의하면 왕은 헨델의 음악에 흡족하여 저녁 시작 전에 두 번, 그리고 식사 후에 한번 더 연주하도록 했고 왕과 그의 초대 손님들은 멋진 파티를 즐겼고 헨델과 연주자들은 녹초가 되었다고 한다. 물론 연주자들에게는 개인당 약 3파운드의 보수가 지급되었다.

조용한 시골에서 영국을 배우다.

런던에서 일이 없던 헨델은 당시 잘 나가던 제임스 브릿지라는 훌륭한 후원자를 얻게 되었다. 1717년 8월에 런던에서 14킬로미터 떨어진 외진 곳에 위치한 그의 궁에 초대받는다. 브릿지는 1719년에 챈도스 공작의 작위를 부여받아 그를 위해 작곡한 앤섬을 <챈도스 앤섬>이라고 한다. 앤섬은 영국 교회의 종교음악으로 교회 예배가 아닌 종교 행사를 위한 음악이다. 헨델은 브릿지를 위해 6곡의 앤섬을 작곡했으며 영국 교회음악의 명곡으로 꼽힌다. 상당한 부를 축적한 브릿지는 음악가 뿐만아니라 많은 유명 예술인과 지식인들을 자기 궁으로 불러 모았다. 헨델이 오기 전에 이미 그의 음악감독으로 독일에서 귀화한 페푸시가 고용되어 있었다. 페푸시는 헨델보다 8살 연상으로 1710년 경에 영국에 정착한 작곡가였다. 그는 헨델과 함께 영국 음악에 중요한 기여를 한 작곡가였다. 헨델은 이곳에 머물며 이 책에서 다루는 영어 오라토리오를 시도한다. 1718년, 헨델은 영어로 된 대본으로 오페라에 가까운 <아치스와 갈라테아>와 <에스테르>를 작곡한다. 이 두 영어 작품의 대본가로 알려진 인물들은 그야말로 화려하다. 영국 발라드 오페라의 창시자로 알려진 극작가 존 게이는 <아치스와 갈라테아>의 대본가였고 당시 최고의 시인이었던 알렉산더 포우프는 <에스테르>의 대본가 중 한명으로 거론되며 <아치스와 갈라테아>의 대본에도 일정 부분 기여한 것으로 알려져 있다. 또 조나탄 스위프트에게 <걸리버 여행기>의 아이디어를 제공했다고 알려진 과학자 존 아버트놋도 두 작품과 모두 연관되어 있다. 다시 말해서 헨델이 브릿지의 궁에 머물면서 최고의 영국 문인들과 긴밀하게 연결되는 계기가 만들어졌다는 것이다. <아치스와 갈라테아>는 영어로 된 작은 오페라였고 <에스테르>는 프랑스 극작가 라신의 원작에 기초한 오라토리오였다. 지금까지 영어로 된 소품 위주의 작곡에서 벗어나 드라마가 있는 큰 규모의 작품에 도전한 것이다. 물론 이 이후에 헨델이 영어로 된 음악극을 작곡한 것은 15년이 지난 1733년의 <드보라>였다. 상당 기간 영어 음악극과 거리를 두고 있었으나 이 때 작곡한 두 작품은 1732년에 갑작스런 영어 오페라 열풍에 신속하게 대응할 수 있는 기반이 되었다. 2년 정도의 짧은 기간이었지만 헨델의 이 시기는 그런 점에서 매우 중요한 의미를 지닌다. 1719년 2월에 챈도스 공작 브릿지와 몇몇 유지들은 런던의 오페라 시즌을 다시 시작하기 위한 왕립 음악 아카데미(현재의 왕립 음악원과는 관계없음)를 설립한다. 이제 헨델은 다시 런던으로 갈 채비를 한다.

20년 동안의 오페라 작곡

1720년 새롭게 시즌을 준비하기 위해서 왕립 음악 아카데미는 1719년 5월, 헨델에게 성악가 스카우트의 임무를 주어 유럽 대륙으로 보낸다. 성악가 섭외를 위한 모든 권한을 가진 헨델에게 권한이 아니라 의무가 하나 있었다. 바로 당대 최고의 카스트라토인 세네시노와의 계약을 성사시키는 일이었다. 오페라 시즌의 성공 여부는 좋은 작품에도 달렸지만 인기 성악가의 출연이 크게 작용했다. 따라서 뛰어난 성악가를 확보하는 것은 흥행 성공의 열쇠였다. 1720년 4월 2일 런던의 새로운 이탈리아 오페라 시즌이 시작되었다. 특별한 점은 첫 작품으로 헨델이 아니라 이탈리아 작곡가 포르타의 오페라가 선정되었다는 것이다. 음악감독이었던 헨델이 자신의 작품을 시즌 두 번째로 미룬 것은 왕과 웨일스 왕자가 동시에 참석하는 시점을 기다린 것이다. 그의 생각대로 4월 27일 <라다미스토>가 초연되던 날 앙숙이었던 두 왕족의 대표자가 극장에 들어선 것이다. 3년 전에 오페라 시즌이 갑자기 중단된 것은 바로 이 두 집안의 불편한 관계가 작용한 것으로 추정하고 있다. 시즌 티켓 수입만으로 오페라 시즌을 유지하기 힘들었던 오페라단으로서는 귀족들의 지원이 절대적으로 중요했다. 그러나 독일 하노버에서 영국의 왕이 나온 것에 불만을 가졌던 웨일스 왕족의 런던 극장 출입이 뜸해졌고 이에 동조하는 귀족들도 함께 극장을 멀리했다. 결과적으로 시즌 유지를 위한 경제적 안전장치가 작동을 멈춘 것이다. 그러므로 새 오페라 시즌의 성공은 두 집안의 화해가 필수적이었고 둘의 동시 참석은 이를 상징적으로 보여주는 것이었다.

왕립 음악 아카데미는 오페라 시즌을 준비하면서 새로운 방식을 채택했다. 일종의 투자 방식으로 귀족들이 자신의 돈을 투자하고 시즌 후에 투자 이익을 배분하는 방식이었다. 첫 배당은 1722년 2월에 이루어졌고 수익률은 7%였다고 한다. 1720-21 시즌을 위해 카스트라토 세네시노가 센세이션을 불러일으키며 런던 데뷔에 성공했고 이후 1720년대 후반까지 런던은 최고의 작곡가와 성악가, 무대 기술자 등이 활약하는 유럽 최고의 오페라 시즌을 갖게 되었다. 이런 분위기 속에서 1724년과 25년에 헨델의 가장 중요한 오페라 작품이 쏟아져 나온다. 1724년 2월 <줄리오 체자레>가 초연되는 동시에 13번의 재공연을 갖는 성공을 거둔다. 이후 그 다음 시즌의 첫 오페라인 <타메를라노>가 10월에 초연되며 9번의 공연을 갖는다. 이듬해에는 <로델린다>가 2월에 초연되며 총 14회의 공연에 성공한다. 이 때에는 청중석에 빈자리가 늘어나면 진행되던 오페라 공연을 중단했었다. 따라서 몇 회 공연을 갖느냐는 그 작품이 얼마나 성공했는가를 가늠하는 척도가 된다. 이 세 편의 작품은 지금도 헨델의 오페라 중에 자주 공연되는 것으로 예술적으로 그의 중요한 업적으로 평가받는다. 이런 작품을 1년 사이에 세 편이나 작곡했다는 사실은 이 시기가 오페라에 있어서 헨델의 최고 전성기임을 말해준다. 한참 잘 나가던 헨델은 최종적으로 영국 정착을 결심했는지 1727년 2월에 영국 국적을 취득하게 되어 공식적인 영국인이 되었다. 그러나 왕립 음악 아카데미는 내분으로 인하여 더 이상 오페라 시즌을 지속할 수 없게 되어 1729년 1월로 문을 닫는다.

1729년부터 헨델은 극장 매니저인 하이데거와 함께 자신들만의 오페라 시즌을 열기로 하고 5년간의 극장 사용을 허가받는다. 1730년 11월 헨델과 하이데거의 오페라 시즌이 첫 선을 보인다. 그러나 청중들의 관심은 점차적으로 이탈리아 오페라에서 영어 작품으로 옮겨가고 있었다. 심지어 1732년에는 헨델의 허가도 없이 자신의 영어 오라토리오 <에스테르>가 유령단체에 의해 4월 20일에 공연된다는 소식이 헨델의 귀에 들어왔다. 헨델은 이들의 공연을 무력화시키기 위해 새롭게 확대 수정한 <에스테르>를 급조하여 자신의 오페라 시즌 도중인 5월 2일에 공연한다. 상당히 발빠른 대응이었다. 그런데 <에스테르> 공연이 한창 진행 중이던 헨델에게 이번에는 <에스테르>와 함께 1718년에 챈도스 궁에서 작곡한 <아치스와 갈라테아>가 5월 17일 자신의 극장 근처에서 공연된다는 소식을 접하게 된다. <에스테르> 개정판의 공연을 5월 20일에 마친 헨델은 이번에는 <아치스와 갈라테아>의 확대 수정판을 완성하여 대응에 나선다. <아치스와 갈라테아>는 원래 영어 작품이었으나 영어에 익숙지 않은 이탈리아 성악가들을 위해 이탈리아어로 된 아리아를 첨가했고 결과적으로 영어와 이탈리아어가 섞인 작품이 되었다. 헨델은 6월 10일에 수정판을 초연하며 시즌 마지막 작품으로 내놓는다. 헨델에게는 무척 바쁜 시즌이었을 것이다. 분노도 했겠지만 새로운 가능성도 보았을 것이다. 해적판이나 자신의 수정판이나 모두 런던 청중들은 좋은 반응을 보였다. 그러나 헨델은 이후에도 10여년 간이나 오페라 작품에 매진한다. 물론 헨델도 이탈리아 오페라에 대한 청중들의 관심이 예전 같지 않음을 알고 있었을 것이다. 그럼에도 불구하고 헨델은 1720년에 시작한 런던의 이탈리아 오페라 시즌을 1741년까지 지속한다. 20년간 거의 매년 1편, 또는 2편의 오페라를 작곡했다. 청중들이 이탈리아 오페라에서 영어 음악극으로 관심이 옮겨진 것은 같은 청중의 기호가 변했다기보다는 청중의 층이 새롭게 형성되었음을 암시한다. 이탈리아 오페라는 귀족들의 유흥거리였다면 영어 음악극은 중산층을 위한 오락이었다. 그만큼 중산층의 문화적 욕구가 확대되고 있었음을 말해준다. 헨델은 이제 보다 많은 영국인들이 편안하게 감상할 수 있는 영어 오라토리오 개발에 나선다.

20년 동안의 오라토리오 작곡

헨델이 오페라에서 오라토리오로 중심 장르를 갈아타는 해는 1741년이었다. 그 해 2월 10일 이탈리아 오페라 <데이다미아>는 헨델이 공연한 마지막 오페라 작품이었다. 그런데 이 시즌에 공연된 헨델의 작품을 보면 이미 <사울>과 같은 영어 오라토리오가 포함되어 있었다. <사울>은 1739년에 첫 선을 보이며 헨델이 1733년의 <아탈야> 이후 처음 작곡한 영어 오라토리오였다. 1739년에 <사울>과 함께 헨델은 <이집트의 이스라엘인>을 발표하고 1740년에는 이탈리아 오페라와 함께 영국의 문호 존 밀턴의 시에 기초한 <알레그로, 일 펜세로소 에드 일 모데라토>를 초연한다. 그리고 이탈리아 오페라를 마지막으로 공연한 1741년 여름에 헨델은 <메시아>를 작곡한다. 따라서 1739년부터 1741년 시즌까지의 시기는 오페라와 오라토리오가 공존했던 일종의 전환기라고 할 수 있다. 이 시기에 가장 중요한 역할을 한 인물이 바로 찰스 제넨스이다. 귀족 가문 출신으로 극과 성경에 대한 이해가 깊었던 그는 앞에서 열거한 4편의 오라토리오 대본을 헨델에게 제공한 주인공이다. 따라서 헨델이 영어 오라토리오를 본격적으로 작곡하기 시작할 때 모든 대본을 제넨스가 제공했다는 점만으로도 그의 업적을 인정할 수 있으며 더욱이 <메시아>라는 독특한 대본을 만든 업적까지 더하면 그가 헨델의 영어 오라토리오에 끼친 영향을 무시할 수 없을 것이다. 오페라를 포기한 헨델을 런던의 청중은 곧바로 받아들이지는 않았던 것으로 보인다. 1741년 아일랜드로부터 초청을 받은 헨델이 11월 18일에 더블린에 모습을 드러낸다. 더블린에서 자선기금 모금을 위한 음악회를 위해 <메시아>를 1742년 4월 13일에 초연하였고 9월 초에 런던으로 돌아온다. 계속해서 영어 작품을 공연하던 헨델에게 1743년 7월에 오페라로 돌아오라는 일부 귀족들의 회유가 있었으나 고심 끝에 이를 거절하고 오라토리오만으로 꾸며진 시즌을 준비한다. 처음에는 오페라 시즌처럼 겨울에 시작하여 초여름에 끝나는 시즌을 시도하였으나 종교적인 내용을 지닌 오라토리오가 많았던 관계로 시즌은 점차적으로 줄어들어 사순시기에 맞춰진다. 오페라 시즌에 비하면 공연 수는 절반 이상으로 줄었으나 그의 수입에는 큰 차이가 없었을 것으로 추정된다. 우선 오라토리오 공연을 위해 비싼 이탈리아 성악가를 캐스팅할 필요가 없었고 무대장치와 의상비도 들지 않았기 때문에 비용을 아낄 수 있었다.

오라토리오 시즌이 정착될 무렵인 1745/46년 시즌에 위기가 찾아온다. 헨델은 예상보다 적은 시즌 티켓이 팔린 데에다가 개별 티켓마저 팔리지 않자 시즌 중단을 알리는 기사를 신문에 싣는다. 이를 본 헨델 팬들이 다시 나서서 시즌을 되살리기는 했지만 오라토리오만으로 시즌을 운영한다는 것이 쉽지 않음을 보여준 사례다. 물론 이 당시 오페라와 오라토리오가 일종의 경쟁 관계에 있었고 헨델의 오라토리오 공연을 방해하는 세력까지 있었다는 루머가 돌기도 했다. 그러나 어떤 하나의 이유보다는 여러 요인이 동시에 작용한 결과일 것이다. 우선 헨델 측의 잘못을 본다면 그가 지난 2년간의 경험을 바탕으로 오라토리오 시즌에 대해 지나치게 낙관했었다는 점이다. 헨델은 청중들의 수요를 잘못 예측하여 12번 정도 공연하던 것을 두 배로 늘려 감당하기가 어려워졌다. 정치사회적으로 스튜어드가의 왕족들이 심심치 않게 정국을 흔들어 놓아 사회적으로 불안감이 고조되고 있었다. 이런 상황에서 헨델의 오라토리오 시즌에 불만을 가졌던 귀족 부인들의 힘도 작용했을 것으로 본다. 이런 분위기를 순식간에 바꾼 것은 역시 정치적 상황이었다. 1745년 7월에 스튜어드가의 찰스 왕자를 내세운 자코바이트파의 2차 반란이 일어난 것이다. 난세에는 영웅이 있게 마련이고 이 때 등장한 인물은 바로 조지 2세의 아들인 컴벌랜드 공작이었다. 전세가 불리하게 전개될 무렵 그가 지휘하는 군대가 1746년 4월 16일에 반란군을 무찌른다. 그 때 공작의 나이가 20대 초반이었으니 새롭게 떠오르는 젊은 영웅이 등장한 것이다. 헨델은 이 기회를 놓치지 않았다. 1746년 여름에 전쟁 오라토리오 3부작의 첫 곡인 <유다 마카베오>를 완성하고 다음 시즌에 무대에 올려 대성공을 거둔다. 런던 시민들은 시리아의 군대를 물리친 이스라엘인들과 자신들을 동일시했다. 애국적인 분위기가 한참 고조될 때 헨델의 오라토리오가 맞아떨어진 것이다. 이 인기의 기세를 지속시키기 위해 헨델은 또다시 전쟁을 주제로 한 <여호수아>와 <알렉산드로스 발라스>를 1748년 시즌에 <유다 마카베오>와 함께 공연한다. 그러나 이번에는 다소 오버했는지 후속 전쟁 오라토리오는 <유다 마카베오>만큼의 인기를 누리지 못했다. 그러나 중요한 것은 이제 더 이상 그를 흔들어 댈 수 있는 세력이 없다는 점이다. 그야말로 영국 음악의 독보적인 존재가 된 것이다.

1747년부터 헨델은 오라토리오 시즌을 개별 티켓만 판매하였고 이것만으로도 충분한 청중을 확보하였다. 더 이상 시즌 티켓에 의존하지 않기로 한 것이다. 1748년 10월 18일, 프랑스 연합군과 영국 연합군이 오스트리아 왕위 계승 문제로 8년간 진행된 전쟁이 끝나면서 오랜만에 영국도 평화의 기쁨을 만끽하게 되었다. 영국 왕실은 이를 축하하기 위해 불꽃놀이를 계획했고 이 행사를 위한 음악을 헨델에게 맡겼다. 이때 만들어진 음악이 <왕궁의 불꽃놀이>이다. 4월 21일 이 음악의 공개리허설이 헨델의 실물 사이즈 동상이 세워진 복스홀 정원에서 열렸고 만이천명이 몰려드는 바람에 교통혼잡까지 일으켰을 정도로 높은 관심을 보였다. 실제 불꽃놀이는 4월 27일에 거행되었으며 특별히 제작한 무대에 관악기 연주자만 70명가량이 포진하였다. 오래전부터 영국 왕실의 다양한 행사음악을 작곡했던 헨델이 이제는 왕실뿐만 아니라 일반 런던 시민들로부터 확실한 지지를 얻게 된 것이다. 이러한 대대적이고 시끌벅적한 행사음악을 지휘하는 한편 헨델은 런던의 파운들링 고아원에서 조용히 자신의 작품을 직접 지휘하여 고아원 기금을 모으는 데에도 헌신적이었다. 1749년부터 시작한 고아원 자선음악회는 1750년부터 <메시아>를 연례적으로 포함시켰고 헨델의 시력이 나빠지기 전까지는 자신이 직접 지휘를 했다고 한다. 매번 공연 때마다 약 600파운드의 기금이 모였다고 한다. 이런 연유로 인해서 헨델은 사후 자신의 대표작인 <메시아> 자필 악보를 이 고아원에 기증하였다.

1751년부터 헨델의 시력은 급속하게 악화되었고 작곡하기도 힘들어졌다. 그의 실질적인 마지막 오라토리오 <입타>를 완성하는 데에 무려 8개월이 걸린다. 헨델은 오페라나 오라토리오나 평균적으로 한 달이면 한 작품을 완성했었다. 중간 중간에 공백이 있기는 했지만 그래도 8개월에 걸려 오라토리오를 완성했다는 것은 그의 시력이 얼마나 약해져있었는지를 말해준다. 그럼에도 불구하고 그의 오라토리오 시즌은 예년과 같이 진행되었고 여전히 <유다 마카베오>가 가장 인기를 끌었으며 점차적으로 <메시아>도 공연 회수를 늘려가고 있었다. 1753년에 한 일간지는 헨델이 자신의 장례음악을 작곡하고 있다는 기사가 실리기도 했지만 그해 5월 1일에 파운들링 고아원에서 스스로 자원하여 오르간 연주회를 개최하며 건재를 과시하기도 했다. 그의 마지막 오라토리오 시즌은 1759년 3월 2일에 시작하여 4월 6일까지 지속되었다. 이 때의 프로그램을 보면, 오라토리오 <솔로몬>, <수산나>, <삼손>, <유다 마카베오>, <메시아>가 포함되었다. <수산나>를 제외하면 모두 지금도 인기를 누리는 작품들로 구성된 것을 보면 약 250년 전이나 지금이나 사람들의 귀는 별로 달라진 것이 없다는 생각이 든다. 헨델이 참석한 마지막 공개 연주는 시즌 끝에 연주한 4월 6일의 <메시아>였다. 그러나 헨델은 1759년의 부활절 바로 전날인 성토요일, 4월 14일 오전 8시에 숨을 거둔다. 약 20년 동안 오라토리오 시즌을 수난절에 맞춰 진행했던 전통이 헨델 개인에게도 적용되었는지 수난시기 마지막 날에 세상을 떠난 것이다. 그해에도 5월 3일, 파운들링 고아원에서는 <메시아>가 공연되었다. 이번에는 그의 제자이며 사보가였던 존 스미스가 지휘를 맡았다고 한다. <메시아>를 포함한 그의 오라토리오는 후대의 손에 맡겨져 지금까지 내려오고 있다. 헨델은 사후에도 한번도 잊힌 적이 없는 최초의 작곡가일 것이다. 그의 최초는 또 있다. 살아있는 작곡가의 실물 사이즈 동상이 세워진 최초의 작곡가이다. 죽은 후에 책 한권 분량의 전기가 사후 일 년 안에 출판된 최초의 작곡가이다. 한 작곡가의 전집 출판이 계획된 최초의 작곡가이다. 이 모든 최초가 헨델이 영국인들의 마음에 얼마나 크게 자리 잡고 있었는지를 짐작케 한다.

영국화가 토마스 허드슨의 〈헨델 초상화〉. 헨델이 죽기 3년전인 1756년의 모습을 보여주는 초상화이다. 〈메시아〉의 대본가 찰스 제넨스의 요청으로 허드슨이 그린 초상화이며 책상 위에 〈메시아〉의 악보가 보인다. 이때쯤에는 제넨스도 자신의 대본이 위대한 음악 작품으로 남게 되었음을 알고 있었을 것이다.

오라토리오

기도 모임에서 유래한 음악

종교음악 오라토리오는 로마의 한 기도 모임에서 유래되었다. 이 기도 모임은 1575년에 교황 그레고리우스 13세에 의해 '오라토리오회'라는 공식 명칭을 부여받아 널리 알려지게 되었다. 이 모임의 창설자는 이탈리아 피렌체에서 태어난 사제 필립보 네리였으며 처음에는 로마의 교회, 산 지롤라모 델라 카리타에서 젊은이들과 함께 성경을 읽고 토론하고 기도하며 시작한 작은 모임이었다. 이 기도 모임에는 음악도 포함되었는데 라우다라고 하는 이탈리아어로 된 단순한 종교음악이었다. 네리 성인은 항상 자신의 모임에서 음악의 역할을 중요시 여겼다고 한다. 이 모임이 인기를 끌게 되자 네리는 좀 더 큰 공간이 필요했고 새로운 기도실을 신축하였다. 네리의 말년에 이곳을 찾는 사람들이 3천명이나 되었다고 한다. 이 기도실을 뜻하는 이탈리아어가 바로 '오라토리오'이다. 오라토리오회는 이탈리아를 중심으로 퍼졌고 유럽의 다른 나라까지 알려지게 되었다. 이들의 모임 때 사용할 목적으로 만들어진 성가책이 1600년 이전에 이미 9권이나 발간되었다고 하니 음악과 오라토리오회는 상당히 밀접한 연관이 있었다.

1600년경에는 모든 종류의 음악이 변하는 격변기였다. 그 이전의 음악을 보통 악기 반주 없는 합창단만의 음악이라는 뜻으로 아카펠라 음악이라고 한다. 즉, 중세와 르네상스의 종교음악은 순전히 사람의 목소리만으로 부른 것이다. 그러나 1600년경부터 악기의 사용이 두드러지게 증가했고 그 중에서 악기들만을 위한 기악음악보다는 성악음악의 반주를 위한 악기 사용이 늘어났다. 이런 경향은 세속음악에서 먼저 일기 시작하였으나 곧바로 종교음악에도 영향을 끼치기 시작한다. 이 시기를 서양음악사에서는 바로크 시대라 부른다. 음악의 새로운 시대가 열린 것이다. 이 새 시대의 최대 발명품은 오페라였다. 합창 대신에 악기가 반주하고 독창자가 중심이 되는 노래로 극의 내용을 충실하게 전달할 수 있었다. 종교음악은 기본적으로 가사가 있고 오래전부터 교회는 악기로만 연주하는 음악을 허용하지 않는 입장을 취해왔으니 어찌 보면 기악음악의 발달은 교회에게는 반갑지 않은 현상이었을 것이다. 그러나 시대 흐름의 대세는 종교음악에도 영향을 미치게 되었고 어느덧 교회에서도 악기로 반주하는 독창노래가 불리기 시작한다. 오라토리오회의 음악에도 같은 변화가 있었다.

최초의 오라토리오

필리보 네리가 즐겨 부른 라우다는 악기 반주가 없는 성악 음악이었으나 1600년경부터 오페라의 영향으로 종교음악에 악기 반주가 포함되기 시작한다. 1575년에 오라토리오회의 승인과 함께 교황으로부터 하사받은 로마의 유서 깊은 산타 마리아 인 발리첼라 성당(지금은 키에자 누오바라고도 불림)을 네리 성인이 재건축하면서 이 곳에 큰 기도실(오라토리오)를 마련한다. 이 기도실에서 1600년 2월에 작곡가 에밀리오 카발리에리는 <영혼과 육신의 극>을 발표한다. 의인화된 영혼과 육신의 대화를 소재로 한 대본에 카발리에리는 기악 반주가 붙은 독창자와 합창을 위한 음악극을 발표한 것이다. 이 줄거리는 라우다에서도 자주 볼 수 있는 오랜 전통을 지니고 있었다. 카발리에리는 오라토리오회의 사제들뿐만 아니라 네리 성인과도 교류가 있었다고 한다. 이 작품의 대본가로 알려진 아고스티노 만니 역시 오라토리오회 사제였다고 한다. 따라서 이 공연은 카발리에리 혼자만의 아이디어가 아니라 작곡자와 사제들의 공동 프로젝트로도 볼 수 있다. 그 당시에도 이 공연과 관련되어 많은 관계자들이 상당한 자부심을 갖고 있었다는 증언이 있다. 그 자부심은 바로 최첨단인 오페라와 거의 동시에 나온 종교적 내용의 음악극이었기 때문이다. (최초의 오페라는 이보다 2년 전인 1598년에 피렌체에서 공연되었다.) 이 작품이 최초의 오라토리오인지의 여부는 판단에 따라 달라질 수 있다. 내용의 주제가 신화적이지만 종교적이고 교육적인 내용을 지니고 있고 이 곡이 발표된 곳이 바로 성당의 오라토리오(기도실)이었다는 점에서 보면 최초의 영예를 차지할 수 있다. 그러나 후에 나오는 오라토리오와는 달리 무대 배경과 연기가 수반된 공연이었다는 점에서 오페라로 보는 견해도 있다. '오라토리오'라는 단어가 음악 작품과 연계되어 사용된 최초의 예는 1640년 로마의 작곡가 피에트로 델라 발레가 자신의 작품을 '오라토리오'라고 부른 것이다. 그런데 이 오라토리오가 공연된 장소가 바로 카발리에리의 작품이 공연된 필리보 네리 성인의 기도실(오라토리오)이었다. 카발리에리의 공연 후 40년이 지난 후에도 같은 곳에서 '오라토리오'가 공연되었다면 소급적용하여 카발리에리의 <영혼과 육신의 극>을 최초의 오라토리오라고 할 수 있을 것 같다. 한 사제의 헌신적인 노력이 오라토리오라는 음악 장르를 탄생시키는 데에 중요한 역할을 한 것이다.

이탈리아의 오라토리오

로마는 발생지답게 17세기 동안 오라토리오의 중심지 역할을 했다. 이 당시에는 이탈리아어와 라틴어 오라토리오가 있었으며 17세기 오라토리오의 대가인 자코모 카리시미는 라틴어 작품을 주로 남겼다. 카리시미는 1629년부터 예수회의 가장 중요한 교육기관이었던 로마의 콜레지오 제르마니코에 음악감독으로 임명되었고 13편의 오라토리오를 작곡했다. 이 중에 벨사차르(벨사살), 입타, 요나, 욥, 솔로몬을 소재로 한 작품은 모두 구약 성경에서 소재를 가져온 것이다. 이처럼 17세기 중엽부터 오라토리오는 성경의 신약보다는 구약을 기초로 한 작품들이 많았다. 길이는 1시간 정도의 작품으로 주로 독창 아리아로 구성되었으며 중창이 몇 곡 포함되었고 합창의 역할도 중요했다. 이 당시 오라토리오는 2부로 나누어져 있었는데 이는 필립보 네리 성인 때부터 있었던 관습으로 1부와 2부 사이에 설교가 들어갔기 때문이라고 한다. 대부분의 오라토리오는 교회의 기도실에서 불렸는데 로마 이외에도 피렌체와 보네나, 베네치아의 기도실이 유명했다. 음악이 점점 중요해지고 인기를 끌게 되자 일부 귀족들은 자신들의 궁에서 오라토리오를 공연하여 오락적인 역할도 무시할 수 없었다. 특히 사순시기(수난절)에는 일체의 극장 공연이 금지되었으므로 이 기간 동안에는 특히 자주 오라토리오가 오페라를 대신하여 무대에 올랐다.

17세기 후반에 로마의 오라토리오는 이탈리아의 다른 도시를 넘어 프랑스와 오스트리아, 독일 등지로 퍼져나갔다. 또 로마의 오라토리오와 함께 카리시미의 명성도 전 유럽으로 번졌다. 그의 명성을 듣고 독일과 프랑스의 작곡가들이 카리시미와 공부하기 위해 유학 오기도 했다. 특히 카리시미가 일하던 곳이 교육 기관이었기 때문에 많은 외국 학생들로 가득했고 고국으로 돌아가는 그들의 손에는 카리시미의 오라토리오 악보가 포함되었다. 이들 중에 가장 유명한 작곡가가 프랑스의 샤르팡티에였고 프랑스 출신 중에서 라틴어 오라토리오를 작곡한 몇몇 안되는 작곡가 중에 한명이었다. 카리시미의 오라토리오는 멀리 영국에까지 알려졌다. 헨델 이전에 가장 유명한 영국 작곡가인 퍼셀도 그의 악보를 활용했으며 나중에 헨델도 카리시미의 음악에서 아이디어를 빌려오기도 한다. 바로크 시대 최대의 발명품인 오페라를 만든 이탈리아는 모든 면에서 다른 유럽 국가에 영향을 끼치는 위치에 있었고 오라토리오도 그런 분위기를 타고 있었다.

독일의 오라토리오

독일의 오라토리오 전통은 하인리히 쉬츠라는 작곡가로부터 시작한다. 쉬츠는 1세대 이탈리아 유학파로 16세기 말에 베네치아에서 공부하고 돌아갔다. 독일의 루터교는 히스토리아라는 전통이 있었는데 주로 부활절과 성탄절 이야기를 성경 말씀 그대로 노래했다. 대화체를 주로 사용하여 처음부터 극적인 요소가 강했다. 히스토리아 중에서도 독일 지역은 예수의 수난 과정과 죽음을 그린 수난곡을 가장 선호하였다. 이미 쉬츠는 4대 복음서를 기초로한 4개의 수난곡을 작곡하였으며 그 이후 점차적으로 성경에 기초하여 창작된 종교 시들이 포함되면서 오라토리오의 형태를 띠게 되었다. 이탈리아의 오라토리오에 해당되는 작품은 18세기 초

함부르크를 중심으로 발전했다. 헨델이 잠시 일했던 함부르크는 독일 극음악의 중심지였고 오페라와 함께 성경에 기초한 오라토리오가 함께 발전했다. 독일 오라토리오의 주요 작곡가인 마테존과 텔레만은 모두 헨델과 젊은 시절부터 친하게 지냈던 작곡가들이었다. 영국으로 귀화한 후에도 텔레만과는 지속적으로 편지를 주고받는 사이였으며 마테존과는 한때 함께 독일 여행을 다녔으나 둘의 관계는 그리 오래 가지 못했다. 텔레만은 생존 당시 바흐보다도 유명한 작곡가였으며 작품의 수는 수천에 달한다. 또한 지금은 이론가로 더 잘 알려져 있지만 마테존 역시 상당히 이름 있는 작곡가였다. 마테존은 다윗과 압살롬, 다니엘, 분열 왕국을 시작한 이스라엘의 왕 예로보암, 요셉과 그의 형제들 등을 소재로 작곡했으며 신약에서도 많은 소재를 가져와 예수와 관련된 오라토리오도 상당수를 남겼다. 한편 텔레만은 4대 복음서에 기초한 46곡의 수난곡을 작곡하였으나 구약을 소재로 한 오라토리오는 그 수가 적다. 헨델과 마테존, 텔레만이 공통적으로 작곡한 수난곡으로 <브록케스 수난곡>이 있다. 함부르크 출신의 시인이었던 브록케스가 4대 복음서를 종합하여 만든 수난곡 대본을 일컫는 말이다. 1712년에 출판되자마자 큰 인기를 끌었던 그의 작품에 함부르크와 연관된 작곡가들이 그의 대본으로 수난곡을 작곡한 것이다. 헨델을 이탈리아로 쫓아 낸 장본인으로 거론되는 카이저가 시집 출판 같은 해에 수난곡을 발표하고 이어서 헨델, 텔레만, 마테존이 모두 같은 가사로 수난곡을 남겼다. 물론 지금은 헨델의 <브록케스 수난곡>이 가장 유명하다.

헨델 오라토리오의 전체 개관

헨델이 영어 오라토리오를 처음 작곡한 1718년 이전에 그는 오라토리오에 대한 직간접 경험이 충분했을 것으로 추정된다. 우선 헨델이 로마에 거주하던 18세기 초에는 당대 최고의 오라토리오 작곡가인 알렉산드로 스카를라티(피아노곡으로 유명한 도메니코의 아버지임)가 한창 활동하던 시기로 그의 많은 오라토리오를 접할 수 있었을 것이다. 또한 헨델도 로마에서 <부활>이라는 오라토리오를 작곡한 적도 있었다. 그러나 헨델의 영어 오라토리오는 우리가 일상적으로 말하는 오라토리오보다는 훨씬 넓은 의미를 지닌다. 보통 오라토리오라고 하면 종교적인 내용의 대화체 가사로 된 여러 막의 성악 작품을 말한다. 그런데 헨델의 영어 오라토리오는 종교적인 내용이 아닌 것도 포함한다. 그래서 헨델에게 있어서 오라토리오라는 장르가 지니는 의미가 무엇인지를 단정하기 어렵다는 사람들도 있다. 헨델이 이탈리아에 있을 때 작곡한 <시간과 각성의 승리>는 1707년에 로마에서 작곡되었으며 대본 작가는 베네데토 팜필리 추기경이었다. 이탈리아 오라토리오 전통대로 2부로 작곡되었다. 이듬해 역시 로마에서 작곡한 <부활>은 예수의 수난과 부활을 그린 작품으로 카페체라는 시인의 대본으로 작곡되었다. 역시 이탈리아 전통대로 2부로 작곡되었고 대부분이 아리아이며 합창은 배제되었다. 여기까지 헨델의 오라토리오는 이탈리아 전통에 뿌리를 두고 있음이 분명하다. 문제는 영어 오라토리오이다. 1718년에 작곡한 두 오라토리오 <에스테르>와 <아치스와 갈라테아>는 처음에는 '마스크'라고 불렸다. 마스크란 요즘의 뮤지컬처럼 춤이 강조된 영국식 오페라이다. 따라서 처음부터 종교적인 내용과 세속적인 내용, 이 경우 그리스 신화를 사용한 대본을 모두 작곡하였고 연기와 의상, 무대 장치가 있는 오페라를 염두에 두었는지는 확실치 않다. 그러나 이 두 작품이 1732년에 수정되어 공연될 때에 <에스테르>는 오라토리오로 <아치스와 갈라테아>는 '세레나타'라고 소개되었다. 세레나타란 일종의 칸타타로 오라토리오에 비하면 규모가 작고 세속적인 내용을 지닌다. 헨델이 이 영어 작품들을 작곡하면서 스스로 오락가락하는 듯한 모습을 보이는 데에는 두 가지 원인을 추정할 수 있다. 우선 헨델에게는 큰 규모의 영어 작품으로 첫 시도였고 이들을 어떤 장르라고 해야할지 몰랐던 것 같다. 그래서 처음에는 영국 전통의 장르인 마스크라고 했던 것이고 이후에 <에스테르>는 종교적 내용이기 때문에 오라토리오라고 했으며 <아치스와 갈라테아>는 이탈리아에서 통용되던 세레나타라는 개념을 도입한 것으로 보인다. 그런데 이같은 장르 구분의 기준은 이후에도 계속 변해나간다. 한마디로 헨델 스스로 영어 성악곡의 새로운 장르를 개척해 나가는 데에 있어서 생길 수 있는 혼란으로 볼 수밖에 없다.

현재 일반적으로 헨델의 오라토리오라고 구분되는 영어 작품들을 정리하면 다음과 같다. (1) 종교적인 내용에 기초한 작품, (2) 세속적인 내용이지만 극적인 줄거리가 없는 작품, (3) 그리고 내용상으로는 영어 오페라인 작품으로 구분된다. 이 책에서 다루는 오라토리오는 첫 번째 부류에 속하며 그 중에서 이집트 알렉산드리아 출신의 성녀를 다룬 <테오도라>는 제외되었다. 두 번째 부류에 속하는 오라토리오로는 밀턴의 시를 바탕으로 한 <랄레그로, 일 펜세로소 에

딜 모데라토>, <오케이저널 오라토리오>, <헤르쿨레스의 선택>, <알렉산더의 향연>, <시간과 진실의 승리>가 있으며 마지막으로 실질적으로 오페라 같은 작품으로는 <세멜레>와 <헤르쿨레스>를 들 수 있다. 이 모든 곡들의 공통점을 정리하면 영어 가사이며, 독창자와 합창단이 등장하며 무대에서 의상이나 연기, 무대 장치 없이 음악회처럼 공연한다는 점이다. 이 책에서는 다루지 않는 작품 중에 비교적 자주 연주되는 곡을 꼽는다면, <알렉산더의 향연>과 <세멜레>, <헤르쿨레스>가 돋보인다. 혹시 더 많은 헨델의 오라토리오를 접하고 싶은 독자들에게 이 세 작품은 반드시 추천하고 싶다.

헨델의 성악가들

보통 교회의 성가대를 "혼성 4부 합창"이라고 한다. 여기서 '혼성'이라는 말은 남성과 여성이 함께 노래하는 것을 말하고 '4부, 즉 4 성부'라는 말은 4 종류의 성악가들이 각각 자신이 담당하는 선율이 있다는 뜻이다. 4 종류란 높은 음을 노래할 수 있는 순서대로 말하면 소프라노, 알토, 테너, 베이스를 지칭한다. 소프라노와 알토는 여성이 노래하고 테너와 베이스는 남성이 노래한다. 이 들이 함께 노래하면 보통 가장 높은 음을 내는 소프라노 성부가 주요선율을 노래하고 나머지 성부들은 그 선율을 뒷받침하는 화음을 노래하여 멋진 음악이 만들어진다. 합창단의 규모는 정해진 것은 없다. 아주 작게는 각 성부를 2-3명이 노래하기도 하고 크게는 하나의 성부마다 10여명이 배치되기도 한다.

헨델의 합창단은 우리가 보는 일반 성가대와는 큰 차이가 있다. 우선 여성들의 성부인 소프라노와 알토를 소년과 카운터테너가 노래했다. 변성기 이전의 소년은 여성의 소프라노 음역을 거의 그대로 노래할 수 있으나 음량이 작은 것이 단점이라 음량의 균형을 맞추기 위해서 남성 테너나 베이스보다 좀 더 많은 수가 필요하다. 카운터테너는 남성 성인이 가성을 사용하여 여성 알토를 대신할 수 있었다. 이렇게 남성만으로 합창단을 구성하는 방식은 유럽의 오랜 전통으로 종교음악에 여성이 참여하는 것을 금지했기 때문이다. 일반적으로 헨델의 오라토리오는 성부 별로 6명을 넘기지 않았을 것으로 추정한다. 모두 합해서 24명 정도의 합창단이 동원되었으며 연주회장에 따라 작은 부속 교회 같은 곳에서 연주할 때에는 그보다 훨씬 적은 인원이 노래했다. 1733년 <드보라>가 초연되었을 때 당시 언론에 의하면 '대규모' 합창단이 무대에 올랐다고 하는데 총 25명이었다. 더욱이 <드보라>는 두 개의 4성부 합창단이 노래했으니 하나의 합창단에 12명 정도였을 것이고 한 성부에 4명을 넘지 않았을 것이다.

헨델 오라토리오의 독창자들은 4개의 성부들이 주로 노래했고 거세한 남성 성악가인 카스트라토가 참여하기도 했다. 바로크 시대의 성악음악은 카스트라토의 시대라고 할 수 있을 정도로 그들의 인기가 절정에 달해 있을 때였다. 우리에게는 영화 <파리넬리>를 통해서 친숙해졌는데 영화의 주인공 파리넬리는 당대 최고의 카스트라토였다. 이 유명 카스트라토는 요즘 기준으로 보면 월드 스타의 대접을 받았다. 특히 여성들이 카스트라토의 매력에 푹 빠졌으며 이 때문에 남성들의 시기심을 사기도 했다고 한다. 카스트라토는 여성의 음역을 노래하며 소년과 여성들보다 큰 폐활량으로 강력한 고음을 노래할 수 있었다. 영화 <파리넬리>에서 파리넬리가 높은 음을 길고 멋지게 불러대자 여성들이 졸도하는 장면이 나오는데 지나친 과장이라고 보기 어렵다. 이 카스트라토들은 주로 오페라의 주인공 역을 도맡았는데 종종 헨델의 오라토리오도 노래했다. 스타 카스트라토였던 세네시노는 헨델의 오페라를 주로 노래했으나 <에스테르>와 <드보라>에도 출연해 영어와 이탈리아어로 노래했다고 한다.

헨델의 오라토리오를 듣다보면 분명 남성 역할인데 여성이 노래하는 경우를 접하게 된다. 이는 바로크 시대에는 꽤 일반화되었던 관행으로 주로 여성 알토가 젊은 남성역을 노래한다. 또 어린 소년의 역을 소프라노가 노래하는 경우도 있다. 이런 관행은 모두 오페라에서 온 것으로 헨델도 이를 적극 활용했다. 합창단에서는 소외되었지만 독창 역할에 있어서만은 여성의 역할이 컸던 시대였다. 반면에 테너는 지금과 같은 인기를 끌지 못했고 바리톤은 아예 없었다. 그래서 바로크 시대에는 소프라노와 테너의 커플 대신에 소프라노와 알토 커플이 자주 등장한다. 물론 여기서 알토는 남성 역을 맡는다. 이제 좀 더 헛갈리는 일이 벌어진다. 현대에 와서 여성 알토를 대신하여 남성 카운터테너가 등장하기 시작한 것이다. 어떻게 보면 이제 배역과 가수의 성별이 일치되었다고 할 수 있으나 음반마다 다른 결과를 가져와 혼동을 일으키기 쉽다.

헨델이 오페라에서 오라토리오로 중심 장르를 옮겨가며 성악가에 대한 헨델의 생각도 바뀐다. 카스트라토나 여성 알토 대신에 남성 테너가 주연을 맡는 경우도 생기기 시작했다. 또 오페라를 주름잡던 이탈리아 성악가 대신에 영국 태생의 성악가들로 관심을 돌린 것도 이 때부터이다. 이탈리아 성악가들이 영어 노래를 소화하기에 역부족이었기 때문이다. 때마침 영국에서도 능력 있는 성악가들이 배출되기 시작했고 헨델은 자연스럽게 몸값도 저렴한 영국인들을 무대에 올릴 수 있었다. 더욱이 헨델은 영어 오라토리오를 위해 연극배우 출신들을 고용했다는 점이 흥미롭다. 무대에서 연기를 하지 않아도 되는 오라토리오에 요즘 식으로 말하면 뮤지컬 배우가 등장한 것이다. 이는 헨델이 오라토리오에서도 얼마나 극적인 측면을 중요시 했는지를 시사한다. 연극배우는 전문 이탈리아 성악가보다 노래 기술이 모자랐을지 모르지만 영어 대사를 극적인 상황에 맞게 노래로 전달하는 데에는 한 수 위였을 것이다. 동시에 그들에게 주어진 성악 곡들은 기교 위주의 화려한 선율보다 단순하고 소박하게 작곡했다. 오페라를 버리고 오라토리오를 택했을 때 헨델은 우리가 상상하는 것보다 많은 변화를 감수해야 했다.

영어 고어 배우기

헨델의 오라토리오 대본은 영어 가사를 사용하여 그나마 우리에게는 큰 부담이 없는 것이 사실이다. 그러나 일부 표기 방법과 단어 사용이 우리가 아는 영어와 다르다. 이는 고풍스런 표현을 원했던 번역자들이 고어를 사용했기 때문이다. 여기서 가장 자주 사용하는 고어 풍의 영어를 기본적인 몇 가지만 익혀본다.

헨델의 영어 대본과 우리가 아는 대명사가 크게 다르다. 이인칭 '당신'(you)을 뜻하는 단어를 비교하면 다음과 같다--당신은(thou), 당신을(thee), 당신의(thy/thine). 이인칭 복수는 현재 우리가 사용하는 것과 같고 단지 주격만 you 대신에 ye를 사용한다.

또 자주 나오는 것 중에 Have와 Do 동사가 있다. 삼인칭의 경우 고어에서는 Hath와 Doth가 자주 사용된다. 이런 차이는 다른 동사에도 적용된다. 이처럼 동사 변형에 일반적인 차이가 있다. 우리가 아는 단어에 '-th'가 붙으면 '-s'로 보면 된다. 말하자면 "He hateth me"의 동사는 지금 방식으로 표기하면 'hates'가 된다. 또 자주 발견되는 것으로 모음(또는 자음)이 있어야할 자리에 아포스트로피(')가 나오는 경우가 있다. 대표적인 것인 'heav'n'이다. 이는 마지막 음절 '-븐'을 약하게 발음하도록 모음을 줄여 놓은 것이다.

헨델과 성경

1428년 영국에서는 한 무덤이 파헤쳐 지고 그 안의 유골이 불에 태워지는 사건이 발생했다. 바로 존 위클리프의 유골이었다. 위클리프는 1382년에 최초로 성경을 영어로 번역한 인물이었다. 이는 당시로서는 상상도 할 수 없는 불경죄였다. 일찌감치 교황의 절대적인 권위에 반기를 들었던 인물로 그는 그같은 과감한 행동으로 “종교개혁의 아침 별”이라는 별명을 얻었다. 결과적으로 영국은 라틴어 이외의 언어로 성경을 번역한 최초의 국가가 되었다. 위클리프 이후 16세기 종교개혁의 여파를 타고 틴데일이 영어 번역을 출판하였고 이어서 대 성경(Great Bible, 1539)과 제네바 성경(1560), 주교 성경(Bishop’s Bible, 1568)이 연이어 나왔다. 16세기 후반은 영국으로서는 가톨릭과 신교의 갈등이 심했고 정권에 따라 국교가 바뀔 정도로 종교적 혼란에 빠져있었다. 1603년 스코틀랜드의 왕이었던 제임스 6세는 잉글랜드의 왕위를 계승하며 통일 영국의 왕이 되었다. 제임스 왕은 스코틀랜드와 잉글랜드의 교회가 사용하는 성경이 너무 달라 이 문제를 해결하기 위해 1604년에 새로운 영어 성경의 번역 작업을 시작한다. 47명의 옥스퍼드와 캠브리지, 그리고 웨스트민스터의 학자들이 참여하여 7년에 걸쳐 완성한 것이 요즘도 읽히는 “킹 제임스 버전”(보통 KJV라 줄임)이다. 1611년에 처음 출간된 이후 몇 번의 수정은 있었으나 큰 틀에서의 변화는 없을 정도로 많은 영국인들의 사랑을 받은 성경이 되었다.

영국 교회(현재의 성공회)에는 성경 외에도 <공도문,

Book of Common Prayer>이라는 매우 중요한 기도서가 있다. 각종 기도문과 미사 예식문 등을 포함하고 있어 매일 매일 이루어지는 교회 예식에 필요한 내용을 담고 있다. 이 안에는 구약(특히 시편)과 신약의 내용이 대부분 포함되어 일반인들은 성경을 직접 접하지 않아도 성경의 내용을 매일 매일 접할 수 있게 한 것이다. 이 기도서는 1549년에 처음 나왔고 1662년에 개정판이 나온 후에는 19세기 중엽까지 큰 변화가 없었다고 한다. 따라서 헨델과 그의 대본가가 접할 수 있는 공도문은 1662년 판이었으며 킹 제임스 버전 성경이 출판되었어도 원래 공도문이 워낙 인기가 있어서 완전히 새로운 버전으로 대체하지는 못했다. 그래서 헨델의 오라토리오 대본에서도 성경에서 그대로 가져온 가사라고 하더라도 킹 제임스 버전을 기준으로 했는지 아니면 공도문을 기준으로 했는지에 따라 다소 단어 선택의 차이가 있다.

헨델의 오라토리오를 처음 접하는 독자들에게 가장 즐거운 일은 외국어이지만 그나마 익숙한 영어 가사라는 점이다. 베르디의 오페라나 슈베르트의 가곡을 들을 때 다가오는 언어 장벽이 그렇게 심하지 않다. 그러나 앞으로도 보겠지만 우리가 배운 영어와는 꽤 다른 점을 발견하게 될 것이다. 킹 제임스 버전의 특징 중 하나는 일부러 다소 고풍스러운 영어 표기 방식을 고수했다는 점이다. 이 때문에 우리가 아는 영어와 차이가 있다. 따라서 고풍스런 영어의 가장 두드러진 특징을 알게 되면 그나마 쉽게 대본 가사를 이해할 수 있을 것이다. (48쪽 박스 참조) 우리의 입장에서 보면 성경 번역을 그대로 가사로 사용할 수 있었던 헨델은 축복받은 것이다. 물론 그의 뛰어난 재능도 중요했겠지만 도

저히 노래로 만들 수 없는 번역이었다면 과연 지금의 헨델 오라토리오가 가능했을까라는 생각이 든다. 100년이 넘은 킹 제임스 성경과 50년 이상 된 기도서에서 가사를 가져올 수 있었던 헨델은 행복하여라.

작은 기도 모임에서 오라토리오라는 중요한 음악 장르가 나올 수 있는 계기를 마련한 필립보 네리 성인이 기도 모임에서 음악의 기능에 대해 다음과 같이 말했다고 한다. “음악을 사용함으로써 죄인들을 달콤한 향기로 속여 기도실의 영성 수련의 장으로 이끌리라.” 자신이 읽는 성경의 말씀이 그대로 멋진 합창으로 울려 퍼질 때 진정으로 달콤한 향기를 느낄 것이며 이것이 영국인들로 하여금 <메시아>에 이끌리게 만드는 요인일 것이다. 우리말은 아니지만 메시지는 같으니 우리도 기꺼이 ‘달콤한 향기’에 속을 준비가 되어 있다. 헨델의 오라토리오는 최소한 나에게는 ‘달콤한 향기’였고 그 향에 이끌려 그의 ‘오라토리오’에 빠져들었다.

제2부: 이집트에서 약속의 땅으로

이집트는 고대 문명 중에서도 가장 위대한 역사를 가진 나라이다. 기원전 3200년경부터 무려 3천년의 역사를 지닌 왕국이었다. 아래로는 아프리카 사막이 적의 침략을 막아주고 위로는 바다가 보호한다. 또한 길게 뻗은 나일강이 가져다주는 풍부한 수자원은 비옥한 땅을 만들었다. 문명의 규모만 보면 이집트가 제국이라면 이스라엘인들은 하나의 떠돌이 부족에 불구하다. 아마도 이집트와 인접한 가나안 지역의 사람들은 이집트를 초강대국으로 여겼을 것이다. 구약성경에 묘사된 이집트와 이스라엘은 독특한 관계를 이룬다. 성경에서도 이집트는 강력한 파라오(바로)가 지배하는 지역으로 항상 풍부한 양식을 보유한 제국으로 묘사된다. 구약성경의 이야기가 펼쳐지는 가나안과 주변 지역은 역사적으로 거의 항상 초강대국인 남쪽의 이집트와 북쪽의 여러 제국(히타이트, 아시리아, 바빌론, 메데아, 페르시아 등) 사이에 샌드위치된 기나긴 고통의 현장이었다고 할 수 있다.

창세기에 의하면 이집트는 함의 아들로 처음 등장하며(창세 10:6), 아브람은 가나안 땅의 기근을 피해 이집트로 가게 된다.(창세 12:10) 그 이후 야곱의 아들 요셉이 그의 형제들에 의해 이집트로 팔려간 후에 야곱의 아들들은 이번에도 가나안 땅에 기근이 들자 양식을 구하러 이집트에 가서 자신들이 팔아넘긴 동생 요셉을 만난다. 이때부터 야곱의 식솔들은 이집트에 머물며 크게 번성하였으나 요셉의 명성을 모르는 새로운 파라오가 등장하며 그의 박해를 피해 모세와 아론은 이스라엘인들을 이끌고 이집트를 탈출한다. 하느님은 모세에게 약속한 땅으로 인도하였으며 모세의 뒤를 이어 여호수아가 요르단 강을 건너 가나안 땅에 이르게 된다. 제2부에서 다루는 세 편의 오라토리오는 각각 요셉과 모세, 여호수아가 주인공으로 등장한다. 성경 중에 가장 드라마틱한 주인공 중 하나인 요셉과 파라오를 보기 좋게 혼내주는 모세, 가나안 땅의 정복을 이끈 뛰어난 주님의 장군 여호수아를 만나본다.

프랑스 화가, 장-샤를르 타르뒤의 1788년 작품, <요셉을 알아본 형제들>. 가운데 서 있는 요셉을 막내 동생 벤야민이 껴안으려고 한다. 요셉과 벤야민의 나이 차이는 확실하지 않다. 성경에 의하면 야곱의 둘째 부인 라헬이 요셉을 낳은 후 고향인 가나안으로 돌아간다. 부인들의 고향에서 가나안의 헤브론으로 가던 중 베들레헴 근처에서 벤야민이 태어났으니 이 기간이 짧게는 1년 일 수도 있다. 그러나 그 사이에 야곱이 형 에사우를 만나고 하느님과 씨름도 하고 디나가 스켐에서 폭행당하고 베텔에서 지낸 시간 등등이 길었다고 치면 상당한 나이 차이를 예상할 수도 있다. 서양 화가들은 보통 둘의 나이 차이를 이 그림처럼 10살 이상으로 보는 것같다. 오라토리오에서도 요셉은 벤야민을 '아들'이라고 부른다(2막 6장). 이 그림에는 야곱의 아들 12명이 모두 등장한다. 각자 다양한 포즈를 취하지만 이들의 제스처만으로 누가 르우벤이고 누가 유다인지 알기는 어렵다. 그래도 재미삼아 알아맞혀보자. 지팡이를 들고 있는 비교적 젊은 형제 아래로 머리를 땅에 파묻고 두 손으로 비는 자세를 취한 자는 누구일까? 요셉의 인신매매를 주도한 유다가 아닐까? 또 요셉의 오른손 아래로 보이는 자는 머리가 좀 흰 것 같고 두 손으로 얼굴을 감싸며 우는 것 같다. 끝까지 요셉을 구하려고 했던 맏형 르우벤이 감격의 눈물을 흘리는 것은 아닐까? 모를 일이다. 숨은 그림 찾기처럼 12명을 모두 찾을 수 있는지 살펴보기 바란다. (힌트: 한 명은 얼굴만 간신히 보임.) 요셉과 형제들의 재회 장면은 오라토리오의 3막 5장에 나온다.

레치타티보와 아리아, 아콤파냐토, 아리오조

오라토리오도 오페라와 마찬가지로 극적인 줄거리를 노래로 한다. 연극을 노래로 부르는 뮤지컬은 일반적인 대사와 노래가 섞여 있는 형태라면 오라토리오와 오페라는 전체를 노래로 부른다. 이 때 뮤지컬의 대사 부분을 어떻게 노래로 하는가의 문제가 생긴다. 오페라를 탄생시킨 이탈리아는 이 문제를 말 같은 노래, 즉 레치타티보로 해결했다. 레치타티보는 간단한 반주(보통 건반악기인 하프시코드)로 노래하며 굴곡이 있는 선율이 아니라 한 음을 계속 반복하는 듯이 밋밋하게 진행되어 노래의 맛은 전혀 없다. 반면에 우리가 즐겨 듣는 아리아는 그 자체로 완성된 음악으로 오라토리오와 오페라의 중심이 된다. 이 레치타티보와 아리아 사이에 중간 형태의 방식으로 만들어진 음악들이 있다. 아리아이지만 그보다는 다소 선율이 약한 것을 아리오조라 하고, 레치타티보이지만 그보다는 다소 선율이 강화된 것을 아콤파냐토라고 하며 단순한 건반악기가 아니라 오케스트라가 반주를 한다. 헨델의 오라토리오에서는 아리오조도 나오지만 레치타티보, 아콤파냐토, 아리아가 주로 활용된다. 레치타티보에 감동받는 일은 없지만 아콤파냐토는 가사의 의미를 음미하며 듣다 보면 종종 아리아에 못지않은 음악의 아름다움을 즐길 수 있는 경우도 있다. 가사의 전달이 용이한 순서대로 말하면 레치타티보와 아콤파냐토, 그리고 아리아일 것이다.

요셉과 그의 형제들 (Joseph and His Brethren)

1743년 5월, 헨델의 건강에 문제가 생겼다. 당시 사람들은 일종의 마비 증상이라고 보고 있었는데 이 증세의 시작은 1737년으로 거슬러 올라간다. 작곡하기 어려울 정도로 손을 사용할 수 없었다고 하니 증세가 상당히 심했던 모양이다. 헨델의 병명에 대한 다양한 주장이 있는데 가장 자주 거론되는 것이 뇌혈전증이다. 동맥경화와 연관된 병으로 운동신경의 마비가 동반되기도 한다. 손을 쓸 수 없어 작곡을 못한다는 증세가 이를 뒷받침한다고 말한다. 뇌혈전증은 비교적 빠른 회복을 보이기도 한다는데 헨델 역시 한달 후에 다시 작곡에 착수하는 것을 볼 수 있다. 오페라와 오라토리오의 중간 형태라고 할 수 있는 <세멜레>를 한 달 안에 완성하여 자신이 건재함을 증명해 보였다. 8월부터 헨델은 <요셉과 그의 형제들>의 작곡을 시작했고 이번에도 약 3주만에 오라토리오를 완성한다. 이는 헨델에게 특별히 빠른 작곡 속도는 아니었다. 보통 헨델은 여름 휴가 동안에 2편의 오라토리오를 작곡했다. 헨델의 작곡 속도는 참으로 경이롭다고 하겠다.

성경에서 요셉 이야기는 그 자체로 완성도가 높은 일종의 소설이라고 한다. 실존 인물이었을 가능성을 완전히 배제하기 어려우나 해몽 능력의 소유자이며 유부녀와의 부적절한 관계라는 누명을 쓰고 고통 받다가 크게 성공하는 내용은 고대 이야기에서 자주 등장한다고 한다. 기원전 17세기에 이집트를 다스렸던 힉소스 제국은 아시아계가 지배하고 있었는데 힉소스 왕들의 정확한 종족은 알 수 없다. 일설에 의하면 힉소스 왕족이 가나안 사람들이었다는 주장도 있으며 이집트가 아닌 외국인이었음에 틀림없고 그런 환경 속에서 이스라엘 민족의 요셉이 제2인자 자리까지 올라가는 것도 충분히 있을 만한 일일 것이다. 1744년 초연 당시 불과 4번의 공연으로 막을 내리고 지금도 주목받지 못하는 작품이기는 하지만 막상 이 작품을 듣다보면 헨델 특유의 감미로운 선율과 합창의 위력을 알 수 있다.

헨델은 아버지의 두 번째 부인이 낳은 첫 아들이었다. 이때 아버지의 나이가 63세였다고 한다. 두 번째 부인이 낳은 늦둥이 맏아들이라는 점에서 헨델과 성경 속의 요셉은 많이 닮았다. 헨델이 이 오페라를 작곡했을 때의 나이가 58세였다. 가족도 없이 홀로 영국에서 활동한 지도 30년 가량 지난 후였다. <요셉과 그의 형제들> 중 2막 3장에 나오는 요셉의 아리아는 자기의 고향을 생각하며 부르는 곡이다. 이 오라토리오의 최고 아리아로 헨델의 마음도 이 곡을 통해 느낄 수 있을 것같다.

오라토리오 시작 전에

아브라함 이전까지의 창세기는 어느 한 민족을 특별히 지칭하지 않는다. 그러나 아브라함의 등장과 함께 창세기의 이야기는 이스라엘 민족의 조상들에 대한 일종의 가족사처럼 전개된다. 아브라함과 사라 사이에 태어난 늦둥이 아들인 이삭은 레베카(리브가)와 결혼하여 쌍둥이 아들 에사우(에서)와 야곱을 낳는다. 야곱은 이스라엘 열두 부족의 아버지로 하느님은 그에게 이스라엘이라는 이름을 주었다.(창세 32:29) 야곱은 라헬을 사랑하여 그녀와 결혼하려

했으나 동생이 언니보다 먼저 결혼할 수 없다는 지역 관습에 따라 레아와 결혼하고 후에 라헬을 아내로 맞이한다. 야곱의 아들은 순서대로 나열하면 레아가 낳은 르우벤과 시메온, 레위, 유다, 이사카르(잇사갈), 즈불룬과 라헬의 시종인 빌라가 낳은 단과 납탈리, 레아의 시종이 낳은 갓과 아세르, 둘째 부인 라헬이 낳은 요셉과 벤야민으로 모두 열두 명이다. 아들이 많아서 오라토리오에서는 이들만으로도 작은 합창단을 이루어 노래한다. 우리의 주인공 요셉은 끝에서 두 번째로 야곱은 그를 특별히 사랑했다고 한다. 진정으로 사랑했던 라헬이 아이를 갖지 못하다가 늦게 두 아들을 낳았으니 이 둘에 대한 야곱의 사랑이 지극했으리라는 점은 쉽게 상상이 간다. 아버지의 사랑을 독차지한 요셉에 대해 형제들의 시기심이 발동했고 결국에는 요셉을 죽이려고 했으나 맏형 르우벤은 죽이는 대신에 요셉을 구덩이에 빠트린다. 마침 이스마엘 상인들이 그 옆을 지나가자 유다의 제안으로 요셉을 그들에게 팔아넘긴다. 이 때 요셉의 나이가 18살이었다고 한다. 형제들은 요셉을 찾는 아버지에게 피가 묻은 요셉의 옷을 보여주며 죽었다고 거짓말하고 야곱은 큰 슬픔에 빠진다.

이집트로 끌려간 요셉은 파라오의 경호대장인 포티파르(보디발)로부터 신임을 얻어 그의 집안 살림을 관장했다. 요셉의 빼어난 모습에 반한 포티파르의 아내가 요셉을 유혹하였으나 거절당하자 오히려 요셉이 자기를 희롱하려 했다고 누명을 씌우고 포티파르는 그를 감옥에 가둔다. 요셉은 그와 함께 감옥에 갇혀있던 파라오의 헌작 시종과 제빵 시종의 꿈을 풀이하여 정확하게 미래의 일들을 알아맞힌다.

사실 꿈 해몽은 요셉이 어려서부터 재능을 보였던 분야이었다. 오라토리오 <요셉과 그의 형제들>은 요셉이 감옥에 갇힌 장면부터 시작한다.

등장인물과 줄거리

파라오(이집트의 왕, 베이스)
요셉(알토)
르우벤(요셉의 형, 베이스)
시메온(요셉의 형, 테너)
유다(요셉의 형, 테너)
벤야민(요셉의 동생, 소프라노)
포티페라(온의 사제장, 알토)
아스낫(사제장의 딸, 소프라노)
파노(파라오의 헌작 시종, 알토)

1막

[1장] 파라오 경비대장의 감옥에 갇힌 요셉은 죄수 처지이기는 하지만 정당한 대우를 받을 날을 위해 마음을 굳게 먹는다. 이 모든 것이 더 나은 미래를 위한 일이리라 믿는다. [2장] 몇 해 전에 함께 감옥에 갇혀 있을 때 꿈을 해석해 준 파라오의 헌작 시종 파노가 요셉을 찾아온다.(창세 41:9) 요셉의 해몽 능력이 파라오에게 알려졌으며 이상한 꿈으로 고통 받고 있는 파라오가 요셉을 찾고 있다는 것이다. 요셉은 감옥에서 자신을 구원해 주시는 여호와께 감사한다. 파노는 자신의 꿈을 해몽하여 도움을 준 적이 있는 요셉을 오랫동안 잊었다며 용서를 구하고 요셉은 곧바로 왕 앞에 서겠다고 나선다. [3장] 파라오와 대사제, 대사제의

딸 아스낫과 이집트인들이 모여 있는 왕궁에 요셉이 들어선다. 파라오는 아무도 자신의 꿈을 풀이하지 못한다며 요셉에게 기회를 준다. 요셉은 해몽은 자신이 하는 것이 아니라며 여호와께서 답을 주실 것이라 말한다.(창세 41:16) 이집트인들이 요셉이 꿈을 풀이해 줄 것을 기원한다.

"파라오의 꿈은 한 가지입니다. 하느님께서 하시려는 일을 보여주시는 것입니다. 일곱 마리의 살찐 소와 좋은 이삭 일곱은 칠년 동안의 풍년을 뜻합니다. 일곱 마리의 마른 소와 속이 빈 이삭은 같은 햇수의 기근이 이어진다는 뜻입니다. 이 경고를 받아들이시어 지혜로운 사람을 찾으십시오. 그리고 그에게 기근의 날에 위안이 될 양식을 좋은 시절에 비축하도록 하십시오."(창세 41:25-36) 파라오는 요셉의 풀이에 놀라워하며 그를 하느님의 영을 지닌 사람이라며 자신의 집과 모든 백성을 통치할 이집트의 제2인자로 임명한다.(창세 41:38-41) 이를 보고 있던 대사제 포티페라의 딸 아스낫은 요셉에게 반한다.

파라오는 손에서 인장 반지를 빼서 요셉에게 끼워주며 말한다. "나의 두 번째 병거에 타게 하여 사람들에게 '무릎을 꿇어라'하고 외치게 하라. 이 나라의 아버지이니 그대 이름을 차프낫 파네아라 하리라."(창세 41:42-45) [4장] 아스낫과 요셉은 서로의 사랑을 확인하고 [5장] 파라오는 둘의 결혼식을 거행하라 명한다.(창세 41:45) [6장] 이집트의 성전에서 요셉과 아스낫의 결혼식이 열리고 이집트인들은 두 젊은이의 결혼을 축복하며 기뻐한다.

2막

[2막 시작 전에. 요셉의 형제들이 가나안 땅의 기근으로 식량을 구하러 이집트에 온다. 요셉은 그들을 불러 염탐꾼이라고 몰아붙이며 시메온을 감옥에 가두고 막내 벤야민을 데리고 오면 그들의 결백을 인정하겠다며 나머지 형제들을 돌려보낸다.]

[1장] 요셉 덕분에 기근의 고통으로부터 안전하게 된 이집트인들이 기뻐한다. 파노는 요셉이 이집트인들로부터 칭송받는 것을 보며 감격해하지만 아스낫은 근심이 떠나지 않는 그를 걱정한다. 파노는 요셉의 근심을 향수병으로 이해한다. "맞아요. 종종 고향 얘기를 해요. 우리 아기들을 보면서 미소를 지으면서도 이런 말을 해요. '함께 사랑하며 크거라. 결코 시기심이 너희 마음에 들지 않도록 하여라.' 그러고는 '잔인한 형제들, 아! 불쌍한 아버지.'라며 슬퍼해요. 무슨 일이 그를 괴롭히는지 알 수가 없어요." [2장] 감옥에 갇힌 시메온은 형제들이 돌아오기만을 기다리고 있다. 자신들이 버린 요셉을 생각하며 괴로워한다. [3장] 요셉은 파노에게 시메온을 불러오라 명하고는 고향과 아버지 생각에 잠긴다. 시메온이 들어오자 요셉은 다시 옛 일을 떠올리며 분노하지만 그를 해치지 않으리라 다짐한다. [4장] 요셉이 시메온에게 다른 형제들이 돌아오지 않느냐며 다그친다. 시메온은 아버지가 벤야민을 어떻게 떠나보내겠느냐며 부모의 마음을 이해해달라고 한다. "아버님께서 사랑하시던 요셉을 잃으신 슬픔이 마음을 얼마나 아프게 했겠습니까?" 요셉이 복받치는 감정을 억누르며 묻는다. "그 요셉이라는 형제는 왜 죽었는가?" "짐승이 잡아먹었습니다." "뭐! 짐승이? 그래, 네

동생의 핏줄이나 갈비뼈를 보았단 말인가? 시메온, 이 세상에는 짐승보다 더 잔인한 인간들이 있다." 시메온이 괴로워하자 요셉은 화를 내며 나간다. 혼자 남은 시메온은 하느님께서 모든 죄악을 보고 계시며 세상에 드러나게 하실 거라며 괴로워한다. [5장] 자신의 거처로 돌아온 요셉이 어두운 표정을 하고 있는 아스낫을 걱정하자 아스낫은 남편이 근심에 싸여있는데 즐거워 할 수 있겠느냐며 근심거리가 무엇이냐고 묻는다. 요셉이 대충 둘러대고 있는데 파노가 들어와 시메온의 형제들이 돌아왔다고 알린다. "정말 멋지게 생긴 아이도 함께 왔습니다." 요셉은 그들을 당장 들라하고 아스낫을 내보낸다. [6장] 파노는 형제들에게 요셉은 훌륭한 분이라며 겁먹지 말라고 안심시킨다. [7장] 르우벤이 요셉에게 무릎을 꿇으며 인사하고 유다는 고향에서 가져온 선물을 바친다. 유다는 고향 땅에 기근이 계속되고 있다며 함께 온 벤야민을 인사시킨다. "우리나라와 저희 아버님을 살려주세요." "일어나거라. 너의 아버님은 안녕하시냐? (혼잣말로) 하마터면 우리 아버님이라고 할 뻔했네." 유다가 나선다. "주군, 나리의 종은 건강하게 살아있습니다." "그리고 이 아이가 막내인가?" "네, 저의 이름은 벤야민입니다." "너를 안아보자. 나의 아들아, 주님의 축복이 너에게 있기를 빈다." 벤야민이 요셉을 보며 자신과 비슷하게 생겼다며 아버지라고 부르고 싶다고 한다. 요셉은 감격해하며 하인들에게 그들을 위한 식탁을 차리라고 명하고는 더 이상 견디지 못하고 눈물을 숨기며 급하게 자리를 뜬다. 르우벤과 유다는 요셉의 행동을 이해하기가 어렵다며 자기들에게 자비를 베풀어 달라며 하느님께 기도한다.

3막

[3막 시작 전에. 함께 즐거운 저녁 식사를 한 다음 날 형제들의 곡식 자루에 양식을 채워 주면서 요셉은 벤야민의 자루에 자신의 은잔을 넣으라고 명한다. 이를 모르고 길을 나선 형제들에게 요셉의 하인들이 쫓아와 그들을 다시 잡아온다.]

[1장] 아스낫은 요셉이 호의를 베풀었는데도 잔을 훔쳐갔다며 이스라엘인들을 욕한다. [2장] 요셉이 들어오자 아스낫은 그를 위로하지만 요셉은 더욱 큰 슬픔에 싸인다. 요셉은 자기의 아버지가 살아 계신데 고향 땅의 기근 때문에 아버지가 고통 받고 있다고 한다. 아스낫은 이집트에 비축한 양식을 보내면 된다고 하지만 요셉은 나라를 위해 쓸 양식을 그렇게 할 수 없다고 한다. "사람들이 따르고 권력이 미소 지어도 이는 잠깐 동안의 햇볕에 불과하오." 아스낫은 요셉이 이집트를 구했으니 당연히 그럴 자격이 있다고 안심시킨다. [3장] 파노가 사슬에 묶인 형제들을 요셉에게 데리고 온다. 시메온은 자신들은 죄가 없나며 강하게 반발하고 요셉은 두고 보자고 한다. [4장] 파노가 벤야민의 자루에서 은잔을 발견하자 요셉은 벤야민을 체포하라고 명한다. "이 아이만 남겨두고 모두 떠나라" "저만 빼고 돌아가라니요? 아, 불행한 나의 운명이여. 태어날 때에는 어머니를 돌아가시게 하고 죽을 때는 불쌍한 아버님의 목숨을 가져가는 내 운명이여!" 요셉은 벤야민의 애원에 괴로워하지만 그를 감옥으로 보내라고 명하고는 나가버린다. 르우벤은 그의 얼굴에서 연민 같은 것을 봤다고 한다. 시메온은 그럴 리 없다고 화를 내지만 르우벤은 시메온에게 오래 전 일을 떠올린다.

"진정해, 시메온. 도탄 들판의 그 무서운 구덩이 생각나? 요셉이 그 속에서 소리 질렀었지. 그때 일로 벌을 받는 거야. 어쩌나, 이대로 가면 아버님은 슬픔에 싸여 돌아가실 거고, 우리 모두가 이대로 남아있으면 기근 때문에 돌아가실 테니..." 형제들이 기도한다. "하늘의 영원한 왕국이시여, 우리의 잔혹한 죄를 보시네. 저희의 지극 참회를 보시어, 우리에게 과분한 도움을 내려 주소서." [5장] 요셉이 돌아오자 유다는 막내를 돌려보내달라고 애원하고 시메온은 자기가 대신 감옥에 가겠다고 나선다. 요셉이 결심을 했는지 파노에게 벤야민을 데려오라고 한다. 그러고는 모든 시종들을 내보낸다. "보세요, 제가 요셉입니다. 아버님이 살아 계시다고요. 제가 그 잃어버린 형님들의 동생 요셉입니다." "요셉? 맙소사!" 형제들은 놀라면서도 괴로워한다. 파노가 벤야민을 데리고 오자 요셉이 벤야민을 안으며 말한다. "형님들 오해 마십시오. 형님들이 저한테 그랬듯이 벤야민을 해칠까 두려웠습니다. 이제 형님들의 진심을 알았습니다." 형제들이 모두 고개를 숙이고 말이 없다. [6장] 요셉과 아스낫은 모든 근심거리가 없어졌다며 변함없는 둘의 사랑을 확인한다. "우리의 신이신 주님의 이름으로 오는 구원과 승리를 우리 모두 기뻐하리. 할렐루야!"

감상하기

1막 1장. 요셉의 아리아, "오소서, 거룩한 영감의 원천이시여, 오소서." CD 1/1

(A)	(A)
Come, divine inspirer, come,	오소서, 거룩한 영감의 원천이시여, 오소서

Make my humble breast thy home	저의 비천한 가슴을 당신의 거처로 삼으소서.
Draw the curtain from mine eye,	제 눈 앞의 장막을 거두어 주시어
And present place futurity!	앞으로 일어날 일을 보여주소서.
(B)	(B)
Thus, whilst I o'er Pharaoh's dream	제가 파라오의 꿈 위에
Bright interpretation beam,	밝은 해몽의 빛을 내리게 하시어,
Pharaoh's self shall temples raise,	파라오가 성전을 세우고
And Egypt incense to thy praise.	이집트가 당신 찬양을 위한 향을 피우게 하소서.
(A) 반복	

이 곡은 1막 앞부분에 요셉이 감옥에서 파라오의 부름을 받고 나서기 전에 부르는 곡으로 주님께 올리는 기도 노래이다. 자신에게 찾아 온 기회를 살릴 수 있도록 주님께 꿈을 풀이할 수 있는 영감을 내려 달라고 기도한다. 전체적으로 A와 B의 두 부분으로 구분되는데 B부분이 끝나고 나서 다시 A부분을 반복한 후에 끝맺는다. 헨델이 활동했던 시대에 가장 흔한 아리아의 형식으로 보통 다카포 아리아라 부른다. 이런 아리아의 경우 B부분은 A부분과 구분하기 위해 변화를 주게 된다. 이 곡에서는 큰 변화는 아니더라도 선율의 분위기가 바뀌는 것을 들을 수 있다. 이 아리아의 반주는 매우 단순하다. 화음을 만드는 악기들을 제외하면 오로지 바이올린이 유니슨으로 연주하는 선율만으로 요셉의 아리아를 뒷받침한다. 이 바이올린 선율은 노래를 방해하지 않기 위해 조심스럽게 사용되었고 그 결과 요셉의 간절한 기도가 최대한 부각된다. 형제들의 시기심으로 죽음 직전까지 갔다가 이집트에 팔려온 요셉. 자기 주인 집의 마나님의

모함으로 이번에는 감옥에 갇히게 된 요셉. 이 지하 감옥에서 벗어날 수 있는 기회가 그에게 온 것이니, 그의 기도가 간절할 수밖에 없었을 것이다.

2막 1장. 이집트인들의 합창, "만세, 하나님이 사랑하시는 젊은이여." CD 1/2

Hail, thou youth, by Heav'n belov'd!	만세, 하느님이 사랑하시는 젊은이여.
Now thy wondrous wisdom's prov'd.	이제 그대의 놀라운 지혜가 증명되었네.
Zaphnath Egypt's fate foresaw,	차프낫이 이집트의 운명을 예견하니
And snatch'd her from the famine's jaw.	기근의 위기에서 이집트를 구했네.

이 곡은 2막의 첫 곡으로 이집트인들이 요셉의 지혜로 이집트가 기근의 위기에서 살아남을 수 있었다며 그를 칭송하는 합창이다. 가사의 첫 두 행과 나머지 두 행을 구분하여 크게 두 부분으로 나눈다. (두 부분을 나누는 시점은 갑자기 음악이 느려지면서 잠시 멈추는 듯한 느낌을 통해 확인하기 바란다.) 앞부분에서는 '만세'(hail)라는 단어가 전체를 지배하며 이집트 곳곳에서 만세를 외치는 소리 같은 효과를 낸다. 뒷부분은 헨델이 작곡 기술을 마음껏 뽐내고 있다. '차프낫'으로 시작하는 셋째 행은 독립된 주제로 성부 간에 돌림노래처럼 주고받으며 진행하고 네 째 행을 또 다른 주제를 사용하여 비슷한 방식으로 노래한 후에 이번에는 두 주제가 동시에 울려 퍼지면서도 조화로움을 잃지 않고 있다. 작곡 기술적으로 두 부분은 상당히 다른 방식을 사용한

것이며 앞부분을 찬송가 방식이라고 하면 뒷부분은 돌림노래 방식이라고 할 수 있다. 헨델은 이 두 방식에 모두 정통한 드문 작곡가였다.

> **찬송가 방식과 돌림노래 방식**
>
> 찬송가 방식이란 교회의 찬송가처럼 소프라노부터 베이스의 4개 성부가 거의 같은 리듬으로 노래하는 것을 말하며 누래하기 쉽고 듣기에도 쉽다. 반면에 돌림노래 방식은 소프라노가 먼저 선율을 시작하면 일정 간격을 두고 알토, 테너, 베이스가 같은 선율을 따라가는 것을 말한다. 선율을 시작하는 순서는 정해진 것이 아니라 곡에 따라 다양하게 나온다. 이 방식은 일반인들로 구성된 성가대가 제대로 노래하기가 쉽지 않다. 동시에 듣는 사람들도 다소 복잡하다는 느낌을 가질 수 있다. 전문 용어로 찬송가 방식은 호모포니라 하고 돌림노래 방식은 폴리포니라고 한다. 헨델과 바흐가 활동했던 18세기 전반에는 두 방식이 모두 공존했던 시기였으나 돌림노래 방식을 전통적이라고 인식했다.

감상 추천곡

1막의 첫 장면에 나오는 요셉의 아리아, "굳세어라, 내 영혼이여."(No. 2. Be firm, my soul)는 감옥에 갇혀 있으면서도 희망을 잃지 않으려는 요셉의 굳은 의지를 잘 보여주는 노래이며, 아리아 중간에 레치타티보가 삽입되어 있는 것이 이채롭다. 3장의 합창곡, "오 요셉의 신이시여"(No. 9. O God of Joseph)는 해몽을 위해 파라오 앞에 선 요셉이 왕의 꿈을 밝혀주기를 기원하는 이집트인들의 합창이다. 그래서 이집트인들은 자기들의 신이 아니라 '요셉의 신'에게 도움을 청한다. 종교적으로 매우 관용적인 이집트인들을 볼 수 있다. 사실 고대 강국들이 작은 나라들을 정복했을 때 자기들의 종교를 일방적으로 강요하지 않았다고 한다. 요즘 종교 문제로 전쟁이 일어나는 것을 보면 그때보다 인류의 역사가 후퇴했다는 생각마저 든다. 이 합창 이후 바로 이어지는 요셉의 해몽은 "파라오님, 당신의 꿈은 하나입니다."(No. 10. Pharaoh, thy dreams are one.)로 시작하여 거의 그대로 성경의 내용을 가져온 가사로 되어 있다. 선율이 즉각적으로 들리는 아리아는 아니지만 나름대로 매우 매력적인 음악이다. 해몽의 내용을 정확하게 전달하기 위해 노래처럼 말하는 듯한 아콤파냐토로 처리했다. 요셉의 멋진 모습을 본 아스낫은 그녀의 첫 인상을 아리아, "오 사랑스런 젊은이여"(No. 12. O lovely youth)로 노래한다. 이 아리아는 첫 눈에 반한 아가씨의 사랑하는 마음이 물씬 묻어나는 뛰어난 선율을 자랑하는 곡이다. 1막 3장을 마무리하는 이집트인들의 합창 음악, "흥겨운 소리와 달콤한 선율"(No. 14. Joyful sounds, melodious strains)은 '차프낫 파네아'라는 새로운 이름을 받은 나라의 2인자 요셉의 등극을 축하하는 곡이다.

2막 1장, 아스낫의 아리아, "사랑스런 순둥이로 함께 성장했는데."(No. 33. Together, lovely innocents, grow up)는 어렸을 때를 회상하며 요셉이 혼잣말로 하는 말을 아스낫이 옮기는 내용이다. 처음에는 밝고 명랑한 분위기처럼 들리는 선율이 진행되면서 나중에는 같은 선율이 다소 슬픈 느낌을 준다. 누구나 천진난만했던 어린 시절을 회상할 때 가질 수 있는 감정의 변화, 즉 즐거웠던 어린 시절에 대한 기쁜 추억과 다시는 그 날로 되돌아 살 수 없다는 슬픔이 그대로 전달된다. 자신의 말은 아니지만 남편 요셉의 마음을 아스낫이 정확하게 읽고 있다는 증거이다. 그 감정의 변화는 가사 중간에 '시기'와 '미움' 이라는 단어가 나오면서 생기는 분위기의 변화가 가져온 결과일 것이다. 2막 2장. 시메온의 아리아, "후회, 당혹, 공포, 두려움이여."(No. 36. Remorse, confusion, horror, fear)는 형제들이 떠나고 홀로 감옥에 갇혀있는 시메온이 예전에 자기들이 저버린 요셉 생각을 고통스럽게 떠올리는 곡이다. 이 아리아 직전에 시메온은 요셉에 대한 죄책감을 느끼면서도 혼자 한 짓이 아니라며 위로하다가도 요셉이 죽었다고 아버지께 거짓말한 것을 떠올리며 혼란스러워한다. 바로 이러한 생각의 결정체가 이 아리아의 가사를 이룬다. 첫 단어, 후회로 시작하여 두려움으로 끝나는 첫 행에서 알 수 있듯이 시메온은 이제 공포와 두려움을 느끼고 있다. 이 곡의 백미는 현악기로 연주되는 반주 음악이다. 빠르게 진행되는 반주 음악은 첫 네 단어를 정확하게 묘사하고 있다. 달려 가기도하고 멈칫거리기도 하면서 혼란스러운 시메온의 마음을 표현한다. 시메온의 노래도 예쁜 선율은 아니다. 단어 단어들이 조각나고 선율의 흐름이 길게 이어지지 못한다. 선율만 노래하면 재미없는 곡으로 오해하기 쉽다. 이 곡은 반주 음악이 얼마나 중요한지를 보여주는 좋은 예이다. 2막 3장의 요셉의 아리아, "농부는 삶의 달콤한 맛을 즐기리."(No. 38. The Peasant tastes the sweets of life.)는 나랏일로 바쁘게 지낸 시간을 되돌아보며 부르는 노래이다. 자신에게 주어진 권력을 즐기기 보다는 평범한 농부가 누리는 소박한 삶을 꿈꾼다. "이렇게 살다가 죽는 거지"(We die thus whilst we live)라는 표현은 인생에 대해 달관한 요셉의 태도를 볼 수 있다. 이 곡은 이 오라토리오에서 최고의 아리아로 손꼽아도 손색이 없을 것이다. 단순한 화음이 시골 풍경의 소박함을 훌륭하게 그려내 시골 냄새가 풍기는 듯하다.

2막 4장의 시메온의 아리아, "사기꾼! 아! 나의 못된 죄악이"(No. 40. Impostor! Ah! my foul offence)는 이집트의 재상이 된 요셉에게 동생 요셉의 죽음에 대해 거짓말을 한 뒤 자책하는 노래이다. "하느님께서는 사악한 일을 보시고 세상에 드러내시네."(Heav'n sees and brings dark deeds to light.)는 정확하게 시메온의 심정을 말해준다. 2막 5장의 아스낫의 아리아 "은빛 시냇물이 흘러가는 동안"(No. 42. The silver stream, that all its way)은 남편이 근심에 싸여 있는 한 자신도 남편과 그 고통을 함께 하겠다는 다짐을 보여준다. 현악기의 전주는 반짝이는 은빛 시냇물을 보여주다가도 갑자기 낮은 음으로 내려가며 혼탁한 물줄기를 보여준다.

1막과 2막 만을 보면 거의 모든 곡들이 추천 대상이다. 그러나 3막에 오면 사정이 달라진다. 3막은 이 작품에서 음악적으로 가장 약한 막일 것이다. 3막 4장에 나오는 벤야민의 아리오소, "아 제발 자비를"(No. 63. Oh, pity!)은 특별한 곡이다. 이 곡을 헨델은 아리오조라고 했는데 이는 요즘 사용하는 용어와는 다소 차이가 있다. 우선 아리오조의 사전적 설명은 '아리아 같은'이라는 뜻으로 아리아보다 덜 노래답다는 말이다. 따라서 원칙적으로 아리오조는 아리아처럼 혼자서 노래하는 독창곡에 해당한다. 그런데 이 곡은 벤야민과 요셉이 함께 노래하는 것이므로 아리오조라고 할 수 없다. 그런데 63번 전체를 보면 요셉은 계속 혼잣말로 노래하므로 실제로는 벤야민이 혼자 노래한다고도 볼 수 있다. 아마도 헨델이 이 부분을 아리오조라고 한 것은 바로 이 점을 강조하기 위한 것일 수도 있다. 그리고 이 부분 끝에 나오는 벤야민의 노래는 거의 아리아라고 할 수 있는 정도의 곡이므로 전체적으로 아리오조라는 말이 틀리지는 않는다. 이 오라토리오의 끝 곡으로 나오는 합창, "저희는 당신의 구원으로 환호하리라."(No. 73. We will rejoice in thy salvation.)는 남성 저음 성부가 할렐루야를 외치며 시작한다. 이 책의 마지막에 나오는 <메시아>의 할렐루야를 연상시키는 합창곡이다. 트럼펫의 화려함이 추가되어 마지막을 장식하는 곡으로 제격이다.

오라토리오 끝난 후에

성경의 내용과 비교할 때 가장 큰 차이점은 아스낫의 역할이다. 성경에 아스낫은 모두 세 번 나온다. 이 중에 두 번은 요셉의 아들 므나쎄와 에프라임의 어머니로 나오고 한 번은 파라오가 그녀를 요셉의 아내로 주었다는 대목에 나온다. 아스낫의 역할은 거의 없다고 할 수 있으나 여성 등장인물이 드문 관계로 헨델의 대본가는 아스낫을 매우 중요한 인물로 만들었다. 그 결과 이 오라토리오에서 아스낫은 요셉의 부인으로 오페라의 프리마 돈나(여성 주인공)역을 수행하여 아리아 뿐만 아니라 요셉과의 이중창을 비롯해 많은 부분을 차지한다. 오페라와는 달리 연기와 의상, 무대 장치가 없기는 하지만 오라토리오도 극장 음악에 해당하며 오페라에서처럼 여성 주인공의 존재 여부는 매우 중요하다. 문제는 구약 성경에서는 여성들의 역할이 매우 적기 때문에 종종 성경보다 여성의 역할이 확대되는 것을 보게 된다. 또한 성경에는 헌작 시종이 나오기는 하지만 이름은 없다. 오라토리오에서는 헌작 시종에게 이름을 주었을 뿐만아니라 요셉이 재상에 오른 후에 그를 보좌하는 인물로 묘사한다.

<요셉과 그의 형제들>은 비교적 성경 내용을 충실히 전달하는 작품이다. 일부 가사는 성경 말씀을 그대로 인용하기도 한다. 성경에는 벤야민을 잡아두려고 한 요셉의 의도가 분명하게 명시되어 있지 않지만 전후 맥락을 볼 때 요셉은 동생 벤야민과 함께 살고 싶었고 다른 형제들은 양식과 함께 아버지께 돌려보내려고 은잔 사건을 계획한 것으로 이해된다. 이때까지 요셉은 그럴 경우 아버지 야곱의 마음이 어떠했으리라는 것을 짐작하지 못했던 것같다. 그래서 유다가 대신 남겠다며 아버지를 위해서라도 벤야민을 반드시 데리고 가야한다고 말하자 그때서야 요셉은 마음을 바꾸고 자신을 드러내며 모두 용서한다. 성경에서는 이 모든 일을 '신의 섭리'로 풀이한다. 요셉의 말을 들어보자. "그러니 이제는 저를 이곳으로 팔아넘겼다고 해서 괴로워하지도, 자신에게 화를 내지도 마십시오. 우리 목숨을 살리시려고 하느님께서는 나를 여러분보다 앞서 보내신 것입니다."(창세 45:5) 용서와 화해는 다른 말이 아닌 것이다. 반면에 오라토리오에서는 요셉의 의도가 무엇인지 분명하게 말해준다. 3막 5장에서 자신을 드러내며 요셉은 형제들이 벤야민까지 해칠 것을 두려워했다고 말한다. 이런 해석은 성경 내용에서 충분히 유추할 수 있으며 형들로부터 버림받은 요셉의 고통과 슬픔이 얼마나 컸는지, 또 그로인해 벤야민을 보호해야겠다는 생각이 얼마나 중요했는지 알게 해준다. 오라토리오가

아무리 종교적인 내용의 극음악이라고 해도 신의 문제보다 인간의 문제가 더 극적인 것은 틀림없다.

오라토리오 <요셉과 그의 형제들>은 성경 이야기 자체가 지니는 극적인 내용 덕분에 매우 오페라 같은 오라토리오가 되었다. 앞으로 소개되는 오라토리오에서도 볼 수 있는 일이지만 이 오라토리오는 현악기 외에 다른 악기들은 큰 역할을 하지 못한다. 그럼에도 불구하고 헨델은 뛰어난 솜씨로 다양한 효과를 만들어내며 오라토리오를 끌고 나간다.

이집트의 이스라엘인 (Israel in Egypt)

성경과 극장은 상극이다. 그래서 성경의 내용을 오페라로 만든 예가 적은 것이다. 얼른 떠올리면 생상스의 <삼손과 들릴라>와 로시니의 <이집트의 모세>, 베르디의 <나부코>(네부카드네자르의 이탈리아식 발음이 '나부코도노조'임) 정도를 꼽을 수 있다. 이탈리아 작곡가인 로시니와 베르디의 작품은 성경 이야기는 배경에 불과하고 두 젊은 남녀의 사랑 이야기가 핵심이어서 성경 '말씀'과는 거리가 있다. 이를 해결하기 위해 오라토리오라는 장르가 나온 것이다. 극장에서 공연하지만 오페라의 세속성을 제거하여 무대장치나 연기 없이 진행되는 음악극을 만든 것이다.

영국에서도 이런 사정은 마찬가지였다. 심지어 사순절에는 일체의 극장 공연이 원칙적으로 금지되었다고 한다. 유일하게 허용된 것이 성경 말씀에 기초한 오라토리오였다. 그러나 성경에 기초한 작품을 무대에 올리는 것은 인정하면서도 성경말씀을 그대로 사용하는 작품을 무대에 올리는 것에는 논란이 많았다. 즉 성스러운 말씀을 세속적인 무대에서 사용할 수 있는지에 대한 문제였다. 교회는 항상 극장을 성스럽지 못한 장소로 인식했던 것이다. <이집트의 이스라엘인>은 성경 내용을 기초로 새롭게 만들어진 대본을 사용한 것이 아니라 성경 말씀을 그대로 가사로 사용한 특별한 예에 속한다. 아마도 이 오라토리오에 모세와 파라오가 직접 등장하여 그들의 대화를 성경에서 그대로 인용하여 오라토리오를 만들었다면 공연 허가는 나지 않았을 것이다. 그나마 등장인물이 구체성이 적고 대부분 합창으로 처리하여 무대 공연이 가능했을 것이다. 그런데 1739년에 초연된 <이집트의 이스라엘인>은 실패작이었다. 그 이유로 성경을 직접 인용한 노래를 극장에서 공연하는 것에 대한 거부감과 합창음악이 지나치게 많았던 점이 작용했던 것으로 판단된다. 초연 실패 후에 헨델은 3부로 되어 있던 원작의 1부를 아예 없애버리고 서곡도 없이 바로 시작하는 어색함을 감수하며 공연하기도 했다. 그래서 지금도 이 오라토리오는 헨델의 작품 중 유일하게 2부로 남아있다.

성경 말씀을 그대로 사용한다는 아이디어에는 사실 문제가 많다. 시편은 원래 노래였으니 이를 가사로 택한다는 것은 자연스러운 일이다. 그러나 일반 성경 구절을 그대로 가사로 노래한다는 것은 생각하기 힘든 발상이었다. 이 책에서 소개하는 15편의 작품 중에 이런 예는 <메시아>와 <이집트의 이스라엘인> 뿐이다. 특이하게도 이 두 작품은 모두 찰스 제넨스(Charles Jennens)라는 인물의 대본으로 작곡되었다. 부유한 지주의 아들로 태어난 제넨스는 문학적인 소양까지 갖추어 셰익스피어 작품의 편집자로도 활동했다고 한다. 오페라 시즌 중에 주로 런던에 머물며 헨델의 음악을 섭하면서 그의 팬이 되었다. 문학적 재능과 성경에 대한 해박한 지식의 소유자이며, 헨델의 열정적인 팬인 제넨스가 헨델을 위해 오라토리오 대본을 만든 것은 당연한지 모른다. 제넨스와 헨델의 공동 작업은 1738년 작품인 <사울>부터 시작하여 그 후 위의 두 오라토리오와 1744년의 <벨사차르>까지 이어진다. 이 네 편의 공통점은 성경 말씀에 충실함에 있다. 극적인 구성을 지닌 <사울>과 <벨사차르>도 성경 내용을 매우 충실하게 따르고 직접 인용하면서도 최고의 대본을 만드는 데에 성공했다. 헨델이 그의 대본에 크게 만족했음은 이 오라토리오들의 음악이 증명한다. 이 네 편의 오라토리오는 헨델의 작품 중에서도 손꼽히는 명작이다. 뛰어난 대본에 아름다운 음악으로 보답한 것이다.

15세기 이탈리아 화가, 코지모 로셀리의 <홍해를 건너>. 현재 바티칸 시스티나 성당의 벽화 중 한 장면으로 이 벽화에는 출애굽과 관련된 몇몇 에피소드가 동시에 그려져 있다고 한다. 오른쪽 배경은 의자에 앉아 있는 파라오(바로)에게 자기들이 이집트를 떠나게 해달라고 말하는 모세와 아론의 모습이라고 한다. 이집트의 땅에 먹구름이 가득하고 비가 세차게 내리는 것으로 보아 어둠과 폭풍우의 재앙을 그린 것으로 보인다. 그림의 전면에는 바닷물에 갇혀 몰살당하는 이집트 군사들이 보인다. 아마도 흰 말을 타고 있는 이가 파라오, 또는 높은 지위의 군인인 것으로 추정된다. 바닷물에 휩쓸리는 이들의 모습은 한마디로 아수라장이다. 반면에 바다를 건넌 이스라엘인들은 매우 여유 있어 보인다. 작은 지팡이를 들고 있는 이가 모세일 것이고, 그의 오른편 뒤에 있는 흰 수염의 노인이 아론인 것 같다. 모세 왼편에 무릎을 꿇고 있는 여인은 미리암이다. 그녀의 손에는 성경 속의 악기로 종종 묘사되는 쌀터리를 들고 있다. 쌀터리는 손으로 뜯는 악기로 고대 그리스부터 내려온 악기이다. 중세 시대부터 쌀터리는 같은 어원을 지닌 시편(Psalm)과 연관되어 다윗의 악기로도 그려진다. 이 그림에서 미리암이 쌀터리로 연주하며 부르는 노래는 분명 "미리암의 노래"일 것이다. 성경에는 "예언자이며 아론의 누이인 미르얌이 손북을 들자, 여자들이 모두 그 뒤를 따라 손북을 들고 춤을 추었다. 미르얌이 그들에게 노래를 메겼다"(탈출 15:20-21)라고 한다. 그림에서 미리암은 손북 대신에 쌀터리를 들었고 미리암 옆으로 등을 보이는 남자 왼편에서 여인들이 손북을 들고 춤을 추고 있다. 발 근처에 강아지가 보이는 황토색 치마를 입은 여인의 한 발이 들려있는 것이 보일 것이다. 춤을 추고 있다는 증거이다.

오라토리오 시작 전에

요셉 덕분에 이집트에 안전하게 정착한 야곱의 자손들은 크게 번성했다고 한다. 요셉은 110년을 살았고 3 대를 보게 된다.(창세 50:23) 요셉이 죽은 후 그를 알지 못하는 파라오가 나오기까지 또다시 시간이 흘렀을 것이며 보통 학자들은 야곱의 자손들이 이집트에 머물었던 기간을 약 400년으로 본다. 이 기간 동안 늘어난 이스라엘 자손들의 수는 상당했을 것이며 이집트인들에게 경계의 대상이 되었다. 파라오는 이스라엘인들을 박해하기 시작했고 심지어 히브리인들의 아들이 태어나면 모두 죽이라는 명을 내린다.(탈출 1:22) 이 때 레위 집안에서 태어난 모세를 그의 부모는 강가에 숨겨놓았고 이를 본 파라오의 딸이 불쌍히 여겨 그를 자신의 아들로 삼는다. 모세가 성장한 후 하느님은 모세에게 나타나시어 이스라엘인들을 구하라는 소명을 내린다. 모세는 형 아론을 대변인으로 삼고 파라오에게 자기 민족이 이집트를 떠날 수 있게 해줄 것을 하느님의 이름으로 요청한다. 파라오가 이들의 요청을 거절하자 모세는 하느님이 시키는 대로 여러 재앙을 일으킨다. 처음 두 재앙은 이집트의 마술사들도 따라 할 수 있을 정도로 수준이 낮았지만 점차 그 강도가 세어지며 파라오는 결국 이스라엘인들을 떠나게 내버려 둔다. 이들이 정작 떠나자 파라오의 마음이 바뀌어 그들을 몰살시키려 추격전에 나선다. 마침내 홍해(갈대바다의 오역임)에 다다른 이스라엘인들은 바다를 건널 수 없었으나 모세의 지팡이가 이번에도 효과를 발휘하여 바다를 갈라 마른 땅이 나오게 했고 그들은 안전하게 바다를 건넌다. 반면에 이들을 뒤쫓던 파라오의 군대는 이스라엘인들을 따라 바다로 들어섰다가 몰려드는 바닷물 속으로 쓸려 들어가 버린다.

성경 학자들은 이 홍해의 위치에 대해 정확한 답을 내리지 못하고 있다. 그러나 중요한 것은 상당수의 이스라엘인들이 이집트에 살았었고 그들이 그곳을 떠나 가나안 땅으로 이주했음은 역사적 사실로 받아들이는 분위기다. 그들이 출애굽을 역사적 사실로 인정하는 이유로 그 어떤 민족도 자신들의 조상이 타국의 노예 살이 했음을 공개적으로 자랑하지는 않았으리라는 점을 든다. 어쨌든 이 탈출 사건은 이스라엘인들에게는 하느님께서 그들과 함께 계시다는 확신을 주었으며 유대교의 주요 축제인 유월절(과월절)의 유래가 되었다. 이 탈출 과정은 이후에도 성경 곳곳에서 지속적으로 언급되어 이를 이스라엘인들이 얼마나 중요하게 여겼는지를 짐작케 한다. 오라토리오 <이집트의 이스라엘인>은 탈출기 첫 부분부터 시작하여 모세의 성장 과정은 생략하고 바로 열 개의 재앙으로 이어진다.

줄거리

이 오라토리오의 줄거리는 요약이 아니라 가사 전체를 성경 그대로 옮겨 놓았다. 대략 전체를 정리하면 1부는 이스라엘 민족의 고난과 열 개의 재앙이 묘사되었고 2부에서는 홍해(갈대 바다)를 건넌 후에 부르는 모세와 미리암의 노래가 가사로 사용되었다. 아래 가사 내용에서 번호는 곡의 순서이며 이해를 돕기 위해 어떤 곡인지를 번호와 함께 표기하였다. 극적인 줄거리가 전개되는 것이 아니어서 이 오라토리오에는 특정 등장인물이 없다.

1부

[1 레치타티보, 테너] 그런데 요셉을 알지 못하는 새 임금이 이집트에 군림하게 되었다.(탈출 1:8) 그래서 이집트인들은 강제 노동으로 그들을 억압하려고 그들 위에 부역 감독들을 세웠다.(탈출 1:11) 그리하여 이집트인들은 이스라엘 자손들을 더욱 혹독하게 부렸다.(1:13)

[2 합창] 이스라엘 자손들은 고역에 짓눌려 탄식하며 부르짖었다. 그러자 고역에 짓눌려 도움을 청하는 그들의 소리가 하느님께 올라갔다.(2:23) 강제 노동으로 그들을 억압하였고(1:11) 이스라엘 자손들을 더욱 혹독하게 부렸다.(1:13) 도움을 청하는 그들의 소리가 하느님께 올라갔다.(2:23)

[3 레치타티보, 테너] 그 분께서 당신의 종 모세와 몸소 뽑으신 아론을 보내시니 이들이 저들 가운데에서 그분의 표징들을, 함족의 땅에서 이적들을 일으켰다.(시편 105:26-27) 저들은 물을 피로 바꾸시었다.(시편 105:29)

[4 합창] 그들이 강에서 물을 퍼 마실 수 없었다.(탈출 7:21) 저들은 물을 피로 바꾸시었다.(시편 105:29)

[5 아리아, 알토] 임금들의 방에 이르기까지 저들의 땅이 개구리 떼로 들끓었다.(시편 105:30) 사람과 짐승에게 궤양을 일으키는 종기가 되었다. 그는 가축들에게 흑사병을 일으키셨다.(탈출 9:10, 15?)

[6 합창] 그분께서 말씀하시자 등에 떼가 모여들고 저들의 온 영토에 모기 떼가 모여들었다.(시편 105:31) 그분께서 말씀하시자 메뚜기 떼가 수도 없이 몰려와 들판의 열매를 먹어 버렸다.(시편 105:34-35)

[7 합창] 주님께서 이집트 땅에 우박을 쏟으셨다. 번갯불이 잇달아 번쩍이면서 우박이 내렸다.(탈출 9:23-24)

[8 합창] 어둠을 보내시어(시편 105:28) 손으로 만져질 듯한 어둠을(탈출 10:21)

[9 합창] 저들 땅 안의 모든 맏아들을, 저들 모든 정력의 첫 소생을 치셨다.(시편 105:36)

[10 합창] 당신 백성을 양 떼처럼 이끌어 내시어(시편 78:52) 그들이 은과 금을 가지고 나오게 하셨다. 그분 지파들에는 비틀거리는 사람이 없었다.(시편 105:37)

[11 합창] 그들이 떠나갈 때 이집트가 기뻐하였으니 그들에 대한 두려움이 저들을 엄습한 까닭이다.(시편 105:39)

[12 합창] 갈대 바다를 꾸짖으시어 물이 마르자 그들이 깊은 바다를 사막인 양 걸어가게 하셨다.(시편 106:9) 물이 그들의 적들을 덮쳐 하나도 살아남지 못하였다.(시편 106:11)

[13 합창] 이렇게 이스라엘은 주님께서 이집트인들에게

행사하신 큰 권능을 보았다. 그리하여 백성은 주님을 경외하고, 주님과 그분의 종 모세를 믿게 되었다.(탈출 14:31)

2부

[14 합창] 그때 모세와 이스라엘 자손들이 주님께 이 노래를 불렀다. 그들은 이렇게 노래하였다. "나는 주님께 노래하리라. 그지없이 높으신 분, 말과 기병을 바다에 처넣으셨네.(탈출 15:1)

[15 이중창, 두 명의 소프라노] 주님은 나의 힘 나의 찬미, 나에게 구원이 되어 주셨다.(탈출 15:2)

[16 합창] 이 분은 나의 하느님, 나 그분을 찬미하리라. 내 아버지의 하느님, 나 그분을 높이 기리리라.(탈출 15:2)

[17 이중창, 두 명의 베이스] 주님은 전쟁의 용사 그 이름 주님이시다. 파라오의 병거와 군대를 바다에 내던지시니 그 빼어난 군관들이 갈대 바다에 빠졌네.(탈출 15:3-4)

[18 합창] 깊은 물이 그들을 덮치니 돌처럼 깊이 가라앉았네.(탈출 15:5)

[19 합창] 주님, 권능으로 영광을 드러내신 당신의 오른손이, 주님, 당신의 오른 손이 원수를 짓부수셨습니다. 당신의 그 큰 엄위로 적들을 뒤엎으시고 당신의 진노를 보내시어 그들을 검불인 양 살라 버리셨습니다.(탈출 15:6-7)

[20 합창] 당신 노호의 숨결로 물이 모이고 물결은 둑처럼 우뚝 섰으며 깊은 물은 바다 한가운데에서 엉겼습니다.(탈출 15:8)

[21 아리아, 테너] 원수가 말하였습니다. '내가 쫓아가 붙잡고 노획물을 나누어 내 욕구를 채우리라. 칼을 뽑아 들

고 이 손으로 그들을 쳐부수리라.'(탈출 15:9)

[22 아리아, 소프라노] 그러나 당신께서 바람을 일으키시어 바다가 그들을 덮쳤습니다. 그들은 거센 물속에 납덩이처럼 내려앉았습니다.(탈출 15:10)

[23 합창] 주님, 신들 가운데 누가 당신과 같겠습니까? 누가 당신처럼 거룩함으로 영광을 드러내고 위업으로 두렵게 하며 기적을 일으키시겠습니까? 당신께서 오른 손을 뻗으시니 땅이 그들을 삼켜 버렸습니다.(탈출 15:11-12)

[24 이중창, 알토와 테너] 당신께서 구원하신 백성을 자애로 인도하시고 당신 힘으로 그들을 당신의 거룩한 처소로 이끄셨습니다.(탈출 15:13)

[25 합창] 민족들이 듣고 떨었으며 고통에 사로잡혔습니다. 가나안의 모든 주민이 불안에 떨었습니다. 그들은 당신 팔의 위력을 보고 돌처럼 잠잠해졌습니다. 주님, 당신의 백성이 다 지나갈 때까지, 당신께서 얻으신 백성이 다 지나갈 때까지.(탈출 15:14-16)

[26 아리아 알토] 당신께서 그들을 데려다 당신 소유의 산에 심으셨습니다. 주님, 그 산은 당신께서 살려고 만드신 곳 주님, 당신 손수 세우신 성소입니다.(탈출 15:17)

[27a 합창] 주님께서 영원무궁토록 다스리신다.(탈출 15:18)

[28 레치타티보, 테너] 파라오의 말들이 그의 병거와 기병들과 함께 바다에 들어섰을 대, 주님께서 바닷물을 그들 위로 되돌리셨다. 그러나 이스라엘 자손들은 바다 가운데로 마른 땅을 밟고 걸어갔다.(탈출 15:19)

[27b] 주님께서 영원무궁토록 다스리신다.(탈출 15:18)

[29 레치타티보, 테너] 예언자이며 아론의 누이인 미르얌이 손북을 들자, 여자들이 모두 그 뒤를 따라 손북을 들고 춤을 추었다. 미르얌이 그들에게 노래를 메겼다.(탈출 15:20-21)

[30 소프라노 독창과 합창] 주님께 노래하여라. 그지없이 높으신 분(영광스럽게 승리하신 분), 말과 기병을 바다에 처넣으셨네.(탈출 15:21)

감상하기

영어 문장의 순서와 맞추기 위해 한글 번역을 조정하였기 때문에 위의 가사에 나온 내용과 다소 차이가 있으며, 우리말 성경 구절을 최대한 살리다 보니 영어 가사를 정확하게 번역하지 못한 부분도 있다.

2. 합창, "이스라엘 자손들은 탄식하였다." CD 1/3

And the children of Israel sighed	이스라엘 자손들은 탄식하였다
by reason of the bondage,	고역에 짓눌려
and their cry came unto God.	그들의 소리가 하느님께 올라갔다
They oppressed them with burthens,	강제 노동으로 그들을 억압하였고
and made them serve with rigour;	이스라엘 자손들을 더욱 혹독하게 부렸다.
and their cry came up unto God.	그들의 소리가 하느님께 올라갔다.

이 곡은 알토 독창이 주제 선율을 노래한 다음 전체적으로 돌림노래 방식으로 진행한다. (돌림노래 방식에 대해서 67쪽을 참조.) 가사는 성경 말씀 그대로 이지만 헨델이 가사를 다루는 태도를 보면 작곡자가 이 가사에서 가장 중요

하게 생각하는 것이 무엇인지 알 수 있다. 첫 알토 독창부터 '탄식하였다'(sighed)를 강조하고 있음을 들을 수 있다. 이 단어 하나만을 강조하기 위해 가사 첫 행 중에 유일하게 두 번 반복한다. 그것도 쉼표로 분리시켜 탄식하며 한숨 쉬는 모습이 더욱 두드러지게 들린다. 이 곡의 뒷부분으로 가면 다른 성부의 가사와는 관계없이 여러 성부가 동시에 이 단어를 강조하는 것을 들을 수 있다. '강제 노동으로 그들을 억압하였고'를 한 성부가 노래하고 있어도 다른 여러 성부에서 '탄식하였다'를 동시에 노래함으로써 원래 이 단어가 속한 문장에서 벗어난 문맥 속에서도 작곡가 자신이 생각하는 바를 음악적으로 표현할 수 있게 된다. 즉 헨델은 이 곡의 핵심 주제로 이스라엘 자손들의 '탄식'을 선택한 것이다. 이렇게 작곡가는 주어진 가사를 자신만의 생각을 반영하여 가사 내용을 바꾸지는 못해도 강조점을 드러낼 수 있다.

또한 이 곡에서는 바로크 음악에서 흔하게 볼 수 있는 '가사그리기' 기법도 접할 수 있다. 가사그리기는 가사의 문자적 의미를 음표로 그리는 방법으로 가사에 '올라간다'라는 단어가 나오면 선율이 실제로 높은 음역으로 올라가게 만들어 가사의 뜻을 음표로 그려내는 것이다. 이 곡에서는 "그들의 소리가 하느님께 올라갔다"(and their cry came up unto God)가 두 번 반복된다. 헨델은 이 가사가 나올 때마다 선율이 위로 진행하게끔 작곡하였다.

6. 합창, "그분께서 말씀하시자." CD 1/4

He spake the word, and there came all manner	그분께서 말씀하시자 모여들었다.

of flies and lice in all quarters.	등에 떼가 모기 떼가 저들의 온 영토에
He spake; and the locusts came without number,	그분께서 말씀하시자 메뚜기 떼가 수도 없이 몰려와
and devoured the fruits of the ground.	들판의 열매를 먹어 버렸다.

등에나 파리 떼가 몰려오는 것을 음악으로 어떻게 묘사할 수 있을까? 러시아 작곡가 림스키-코르사코프는 <벌의 비행>이라는 곡에서 벌들이 날아다니는 모습을 멋지게 묘사한 바 있다. 파리보다 벌의 소리가 크고 독특하기 때문에 가능했을 것이다. 등에나 파리는 자세히 들으면 날갯짓이 만드는 소리가 있겠지만 우리가 쉽게 떠올릴 정도로 익숙한 소리는 아니다. 헨델은 이를 소리보다는 등에 떼가 몰려드는 모습을 음악으로 표현하려고 했다. 앞의 합창곡에서 가사의 의미를 성악 선율로 묘사하는 방법을 보았다면 이 곡에서는 그 의미를 악기로 그리는 방법을 만나게 된다. 영어 성경에는 두 곤충이 파리(flies)와 이(lice)로 번역되어 우리말과는 다소 다르지만 수많은 파리(우리 식으로 등에)가 몰려오는 모습을 빠른 바이올린 선율로 그린다. 생각보다 바이올린 선율의 느낌이 그럴듯하게 들린다. 빠른 바이올린 선율이 이 곡의 상당 부분을 차지하는 것으로 보아 상당히 많은 수의 파리(등에)가 몰려온 모양이다. 재미있는 것은 그 다음에 나타나는 곤충인 메뚜기 떼의 모습이다. 이 곡의 끝에 메뚜기 떼가 처음 등장하는 부분부터 바이올린의 빠른 움직임에 저음 현악기인 첼로가 가세하여 한층 무거운 느낌으로 바뀐다. 낮은 음역을 활용하여 새로운 곤충의 등장을 알리

는 동시에 파리와 함께 몰려드는 메뚜기의 모습을 느낄 수 있다. 파리보다 메뚜기가 훨씬 크므로 가벼운 높은 음역보다 무거운 낮은 음역으로 메뚜기를 묘사하는 것이 그럴 듯하다.

앞에서 들은 합창곡이 전체적으로 돌림노래 방식이라면 이 곡은 찬송가 방식이라고 하겠다. 헨델은 "그분께서 말씀하시자"(He spake the word)부분을 남성 합창단이 같은 리듬으로 부르게 하여 강한 느낌을 준다. 이 부분을 다른 합창 부분과 확연히 구분하여 마치 하느님의 명령이 떨어지자마자 자연 현상 조차 그 분의 말씀에 복종하고 있음을 묘사하고자 했을 것이다.

9. 합창, "저들 땅 안의 모든 맏아들을 치셨다." CD1/5

He smote all the first-born of Egypt,	저들 땅[이집트] 안의 모든 맏아들을 치셨다.
the chief of all their strength.	저들 모든 정력의 첫 소생을

이 합창곡은 소위 헨델의 '망치 코드'로 유명한 곡이다. 하느님이 이집트의 모든 맏아들을 칼로 내려지는 모습을 때리는 또는 내리치는 듯한 화음으로 묘사하고 있다. 이 화음이 마치 망치로 두들기는 소리 같다고 하여 붙여진 별명이 망치 코드이다. 헨델의 합창 기법의 특징 중 하나로 꼽힐 정도로 그가 선호하는 표현 방식이었다. 앞의 두 곡이 일관되게 돌림노래 방식과 찬송가 방식을 한 곡 안에서 유지하고 있는 반면에 이곡에서 헨델은 전체적으로 돌림노래 방식으로 진행하면서도 끝에서 부분적으로 찬송가 방식을 택

한다. 실제로 대부분 헨델의 합창곡은 두 방식을 혼용한다. 바로 이 점을 현대 학자들은 헨델이 다른 동시대 작곡가들과 구분되는 특징이라고 한다.

30. 소프라노 독창과 합창, "주님께 노래하여라." CD1/6

Sing ye to the Lord, for He hath triumphed gloriously;	주님께 노래하여라. 영광스럽게 승리하신 분
[The Lord shall regin for ever and ever]	[주님께서 영원무궁토록 다스리신다.]
the horse and his rider hath He thrown into the sea.	말과 기병을 바다에 처넣으셨네.
[I will sing unto the Lord]	[나는 주님께 노래하리라.]

이 오라토리오의 마지막 합창곡으로 모세의 노래에 이어지는 미르얌의 노래를 가사로 한 곡이다. 우리말 성경과 킹 제임스 버전의 번역에 다소 차이가 있다. 영어 성경에는 "영광스럽게 승리하신 분"으로 되어 있으나 우리말 성경은 "그지없이 높으신 분"으로 번역한다. 하느님을 '전쟁의 용사'로 묘사하는 전체적인 흐름만을 고려할 때 '승리'라는 단어가 더 잘 어울리는 것 같다. 원래 대본에는 위의 가사가 전부이다. 그러나 헨델은 앞에서 나왔던 가사의 일부를 가져와 위의 가사와 혼합한다. 먼저 소프라노가 첫 째 행을 반주도 없이 독창으로 노래한다. 그 다음에 이어지는 가사는 2부(27a) "주님께서 영원무궁토록 다스리신다"의 가사와 선율을 그대로 가져온다. 다시 소프라노 독창이 원래 가사의 두번째 행 "말과 기병을 바다에 처넣으셨네"를 노래하면 또 한번(27a)을 합창단이 노래한 다음 계속해서 원래 가사의 두

번째 행을 돌림노래 방식으로 이어간다. 이 부분이 끝나는 지점에서 여성 합창단이 다소 길게 끄는 음으로(14)의 가사 일부분 "나는 주님께 노래하리라"를 앞에서 나왔던 같은 선율로 노래한다. 정리하면 이 곡에는 이미 앞에서 나왔던 선율 두 개(27a와 14의 일부)가 재사용되고 있는 것이다. 그 두 선율에 이 곡에서 새롭게 첨가된 선율과 조화를 이룬다.

성경에서도 모세의 노래의 첫 부분(탈출 15:1)과 미르얌의 노래 끝 부분이 단어 하나를 제외하면 동일하다. 다시 말해서(30)의 가사와(14)의 가사를 비교하면 이를 쉽게 확인할 수 있다. 헨델은 이를 이용하여 오라토리오의 2부 처음에 나오는 "나는 주님께 노래하리라"의 가사와 선율을 마지막 합창곡으로 재사용하면서 내용상 결론에 해당하는 "주님께서 영원무궁토록 다스리신다"의 가사와 선율을 가져와 총정리 하여 대단원의 막을 내리고 있는 것이다.

감상 추천곡

1부의 합창, "그들이 강에서 물을 퍼 마실 수 없었다"(No. 4. They loathed to drink of the water)는 영어 단어 "싫어하다"(loath)의 의미를 살린 곡이다. 오염된 물을 마시고 싶지 않은 사람들의 마음을 노래하기 싫은 선율로 표현하였다. 이 곡은 돌림노래 방식으로 시작하는데 첫 선율의 노래를 따라 불러 보면 노래하기 싫은, 즉 마시기 싫은 사람들의 마음이 읽힌다. 선율의 음들을 노래하기 어렵게 만들었기 때문이다. 악보를 보면 우리가 싫어하는 올림표와 내림표가 마구 나온다. 물론 전문 성악가들에게 이 정도의 어려움은 문제가 되지 않아 듣기에는 문제가 없는 듯하다. 아리아, "땅이 개구리 떼로 들끓었다"(No. 5. Their land brought forth frogs, yea.)는 깡충깡충 뛰는 리듬을 통해 개구리 떼를 묘사하고 있다. 합창, "주님께서 이집트 땅에 우박을 쏟으셨다"(No. 7. He gave them hailsotnes for rain)는 처음에는 작은 빗방울이 떨어지는 소리가 들린다. 그러다가 점점 비가 거세지며 폭풍우로 바뀌는 과정을 사실적으로 그리고 있다. 찬송가 방식으로 노래하며 몰아치기 수법으로 엄청난 우박을 쏟아 붇는다. 합창, "어둠을 보내시어"(No. 8. He sent a thick darkness over the land)는 특별한 합창곡이다. 이 합창을 독창자가 노래하면 우리는 이를 레치타티보라 부른다. 즉, 아리아와 같은 선율이 아니라 낭송조의 선율로 노래하기 때문이다. 그런데 헨델은 독창의 레치타티보를 합창에 적용시키고 있다. 이 오라토리오가 합창이 주도하는 곡이어서 가능한 설정이었다. 더욱이 어둠 속을 헤매는 듯한 느낌을 주기에 적절한 선택이었다.

합창, "당신 백성을 양 떼처럼 이끌어 내시어"(No. 10. But as for His people, He led them forth like sheep)는 위에서 보았던 가사의 회화적 묘사와는 또 다른 예이다. 가장 인상적인 것은 단어 "이끌어 내시어"(led)를 노래하는 방법이다. 음이 끌리는 식으로 선율을 만들어 "이끄는" 모습을 표현하고 있다. 합창, "갈대 바다를 꾸짖으시어"(No. 12. He rebuked the Red Sea)는 짧은 가사이지만 음악적으로 세 부분으로 분명하게 구분된다. 첫 째 문장은 찬송가 방식으로 짧게 말씀을 선포하듯이 처리하고 이어지는 "그들이 깊은 바다를 사막인 양 걸어가게 하셨다" 부분에서는 돌림노래 방식으로 그들을 조심스럽게 인도하는 모습을 노래한 다음, 마지막으로 이집트 군사들을 바닷물로 덮쳐버리는 장면은 강렬한 헨델의 '망치 코드'를 동원하여 가차 없이 그들을 내리친다. 마치 이집트 군사들이 물속으로 빨려드는 무시무시한 장면을 떠올리게 한다. 1부의 마지막 합창, "이렇게 이스라엘은 주님께서 이집트인들에게 행사하신 큰 권능을 보았다"(No. 13. And Israel saw that great work)는 처음에는 장대한 찬송가 방식으로 노래한 다음 두 번째 문장부터 돌림노래 방식으로 전환한다.

2부의 첫 합창, "그때 모세와 이스라엘 자손들이 주님께 이 노래를 불렀다"(No. 14. Moses and the children of Israel sung this song unto the Lord)는 첫 가사를 찬송가 방식으로 노래한 다음, "나는 주님께..." 부분부터 돌림노래 방식으로 주고받으며 진행한다. 우리말 성경의 "그지없이 높으신 분"에 해당하는 영어 구절을 정확하게 옮기면 "그분은 영광스럽게 승리하셨네"(For He hath triumphed gloriously)로 되어 있다. 그래서 합창단은 "영광스럽게"의 단어에서 길게 콜로라투라 선율을 노래한다. 이 합창곡 역시 찬송가 방식과 돌림노래 방식을 적절하게 혼합한 빼어난 합창곡에 속한다. 다음의 이중창, "주님은 전쟁의 용사"(No. 17. The Lord is a man of war)는 두 명의 베이스가 노래하는 매우 드문 이중창이다. 파라오의 군대를 물리친 주님을 "전쟁의 용사"로 표현하는 만큼 힘센 베이스 두 명이 노래하는 것이 어울려 보인다. 합창, "주님, 권능으로 영광을 드러내신 당신의 오른 손이"(No. 19. Thy right hand, O Lord, is become glorious in power)는 크게 세 부분으로 나뉜다. 첫 부분은 찬송가 방식이 돌림노래 방식과 혼합되어 나타나며 두 합창단이 서로 주고받는 스테레오 효과를 노린다. 이어지는 "당신의 그 큰 엄위로 적들을 뒤엎으시고"

부분은 전적으로 찬송가 방식으로 짧게 노래한 다음 "당신의 진노를 보내시어 그들을 검불인 양 살라 버리셨습니다"는 처음에는 돌림노래 방식으로 시작하여 점차적으로 찬송가 방식과 융합되며 강력한 힘을 발휘한다. 합창, "당신 노호의 숨결로"(No. 20. And with the blast of Thy nostrils)는 전주가 시작하자마자 물이 몰려드는 모습이 눈앞에 펼쳐지는 듯하다. 이 곡에서 주목할 부분은 "둑처럼 우뚝 섰으며"(stood upright as an heap)와 "바다 한가운데에서 엉겼습니다"(Congealed in the heart of the sea)에서 합창단의 한 성부를 한 음에 머물러 있게 함으로써 가사의 의미를 음악적으로 그리고 있다는 점이다. 헨델은 기회만 있으면 가사의 언어적 의미를 음악적 방식으로 옮기는 데에 적극적이다.

합창. "민족들이 듣고 떨었으며"(No. 25. The people shall hear, and be afraid)도 앞의 합창곡처럼 여러 부분으로 구분된다. 우선 강한 붓점 리듬으로 시작하는 전주를 따라 합창단은 한 음으로 노래한다. 이 시작부분은 찬송가 방식과 돌림노래 방식이 모두 사용된 것처럼 들린다. 이런 효과는 각각의 성부가 노래하는 주제 선율이 한음 또는 두음으로 되어 있는 짧은 선율이기 때문이다. 짧은 선율은 서로 주고받으며 겹치다보니 돌림노래와 찬송가 방식의 효과를 동시에 들려준다. 시작 이후에 음악은 찬송가 방식을 중심으로 진행하다가 "고통"(sorrow)이라는 단어부터 찬송가 방식이 약해지기 시작한다. 여기서 이 "고통"의 울림을 기억해 두기 바란다. 바로크 음악에서 단어 "고통" 또는 "슬픔"은 듣기에도 고통스럽게 작곡하는 관습이 있었다. 그 방법은 음들이 서로 어울리지 않게 하여 듣기에 '고통'스럽게 만드는 것이다. 또 하나 헨델의 뛰어난 가사 표현은 "불안에 떨었습니다" 부분인데 이 가사의 영어 성경을 직역하면 "녹아내렸습니다"(melt away)라고 할 수 있다. 이 구절의 음악적 표현은 우리말 성경보다는 영어 성경의 의미를 생각하면 헨델이 겁에 질려 "녹아내리는" 가나안 사람들의 마음을 얼마나 정확하게 묘사하고 있는지 느낄 수 있다. 또한 "돌처럼 잠잠해졌습니다"에서는 갑자기 조용해지며 낮은 음에서 역시 한 음으로 멈춰 노래하여 가사의 의미를 전달하고 있다.

오라토리오 끝난 후에

이 오라토리오는 성경의 말씀을 그대로 가사로 사용했기 때문에 내용상 성경과 차이는 없다. <이집트의 이스라엘인>은 탈출기(출애굽기) 첫 장부터 시작하면서 모세의 어린 시절과 젊은 시절의 내용은 모두 생략한다. 그 후에 곧바로 오라토리오는 10재앙으로 들어간다. 성경에 의하면 (1) 피가 된 물, (2) 개구리, (3) 모기, (4) 등에, (5) 가축병, (6) 종기, (7) 우박, (8) 메뚜기, (9) 어둠, (10) 맏아들의 죽음으로 재앙이 이어진다. <이집트의 이스라엘>은 이 중에서 일부만 음악으로 묘사하였다. 이 곡의 대본가인 제넨스는 이 부분을 위해 시편 105번과 78번의 시구를 가사로 사용했다. 제넨스가 가장 많이 인용한 시편 105번은 10재앙 중 5번 재앙 가축병과 6번 재앙 종기가 생략되었고 시편 78번은 그 둘과 4번 등에와 9번 어둠이 추가로 생략되어있다. 시편에서 빠진 재앙은 탈출기에서 보완하여 재앙의 순서가 바뀌기는 했지만 원래 탈출기의 10재앙을 충실하게 포함시키고 있다. 성경과 마찬가지로 오라토리오의 첫 재앙은 4번

곡에서 피로 변한 물로 시작한다. 그 다음 5번 곡에서 개구리 소동으로 이어지고 종기와 가축병을 함께 묘사한다. 계속해서 6번 곡에서는 등에와 모기, 메뚜기가 차례로 재앙을 일으킨다. 원래 곤충의 재앙은 모기와 등에가 3재앙과 4재앙으로 이어지며 메뚜기는 제 8재앙으로 나오지만 제넨스는 이들을 한 곡에서 모두 처리한다. 마지막으로 우박과, 어둠, 맏아들의 죽음으로 이어지며 10재앙을 모두 포함시킨다. 헨델에게 10재앙은 다양한 음악적 수단을 동원하여 가사의 뜻을 소리로 옮기는 데에 집중한다. 성경에 의하면 마지막 재앙 전에 파스카(유월절) 축제와 무교절에 대한 내용이 있으나 오라토리오에서는 이를 생략하고 마지막 재앙 후에 이스라엘인들이 이집트를 빠져나가는 내용을 다룬다. 제2부의 전부를 차지하는 모세와 미르얌의 노래는 그 자체로 노래이기 때문에 제넨스는 거의 전부를 그대로 대본에 포함시켰다. 모세의 노래는 '바다의 노래'라고도 하며 원래 독립된 시였으나 후에 성경의 탈출기 편집 과정에서 지금의 위치에 포함되었을 것으로 본다. 성경 학사들은 미르얌의 노래를 성경 중에서도 가장 오래된 시였을 것으로 추정한다. 비교적 짧은 시이지만 모세의 노래 바로 뒤에 위치함으로 모세의 노래가 남자들을 위한 것이라면 미르얌의 노래는 여성을 위한 것이라 한다.

<이집트의 이스라엘인>은 6년 만에 헨델이 런던의 청중들을 위해 작곡한 오라토리오였으나 실패하였고 나중에 그의 오라토리오가 인기를 끌었을 때에도 거의 연주되지 않았다. 초연 실패 원인에 대해 많은 사람들은 지나치게 많은 합창의 비중을 든다. 초연되었던 1739년만 해도 런던의 청중들

은 아리아 중심인 이탈리아 오페라에 익숙해져 있었기 때문이다. 이탈리아 오페라에서 합창은 처음과 끝에 두 번 또는 많아야 3번 정도 나오며 대부분 짧은 곡이었다. 그런데 <이집트의 이스라엘인>은 규모면에서나 비중 면에서 합창이 너무 큰 부분을 차지한 것이다. 그러나 그 덕분에 이 오라토리오 한 곡만 들어도 우리는 헨델이 왜 뛰어난 합창음악 작곡가인지 알 수 있다. 다양한 합창 기법이 총동원 된 <이집트의 이스라엘인>을 들다보면 이미 1739년에 헨델의 합창 기술은 최고조에 달해 있었다고 할 수 있다. 이후 약 20년 동안 오라토리오에서 또는 다른 성악 음악에서 많은 합창곡들을 작곡했지만 그 뿌리는 모두 이 오라토리오에서 찾을 수 있다. 헨델 사후 그의 명성이 영국인들에게 자랑거리였을 때부터 <이집트의 이스라엘인>은 <메시아>와 함께 가장 자주 공연되는 작품으로 자리 잡는다.

여호수아 (Joshua)

헨델은 오라토리오 <여호수아>를 1747년 여름에 완성하고 다음 시즌을 준비한다. 1748년 사순시기가 시작할 무렵인 2월 26일부터 부활절 일주일 전인 4월 7일까지 계속된 이 시즌동안 헨델은 <여호수아>를 초연하며, 지난 시즌에 초연되어 큰 호응을 얻었던 <유다 마카베오> 그리고 이 오라토리오의 후속편인 <알렉산드로스 발라스>를 새롭게 선보인다. 헨델의 오라토리오 시즌은 이렇게 거의 항상 사순시기에 맞춰져 있다. 오페라 시즌이 가을 11월 경에 시작하여 다음해 6월까지 진행되던 것과는 상당한 차이를 보인다. 헨델이 한 시즌에 오페라와 오라토리오를 동시에 올렸던 1740년대 초까지도 가을에서 봄으로 이어지는 시즌 운영을 했으나 영어 오라토리오만으로 레퍼토리를 국한한 1743년에 처음으로 시즌을 사순시기로 축소한다. 이전까지 헨델은 시즌 티켓 제도를 운영하였으나 1748년에는 처음으로 이 제도를 포기하고 공연별로 티켓을 발매하였다. 2년 전에 시즌 티켓 판매가 어려워 고생했던 경험이 작용한 것이다. 특히 오라토리오는 중산층이 주요 고객층이었기 때문이 이들이 귀족들처럼 한 번에 시즌 티켓을 사기 어려웠던 점도 반영되었을 것이다. 그만큼 그는 티켓 판매 실적을 무시할 수 없었다.

당시 유럽 대부분의 작곡가들은 귀족이나 왕족의 후원으로 편안하게 안정된 생활을 할 수 있었다. 그러나 헨델이 활동했던 런던은 예외였다. 물론 귀족과 왕족의 후원이 없지 않았으나 그것만으로 비용을 충당하기 어려웠고 티켓 판매에 기대를 걸 수밖에 없었다. 귀족들의 후원도 순수한 의미의 지원이 아니라 일종의 투자 행위였다. 각자가 투자한 금액이 차지하는 비율만큼 시즌 후에 배당금을 받은 것이다. 헨델에게 있어서 시즌의 성공 여부는 즉각적으로 그의 통장 잔액에 영향을 주었다. 헨델은 상업적 성공을 위해 치열한 경쟁 속으로 내몰린 최초의 작곡가였을 것이다. 반면에 유럽 최고의 상업 도시에서 투자에 대한 안목도 키울 수 있었을 것이다. 주식 투자뿐만 아니라 채권에도 관심을 보였고 당시 신문 보도에 의하면 렘브란트의 그림을 수집하는 등의 재테크에도 나선 것을 알 수 있다.

15세기 이탈리아 화가 루카 시뇨렐리의 〈모세의 계약과 죽음〉. 유명한 시스티나 성당의 모세의 일생을 그린 프레스코 벽화 중 하나이다. 이 그림 안에는 모세와 관련된 여러 이야기가 나열되어 있다. 가운데 윗부분에 천사가 느보산에서 모세에게 강 건너 가나안 땅을 보여주고 있으며, 왼쪽 멀리 보이는 장면은 모세의 죽음을 그린 것이다. 아래쪽으로 오면 오른편에 높이 앉아 있는 모세가 율법서를 읽고 있으며 지팡이를 들고 있다. 그 지팡이의 끝에 계약(언약) 궤가 보인다. 그 안에는 만나를 담은 항아리와 십계명 돌판 두 개가 놓여있다. 왼쪽으로 가면 무릎을 꿇고 있는 여호수아에게 지팡이를 넘겨주며 후계자로 지명하는 장면이 나온다. 여호수아의 나이가 상당히 젊어 보인다. 여호수아 바로 뒤에 다소 나이가 든 인물이 보인다. 아론의 아들 엘아자르 사제(엘르아살 제사장)라고 한다. 여호수아와 엘아자르는 민수기부터 자주 함께 거론된다. 모세가 가나안 땅의 분배를 맡을 인물로 이 둘을 지명한 것이다(민수 34:17). 정치적 지도자인 여호수아와 종교적 지도자인 엘아자르가 한 쌍을 이루는 것은 마치 후대에 솔로몬 왕과 차독 사제의 관계를 보는 듯하다.

오라토리오 시작 전에

이집트를 탈출한 모세와 이스라엘 자손들은 약속의 땅에 이르기까지 40년을 방황해야 했다. 이 시기 동안의 기록은 탈출기(출애굽기)에서 레위기와 민수기, 신명기로 이어진다. 이 과정을 일관되게 이끈 인물이 모세이고 창세기부터 신명기까지 모세가 저술했을 것으로 간주하여 흔히들 이 다섯 권의 책을 '모세 5경'이라고 한다. 지도를 보면 이들이 40년을 돌아다녔던 지역은 대략적으로 우리 한반도의 부산에서 평양정도 된다. 그리 넓은 지역도 아닌 곳을 40년 동안 그냥 방황한 것이 아니라 이들은 민족적 정체성을 확립하는 과정을 밟는다. 먼저 자신들의 종교 의식과 관련된 사항들을 점검하여 하나의 민족이 하나의 신앙 공동체임을 확인하며(레위기) 이후 모세는 이스라엘 민족의 인구조사를 시행하고 여호수아와 칼렙으로 하여금 가나안땅을 정찰케 하여 사전 정보를 수집한다(민수기). 끝으로 모세는 가나안 땅에서 이스라엘 민족이 어떻게 살아야하는지를 설파하고 이스라엘의 주님은 야훼라는 점을 명확하게 한다(신명기). 이 시기 동안 모세는 민족의 지도자로 이스라엘인들을 이끌었으나 최종 목적지인 가나안 땅이 바라보이는 느보 산에서 최후를 맞이한다.

모세에 의해 후계자로 지명된 여호수아(민수 27:12-23)는 앞서 언급한 대로 민수기 시절부터 두각을 나타내기 시작한다. 모세는 주님의 명에 따라 각 지파별로 대표를 뽑아 가나안 지역을 정찰하라고 지시한다.(민수 13-14장) 유다 지파의 대표 칼렙과 에프라임 지파 대표 여호수아가 다른 지파의 사람들과 함께 정찰을 떠난다. 40일 만에 돌아온 정찰대는 가나안 땅에 사는 민족들이 자신들보다 강하다며 포기하자고 하지만 칼렙이 먼저 나서서 정복이 가능하다고 주장한다. 고민에 빠져있던 모세에게 이번에는 여호수아가 가세하여 가나안 땅으로 들어가자고 주장한다. 모세가 죽은 후 지도자가 된 여호수아는 모세처럼 예리코(여리고) 성을 정탐하고 오도록 사람들을 보낸다. 예리코 성에서 정탐 중이던 이들이 위험에 처하자 창녀 라합이 그들을 구해주고 이들은 라합에게 자기들이 쳐들어올 때 집에 표시를 해두면 그 집안의 사람들을 모두 살려주겠다고 약속한다. 정탐꾼들이 돌아오자 여호수아는 이스라엘 백성들에게 진격 준비를 시킨다. 문제는 요르난 강을 건너는 일이었다. 그런데 여호수아와 그들의 일행이 강에 다다르자 모세가 홍해를 건넜던 것처럼 주님의 도움으로 강물이 마르며 그들이 쉽게 건너갈 수 있게 된다. 오라토리오 <여호수아>는 이렇게 기석적으로 요르단 강을 건넌 직후부터 시작한다.

등장인물과 줄거리

여호수아(테너)
오트니엘(악사의 연인, 알토)
칼렙(베이스)
악사(칼렙의 딸, 소프라노)

1막

[1장] 여호수아와 이스라엘인들이 요르단 강을 기적적으로 건넌 후 가나안으로 진격하기 위해 길갈에 진을 치고 하느님께 찬미의 노래를 부른다.(여호 3) "제일이시며, 가장 위대하시고, 하나뿐인 주님, 야훼의 이름을 선포하라." 여호수아는 길랩에게 각 지파 별로 대표자를 뽑아 강 한가운데에 기념비를 만들어 후손들에게 이 일을 기억하도록 하겠다고 한다. "영원토록 이 기록은 전해지리라, 과거에 그 모든 자비가 있었음을."(여호 4) [2장] 오트니엘이 천사가 다가오는 것을 보고 놀란다. 천사가 여호수아에게 말한다.(여호 5:13-6:5) "이스라엘의 지도자여! 주님의 명이다. 예리코 성은 너에 의해서 멸망하고 그들의 왕과 우상들은 무너질 것이다." "명령은 당신의 것, 복종은 저의 의무입니다." 여호수아는 곧바로 군대를 소집한다. [3장] 악사가 오트니엘을 만나 사랑의 속삭임을 나누고 있을 때 멀리서 나팔소

리가 들린다. 오트니엘은 예리코 성을 공격할 때가 되었다며 악사와 이별하고 나간다. "도시를 점령하고 나면 당신 아버지 칼렙이 당신처럼 나를 친절하게 대해주었으면 좋겠오." 이스라엘인들의 사기가 충천해 있다.

2막

[1장] 예리코 성을 포위한 여호수아가 백성에게 명령하였다. "이제 일곱 번째 날이 되었다. 나팔소리를 울리고 함성을 질러라." 이스라엘인들이 계약 궤를 들고 예리코 성을 돌자 성이 무너지기 시작한다.(여호 6:15-21) 여호수아가 이스라엘인들을 이끈다. "주님께 영광!" 예리코 성이 무너지는 것이 보인다. 칼렙은 라합만 살려주고 모두 죽이라고 명한다.(여호 6:22-25) [2장] 성을 정복한 다음에 여호수아와 대사제는 첫 파스카(유월절) 축제를 지낸다.(여호 5:10-12) "전지전능한 하늘의 지배자시여, 저희의 서약과 희생 제물을 받아 주소서." 여호수아의 기도에 이스라엘인들이 뒤따른다. "주님의 자비가 이스라엘과 함께 하니 이집트의 맏아들이 멸망했습니다. 홍해의 기적을 만들어 주시니 파라오와 그의 장수들이 물에 빠졌습니다. 저희를 사막에서 이끄시어 목마를 때 물을 주시고 만나를 내려 주셨습니다. 주님의 영광이 시나이(시내) 산에 빛나고 우리는 주님의 계명을 받았습니다." [3장] 정복의 기쁨도 잠시 칼렙이 여호수아에게 아이(Ai)에서 이스라엘군이 패배했다고 알린다.(여호 7:1-5) 패배한 이스라엘인들이 절망하며 돌아온다. "이게 무슨 모습인가? 겁쟁이 마음을 일으켜 세워라. 용기로 너희의 칼을 갈아라. 예리코 성을 잊었단 말인가? 주님께서 우리를 축복해 주

시리라." 여호수아는 이스라엘 군대를 재정비하고 용기를 갖고 다시 힘을 내자고 격려한다. [4장] 오트니엘은 다시 전쟁에 나간다며 사랑을 쟁취하기 위해 위험을 무릅쓰겠다고 하자 악사는 주님께 기도드렸으니 오트니엘을 돌봐주실 거라 믿는다. [5장] 칼렙이 다가와 오트니엘에게 모든 이스라엘의 젊은이들이 무장을 하고 준비하는데 오트니엘은 왜 머뭇거리고 있냐며 책망한다. [6장] "너의 가슴이 전쟁의 불로 타오르게 하라. 기브온 사람들이 어떻게 속였는지 알고 있지. 예루살렘의 왕, 아도니 체덱이 연합군을 만들어 기브온을 치러 오고 있다고 우리에게 도움을 요청하다니. 쓸모없는 일이지."(여호 10:1-7) 칼렙은 기브온 사람들을 도울 생각이 없으나 오트니엘의 판단은 다르다. 차세대 리더다운 관용과 의리를 보여준다. "아닙니다. 기브온의 어려움은 곧 우리의 어려움이기도 합니다. 우정만이 명예로 가는 길입니다." [7장] 이스라엘과 가나안 연합군이 전쟁을 위해 기브온에서 맞서 있다. "오 빛나는 태양, 낮의 위대한 지배자여. 기브온 위에서 멈추어라. 부드러운 등불인 달이여, 아얄론 위에서 그대로 서 있어라." 여호수아의 기도에 태양이 멈추니 이스라엘인들이 적군을 모두 물리친다.(여호 10:12-15)

3막

[1장] "만세, 위대한 여호수아, 만세!" 전쟁에서 승리한 이스라엘인들이 여호수아를 찬양하고 여호수아는 땅을 나누기 위해 이스라엘의 지도자들을 모이게 한다. "모세께서 말씀하셨지. '칼렙, 내가 하는 말을 들어라, 이는 하느님의 말씀이다. 네가 밟은 땅을 너와 너의 아들에게 주겠다.'(신명

1:36, 여호 14:7) 들으시오, 저는 그 약속을 지키겠소. 그가 헤브론을 차지할 것이오." 칼렙과 유다 지파 사람들이 기뻐하며 하느님께 찬양 드린다. 오트니엘은 칼렙에게 아직 정복되지 않은 드비르가 남아있다고 하자 칼렙은 늙은 자기 대신에 드비르를 정복하는 자에게 자기 딸 악사를 아내로 주겠다고 약속한다. 이 말을 듣고 오트니엘이 당당하게 나선다. "영광스런 상을 위해 저 혼자 그 일을 해내겠습니다. 칼렙, 그 도시는 당신의 것이오." [2장] 오트니엘이 드비르 점령에 성공하여 돌아오자 여호수아는 미래를 짊어질 젊은이라며 칭송하고 청년들과 처녀들은 새롭게 등장한 젊은 영웅 오트니엘을 환영한다. [3장] 칼렙이 오트니엘을 따뜻하게 맞이한다. "어서 오라. 나의 아들, 나의 오트니엘, 착하고 위대한 그대는 나의 상을 받아라. 영원한 사랑이 너희들의 행복한 날들을 꾸며 주리라." 비로소 칼렙에게 인정받은 오트니엘은 기뻐한다. "목숨이 붙어있는 한, 서로 감사하고 사랑하며 매순간을 보내겠습니다." 이스라엘인들이 새로운 커플을 환영하며 기뻐한다. "할렐루야!"

감상하기

1막 3장. 악사의 아리아, "들어보세요. 방울새와 종달새가" CD1/7

Hark, 'tis the linnet and the thrush!	들어보세요, 방울새와 종달새가
In dulcet notes,	감미로운 선율로
They pour their throats,	목청껏 노래하네요.
And wake the morn on ev'ry bush.	아침에 덤불 여기저기서 깨어나네요.
From morn to eve they chaunt their love,	아침부터 저녁까지 자기들 사랑 노래 불러요.
And fill with melody the grove.	작은 숲을 선율로 가득 채워요.
Hark, 'tis the linnet. . . da capo	들어보세요.. (앞 부분 반복)

전쟁 이야기의 분위기를 부드럽게 만들어 주는 이 아리아는 오트니엘과 만나 사랑을 나누며 부르는 노래이다. 바이올린과 플루트가 새소리를 흉내 내며 전주가 길게 이어진다. 두 종류의 새가 지저귀니 악기도 두 개가 동원된다. 가사를 잘 들어보면 방울새(linnet)가 나올 때 바이올린이 나오고 종달새(thrush)가 지저귈 때 플루트가 노래한다. 이 곡은 다카포 아리아로 "아침부터 저녁까지"부터 그 다음 행까지가 중간 부분에 해당한다. 가볍게 들을 수 있는 사랑스런 노래이다.

2막 1장. 독창과 합창, "주님께 영광!" CD1/8

Joshua	여호수아
(the walls of Jericho falling)	(예리코 성벽이 무너진다.)
Glory to God!	주님께 영광!
Israelites	이스라엘인들
Glory to God! The strong cemented walls,	주님께 영광! 강하게 굳어있는 성벽이,
The tott'ring tow'rs,	탑들이 비틀거리며
the pond'rous ruin falls.	큰 잔해가 떨어지네.
The nations tremble at the dreadful sound,	민족들이 무시무시한 소리에 떨고
Heav'n thunders, tempests roar, and groans the ground.	하늘에서 천둥과 폭풍우가 포효하고 땅이 신음하네.

사제들이 계약 궤를 앞세우고 예리코 성을 도는 멋진 행진곡에 이어서 나오는 곡으로 예리코 성이 무너지는 모습을 바라보는 여호수아와 이스라엘인들의 감격스런 마음이 그대로 전달된다. 트럼펫과 호른이 공격 신호를 알리고 여호수아가 "주님께 영광"을 외친다. 헨델 음악에서 호른을 이렇게

독주 악기처럼 연주하는 경우는 매우 드물다. 하느님은 여호수아에게 예리코 성을 무너뜨리기 위해 '숫양 뿔 나팔'을 불라고 악기까지 지정해 주신다.(여호 6:4) 호른이란 악기는 관이 돌돌 말려 숫양의 뿔을 연상시킨다. 헨델도 하느님의 지시에 따라 호른을 사용한 것이다. 곧이어 여호수아의 지휘에 따라 합창단이 합세하며 하느님의 작전대로 나팔 소리를 울리고 큰 함성을 지른다. "탑들이 비틀거리며 큰 잔해가 떨어지네" 부분에서 반주의 베이스 선율이 한없이 아래로 떨어진다. 무너지는 모습이 보이는 것이다. 이 합창의 첫 부분이 완전히 멈춘 다음이 이 곡의 핵심이다. "민족들이 무시무시한 소리에 떨고"에서 "떨고"(tremble)의 표현은 헨델이 만들어 낸 뛰어난 발명품이다. 합창단이 같은 음을 떨 듯이 반복하고 반주도 함께 흔들린다. 실제로 '무시무시한' 느낌이 들 정도로 실감난다. 더욱이 "무시무시한 소리에"(dreadful sound)에서 오케스트라는 점점 커지며 공포스러운 분위기를 조장하고 이어지는 "천둥과 폭풍우"는 팀파니까지 세게 가세하며 "포효하는" 듯하다. 이 부분은 음을 바꾸어 한 번 더 반복하는 데 이 때 그 천둥과 폭풍우의 힘은 최고조에 달한다. 이 곡은 이후 앞부분의 일부를 다시 반복한 후에 마무리된다. 오라토리오 <여호수아>에서는 독창이 선창하고 합창이 뒤따르는 곡들이 제법 자주 나온다. 헨델의 오페라에서는 거의 볼 수 없는 방식으로 오라토리오에서만 맛볼 수 있다.

감상 추천곡

오라토리오 <여호수아>는 음반도 별로 없어서 지금까지도 제대로 평가받지 못 하고 있는 작품이다. 그러나 위의 감상곡들과 더불어 다음 추천곡들을 들어보면 이 작품이 지금까지 이렇게 홀대받고 있는지 이해하기가 어려울 것이다.

짧지만 우아함이 넘치는 서곡에서 이어지는 첫 합창곡, "너희 이스라엘의 자손들아"(No. 2. Ye sons of Israel)는 이스라엘인들이 요르단 강을 기적적으로 건너 후에 부르는 감사의 노래이다. 두 부분으로 구분되며 '길갈에서'(In Gilgal)부터가 두 번째 부분이다. 야훼께 바치는 감사의 찬미가인 만큼 종교적인 성스러움이 충분히 전달된다. 악사의 아리아 "오! 누가 말할 수 있으리"(No. 6. Oh, who can tell)는 역시 같은 맥락의 노래이다. 이집트의 노예 생활로부터 해방된 자신들의 조상을 회상하며 드디어 가나안 땅에 발을 내딛게 되었음을 감격해 한다. 이 아리아는 처음부터 첼로 반주의 뒷받침을 받으며 반주의 독주 악기가 두드러진다. 두 번째 부분에 들어서면 이번에는 바이올린과 비올라 독주가 악사의 감격스러움을 드러낸다. 거의 바로크 바이올린 협주곡에서나 들을 수 있는 독주 악기의 선율이 인상적이다. 앞에서 들었던 곡과 유사한 여호수아의 독창과 합창이 이어지는 "후손들에게 우리가 여기에 기록하노니(No. 8. To long posterity we here record)는 요르단 강물이 갈라진 기적을 기록으로 남긴다는 내용의 합창음악이다. 여호수아가 악기 반주 없이 독창으로 노래한 다음 합창단이 여호수아의 선율을 받아 발전시킨다. 위에서 들은 감상곡과의 차이점은 여기서는 여호수아가 처음에 독창으로 노래한 다음 완전히 빠져있다는 점이다.

2막 첫 부분에 예리코 성을 포위한 이스라엘인들은 하느님의 명에 따라 계약 궤를 들고 성을 돌며 행진한다. 이 사제들의 행진을 위한 기악곡은 전형적인 헨델음악의 장엄함을 보여준다. 헨델의 오라토리오는 서곡을 제외하고도 짧은 기악곡이 한두 개 정도 포함되어 있으며 이 곡들을 들어보면 헨델이 성악곡에만 능한 것이 아니라는 점을 알게 된다. 행진곡답게 관악기와 타악기가 중심을 이루지만 일반적으로 연상하는 빠른 행진곡은 아니다. 계약 궤를 들고 행진하는 것인 만큼 비교적 천천히 과시하듯 행진했음을 보여준다. 예리코 성 안에서 이들이 커다란 상자를 들고 성을 돌고 있는 모습을 지켜보던 예리코 사람들은 의아해 했을지 모른다. 칼과 창을 들고 달려드는 군대가 아니라 엄숙하게 행렬을 벌이고만 있으니 말이다. 그런데 고대에는 이렇게 포위만하고 심지어 수년 동안 성안의 사람들을 고사시키는 작전을 사용했다고 한다. 성경에 의하면 일주일 동안 성을 돌았다고 하니 처음에는 이상하게 생각하다가도 점점 두려워지는 심리전을 펼친 게 아닌가 싶다. 그러니 나팔소리와 함성만으로 성이 무너진 것이다. 소리를 사용하는 참으로 음악적인 공격 방법이다.

예리코 성이 무너지자 칼렙은 라합을 살려주라며 아리아 "보라, 격렬한 불길이 솟아오른다"(No. 29. See the raging flames arise)를 노래한다. 이 곡은 현악기 전주가 멋지다. 불길이 솟아오르듯이 바이올린 선율은 무섭게 하늘로 치솟는다. 예리코 성의 정복을 마치고 여호수아는 파스카 축제를 거행하면서 이번에도 선창을 하고 합창단이 뒤따라 노래한다. "전지전능하신 하늘의 지배자시여!"(No. 32. Almighty Ruler of the skies)는 합창단이 뒤따르면서 여호수아의 가사를 반복하지 않는다. 여호수아가 마치 의식을 주제하는 사제처럼 선창을 한 다음 이스라엘인들은 출애굽부터 시나이 산의 십계명까지의 일들을 간략하게 회상한다. 다음 합창곡도 여호수아가 선창을 하고 이스라엘인들이 답을 하는 형태로 되어 있다. 패배하고 돌아온 군사들에게 여호수아는 두 배의 분노를 돌려주자며 격려하기 위해 먼저 노래한다. "두 배의 분노로 되돌려주리"(No. 36. With redoubled rage return)는 짧게 선창만 하는 것이 아니라 완전한 형태의 아리아 전체를 부른다. 여호수아가 노래를 마친 나음 이어지는 이스라엘인들의 합창은 여호수아의 노래와 가사가 거의 동일하다. 여호수아의 격려에 이스라엘인들이 다시 힘내기 시작한 것이다. 2막을 마무리하는 합창 역시 여호수아가 이끈다. "오, 그대 빛나는 태양이여"(No. 44. O thou bright orb)는 유명한 기브온 전투에서 여호수아가 주님의 힘을 빌려 해와 달을 멈추게 하고는 적을 물리쳤다는 내용을 노래한 것이다(여호 9:12-15). 여호수아가 독창으로 노래할 때 반주하는 바이올린 선율을 주의 깊게 들어보자. 계속 올라가는 선율이 여호수아가 '멈추어라'(stop)라고 하자 그 음에서 움직이지 않고 멈춰 있다. 합창이 나오는 시점에 트럼펫이 그 음을 계속 연주하여 마치 하늘에 떠있는 태양이 멈춰있는 것 같은 효과를 만들어 낸다. 헨델은 기회만 있으면 가사의 내용을 음악으로 묘사하기 위해 온갖 방법을 동원한다.

3막을 시작하는 합창 "만세!, 위대한 여호수아! 만세"(No. 45. Hail, mighty Joshua, hail)은 모처럼 여호수아의 선창 없이 시작한다. 헨델의 웅장하고 장엄한 합창 음악의 진수를 맛볼 수 있는 곡이다. 이스라엘을 승리로 이끈 여호수아를 찬양하는 음악이다. 이어지는 악사의 아리아, "행복하여라, 오, 진정으로 행복한 우리"(No. 46. Happy, oh, thrice happy we)는 가나안 땅의 정복을 이룬 뒤 행복함을 만끽하는 이스라엘인들을 대표하여 악사가 노래한다. '행복'을 이렇게 행복하게 노래하는 음악이 또 있을까? 다음은 오트니엘이 악사를 차지하기 위해 드비르를 치러 가겠다고 나서며 부르는 아리아, "위험이 나를 둘러싸도"(No. 51. Place danger, around me)이다. 짧지만 사랑하는 악사를 위해 자원해서 나서는 오트니엘의 설레는 마음을 들을 수 있다. 3막 2장의 합창, "보라 정복의 영웅이 오신다"(No. 54. See the conqu'ring hero comes!)는 <메시아>의 <할렐루야> 합창 다음으로 유명한 헨델의 합창곡이다. 교회에서 성가(가톨릭 성가 83번 '주 찬미하라')로 사용되어 우리에게 매우 익숙한 음악이다. 드비르를 정복하고 돌아오는 오트니엘을 청년들과 처녀들이 환영하는 노래이다. 요즘 이 곡은 오라토리오 <유다 마카베오>에 포함된 합창곡으로 알려져 있으나 원래는 <여호수아>에 포함되었던 곡이었다. <여호수아>는 초연 당시 청중들로부터 좋은 반응을 얻지 못했다. 반면에 같은 유형의 전쟁 오라토리오로 1년 전에 초연되어 큰 인기를 끌었던 <유다 마카베오>는 해가 갈수록 그 인기를 더해갔다. 이 멋진 합창곡이 인기 없는 원곡 때문에 사장될 것을 걱정했는지 헨델은 <유다 마카베오>의 재공연 때 이 합창곡을 포함시켰고 그 이후로 이 곡의 주인이 바뀌게 된 것이다. 헨델은 이 예 말고도 자신의 작품과 타인의 작품을 재활용하는 데에 매우 능숙한 솜씨를 발휘한다. 그가 재활용한 곡들은 거의 항상 원곡보다 더 나은 대접을 받는다. 드비르를 정복한 오트니엘과 악사는 칼렙의 축복을 받은 후 젊은 커플의 이중창, "오, 비할 데 없는 아가씨"(No. 58. O peerless maid)를 노래한다. 경쾌한 춤 리듬을 배경으로 노래하는 매우 순진하면서도 우아한 이중창이다. 마치 오트니엘과 악사가 함께 춤을 추는 듯 하며 축복받은 새로운 커플의 탄생을 알린다.

오라토리오 끝난 후에

전체적으로 이 오라토리오는 여호수아기의 내용을 잘 묘사하고 있는 작품이지만 몇몇 곳에서 성경과 차이를 보인다. 가장 중요한 차이는 악사와 오트니엘의 역할이다. 여호수아기에 악사와 오트니엘의 이야기는 15장 16절-19절이 전부이다. 여기서 칼렙은 드비르를 점령하는 자에게 악사를 아내로 주겠다고 약속한다. 오트니엘과 결혼한 악사는 아버지로부터 밭과 샘물을 챙기는 민첩함을 보인다. 그러나 오라토리오에서 악사와 오트니엘은 1막 3장 전체를 차지하며 이중창을 비롯하여 여러 개의 아리아를 배정받은 중요한 인물로 그려진다. 앞서 본 <요셉과 그의 형제들>의 아스낫의 역할이 확대된 것과 같은 맥락에서 이해하면 된다. 다양한 음역의 독창자 확보를 위해 헨델에게는 젊은 남녀 주인공이 필요했을 것이다. 그 결과 둘의 역할은 성경의 내용보다 확대될 수밖에 없었다. 악사와 오트니엘이 여성 소프라노와 알토의 역을 충족시킨다면 이번에는 남성 테너와 베이스의 역을 배정해야한다. 헨델과 대본가는 여호수아를 테너로, 그리고 칼렙을 베이스 역으로 만들었지만 이 점도 성경의 내용과 다소 차이가 나타난다.

여호수아와 칼렙이 가나안을 점령했을 때 정확한 나이는 알 수 없으나 중년을 넘겼을 것으로 보인다. 여호수아기 14

장 7절에 의하면 칼렙이 모세의 명을 따라 가나안 땅을 정탐하러 갔을 때의 자기 나이를 마흔 살이었으며 이제 여든다섯 살이 되었다고 한다. 신명기 시작부터 얼마나 지난 일인지 알 수 없으나 칼렙이 여호수아와 함께 가나안 땅 정복을 시작했을 때에는 최소한 마흔 살 이상이었을 것이다. 한편 여호수아는 탈출기부터 모세의 장수로 역할을 했으며(탈출 17:9-14), 민수기에는 여호수아를 "젊을 때부터 모세의 시종으로 일해" 온(민수 11:28) 것으로 보아 형제 관계인 아론과 모세의 다음 세대에 속한다고 볼 수 있다. 여호수아기의 끝에는 아론의 아들 엘아자르(엘르아살)가 여호수아와 비슷한 시기에 죽은 것으로 묘사된 것이 이를 증명한다. 모세 밑에서는 20대 청년, 여호수아기에서는 40대 중반 정도로 추정할 수 있다. 지금 이들의 나이를 따져보는 이유는 음악적으로 이들에게 어떤 성부를 줄 것인지와 관련 있기 때문이다. 오라토리오의 여호수아는 테너이고 칼렙은 베이스이다. 음악적으로 음역이 낮을수록 나이가 많다고 보면 된다. 따라서 음역만으로 보면 칼렙이 여호수아의 아버지뻘처럼 보인다. 여호수아와 칼렙은 모세 때부터 같이 활동한 것으로 보아 비슷한 연배였을 것이나 오라토리오에서는 칼렙을 베이스로 배정하면서 자연스럽게 여호수아보다 나이든 인물로 그린다.

여호수아기에 이어지는 판관기(사사기)에 의하면 오트니엘은 이스라엘의 첫 판관임을 알 수 있다. 판관기는 1장부터 칼렙과 오트니엘을 등장시켜 여호수아기의 내용을 반복한다. 오트니엘은 판관이 된 후 40년 동안 이스라엘을 이끌었다.(판관 3:11) 40년이라는 숫자는 성공적인 치세를 상징

한다. 따라서 오라토리오에서는 여호수아와 함께 다음의 지도자인 오트니엘을 큰 인물로 묘사한다. 2막에서 칼렙은 기브온에 대한 반감을 드러내지만 이를 무마하고 그들과의 우호 관계를 지켜야한다고 주장한 이가 오트니엘이고 드비르를 점령하고 수많은 젊은이들로부터 '영웅'이라는 칭호로 환영받으며 극의 중심에 선다. 오라토리오에서 오트니엘을 이렇게 강조하는 것은 여호수아기보다는 판관기의 내용을 감안한 것으로 보인다. 또한 이 오라토리오가 초연될 당시 영국 왕 조지 2세의 아들 윌리엄 왕자는 1745년에 일어난 자코바이트파의 반란을 1년 만에 성공적으로 제압하며 영웅으로 떠오른다. 이 때 그의 나이가 25살이었다고 하니 아마도 오라토리오의 오트니엘과 비슷한 연배였던 것 같다. 이스라엘을 자신들과 동일시했던 런던의 청중들은 아마도 오트니엘과 윌리엄 왕자를 쉽게 연결시켰을 것이다.

성경 내용과의 또 다른 차이는 파스카 축제의 시점이다. 성경에는 유월절 축제를 요르단 강을 건넌 직후에 거행한 것으로 되어 있으니 오라토리오에서는 예리코 점령 후의 일로 그린다. 성경은 요르단 강을 건너는 일에 강조점이 주어진 반면에 오라토리오는 예리코 점령을 중시하여 유월절 축제를 점령 후의 일로 묘사했다고 볼 수 있다. 성경은 여호수아를 마치 '리틀' 모세처럼 표현한다. 모세가 홍해를 건넜다면 여호수아는 하느님의 도움으로 홍해처럼 갈라진 요르단 강을 건넌다. 모세가 여호수아와 칼렙에게 가나안 땅의 정탐을 지시했듯이 여호수아도 자기들의 부하들을 예리코로 보낸다. 이스라엘 민족이 이집트를 탈출하기 직전인 마지막 재앙 전에 모세는 유월절을 지낸다. 성경은 이런 배경을 인식했는지 여호수아가 요르단 강을 건넌 사건을 중요하게 다루고 있다. 강을 건넌 후 여호수아는 할례와 유월절을 거행하여 이스라엘 민족의 정체성을 손상 없이 유지하고 있음을 보여준다. 이에 비하면 오라토리오는 강을 건넌 후부터 시작하므로 중요한 유월절 행사를 오라토리오 시작 부분에 위치시키기 어려웠을 것이다. 또 유월절 행사를 예리코 점령 후로 미룸으로써 가나안 땅 정복의 시작을 알리는 행사처럼 그려진다. 이 부분은 여호수아의 독창과 이스라엘인들의 합창으로 연결된 뛰어난 음악으로 뒷받침 되며 가사의 내용도 모세의 지도 하에 이집트를 탈출한 내용과 모세가 계명을 받음을 묘사한다. 그만큼 가나안 땅 정복의 상징인 예리코의 점령을 하느님과 모세 사이에 만들어진 계약이 실현되었음을 암시하고 있다.

<여호수아>는 헨델 오라토리오 중에 또 다른 유형을 보여준다. 앞에서 본 <요셉과 그의 형제들>이 오페라 같은 오라토리오라면 그 다음의 <이집트의 이스라엘인>은 정반대의 유형이다. 이 둘의 중간 형태가 <여호수아>인 것이다. 줄거리와 등장인물이 있다는 점에서 <요셉과 그의 형제들>을 닮았고 극의 진행이 구체적으로 전개되는 것이 아니라 독립된 장면의 연결처럼 되어 있다는 점에서 <이집트의 이스라엘인>을 닮았다. 오페라 같은 오라토리오에서는 합창보다 아리아가 중심을 이루고 그 반대의 오라토리오에서는 합창이 절대적으로 중요한 위치를 차지한다. <여호수아>가 그 중간 형태라는 것은 합창과 독창이 적절하게 균형을 이루고 있음을 통해서도 확인된다. <여호수아>는 총 60곡으로 이루어져 있다. 아리아 15곡, 이중창 2곡, 합창 14곡으로 아리아와 합

창의 비율이 1 대 1에 육박한다 (나머지는 레치타티보이다). <요셉과 그의 형제들>은 전체가 73곡으로 <여호수아>보다 13곡이 많지만 그 중에 합창은 오히려 9곡으로 더 적다. 헨델이 동의할지는 모를 일이지만 필자가 보기에 <여호수아>가 가장 이상적인 오라토리오인 것 같다. 오페라와의 차별성을 위해 합창의 역할이 중요해야하고 그렇다고 줄거리가 없으면 재미가 떨어지므로 구체적인 인물의 등장과 어느 정도의 극적 진행이 있을 필요가 있다. 아쉽게도 <여호수아>의 인기가 아직도 필자의 기대에 미치지는 못하지만 머지않아 많은 독자들의 사랑을 받는 오라토리오가 되리라 믿어 의심치 않는다.

성악가의 음역과 배역의 관계

일반적으로 음역이 낮을수록 나이가 많다고 보면 된다. 여성은 소프라노, 메조소프라노, 알토 순서로 음역이 낮아지며 남성은 테너, 바리톤, 베이스로 낮아진다. 헨델 시대에는 이런 관습이 완전히 정착된 시대는 아니어서 예외가 종종 있다. 또 젊은 남성 역을 여성 낮은 음역 (주로 알토)이 노래하는 경우가 흔하다는 점도 염두에 둘 필요가 있다. 원래는 카스트라토에게 주어진 알토 배역이 현대에는 여성 알토 또는 남성 카운터테너가 노래하여 더욱 헷갈리게 한다. 오페라에서는 남자는 무조건 바지를 그리고 여자는 치마를 입었기 때문에 쉽게 성별 구분이 가능하지만 오라토리오는 무대 의상 없이 진행되는 관계로 혼란을 일으킬 수 있다. 음반을 들으며 목소리만으로 여성 배역인지 남성 배역인지 판단하기 쉽지 않은 경우도 있다.

제3부: 판관 시대

오라토리오 <여호수아>에서도 보았듯이 이스라엘 민족은 가나안 땅에 정착하면서 판관 시대를 열게 된다. 우리말로 사사라고도 하는 판관은 요즘 식으로 말하면 법정의 판사를 뜻하지만 성경에서는 일종의 지도자라는 의미가 더 강하다. 성경에는 앞 장에서 보았던 오트니엘을 시작으로 총 12명의 판관이 이스라엘 민족을 이끌었던 것으로 되어 있다. 각 판관에 대한 이야기는 삼가르처럼 짧게는 하나의 절(판관 3:31)로 끝나기도 하고 삼손처럼 네 개의 장(13-16장)에 걸쳐 전개되기도 한다. 비교적 충분한 분량으로 묘사되는 판관은 오트니엘과, 에훗, 드보라, 기드온, 아비멜렉, 입타, 삼손으로 이들은 주로 주변의 적인 모압과 미디안, 암몬, 필리스티아(블레셋)와 전쟁을 벌인다. 여호수아기에 의하면 거의 모든 가나안 땅을 차지한 것처럼 보이지만 판관기에서는 이스라엘 민족이 다른 민족들과 함께 살고 있음을 인정하고 있다.(판관 3:1-6) 많은 학자들은 이스라엘 민족의 가나안 정복설보다는 봉기설이나 이주설을 제기한다. 봉기설은 원래 이스라엘 민족이 가나안 민족과 함께 살고 있었으나 봉기를 일으켜 그들과 투쟁하여 땅을 차지했다는 이론이고 이주설은 타 지역에 있던 이스라엘 민족이 가나안 땅으로 이주하여 살게 되었다는 이론이다. 어찌되었든 성경은 정복설을 주장하여 전쟁 내용으로 가득 찬 여호수아기와 판관기를 만들었고 군사가 동원되는 전쟁이야기 덕분에 합창단이 필수인 오라토리오 소재로는 제격인 셈이다.

판관이 세워지는 계기를 보면 거의 항상 이스라엘인들이 하느님의 눈에 거슬리는 악한 짓을 저지르고 이에 벌을 내리면 이들은 주님께 도와달라고 애원한다. 그때 하느님은 그들에게 판관을 내려주신다. 탈출기 내용에도 있지만 이스라엘인들은 꽤나 하느님을 속상하게 만들었던 것 같다. 죄를 짓고 또 지어도 다시 보살펴주시는 야훼의 자비로움을 강조하는 것이라 생각된다. 헨델은 이 판관들 중에서 드보라와 입타, 삼손을 오라토리오로 만들었다. 이들은 모두 적을 물리치는 데에 성공하지만 그 방법은 각기 다르다. 판관들의 활약상을 살펴보자.

드보라 (Deborah)

헨델이 처음 영국을 방문했던 1710년 그는 독일 하노버의 선거 제후 게오르그 궁정의 음악감독으로 고용되었다. 이 게오르그 선거 제후는 4년 후에 영국의 왕위에 오르며 조지 1세가 된다. 따라서 1712년 하노버의 음악 감독직을 종료하고 영국에 정착했던 헨델은 든든한 후원자가 생긴 셈이다. 실제로 조지 1세와 앤 왕비는 헨델의 오페라 컴퍼니의 중요한 후원자였다. 왕과 왕비는 런던보다는 대부분 하노버에서 시간을 보내며 영국 정치에 깊이 관여하지 않았다. 조지 1세는 로버트 월폴에게 1721년에 중책을 맡겼고 이때부터 월폴은 실질적인 총리 역할을 수행하기 시작했다. 그는 당연히 반대파의 표적이 되었고 많은 구설수에 오르기도 했다. 1727년 6월 11일 하노버 가문의 조지 2세가 아버지의 뒤를 이어 영국 왕위에 오른다. 이 때 헨델은 즉위식을 위해 유명한 <차독 사제 Zadok the Priest>를 작곡했다. 이 곡은 이후 지금까지 영국 왕위 즉위식에서 항상 연주되어 왔을 정도로 인기를 끄는 작품이다. 당시 많은 영국인들은 조지 2세가 왕위에 오르면서 월폴의 시대도 마감될 거라 기대하고 있었다. 그러나 조지 2세는 예상과 달리 월폴을 계속 신임했고 반대파는 더욱 격렬하게 월폴의 정책을 공격했다.

하노버 가문과는 독일에서부터 관련을 맺어왔던 헨델은 당연히 왕과 그의 가족을 위해 온갖 행사 음악을 작곡했고 월폴은 왕과 가까운 헨델의 이탈리아 오페라단을 지원하였다. 런던 지식인들의 일각에서는 이탈리아 오페라를 공격하며 영국 오페라 운동을 벌이기도 했다. 물론 이탈리아 대

영국 오페라의 대결이 월폴을 직접적으로 겨냥한 것인지는 알 수 없지만 1728년에 초연되어 상당한 인기를 끌었던 존 게이의 영어 오페라 <거지 오페라>는 월폴을 풍자한 작품이었다. 음악이 본격적으로 정치적 발언을 하기 시작한 것이다. 오라토리오 <드보라>가 초연되었던 1733년에 영국 왕실과 귀족들의 도움에도 불구하고 헨델의 이탈리아 오페라단은 점점 인기를 잃어가고 있었다. 헨델은 영국 작곡가들의 영어 오페라가 상당히 인기를 끌고 있었고 자신의 영어 오라토리오 <에스테르>가 1년 전에 런던에서 크게 성공했던 경험을 바탕으로 급하게 오라토리오 <드보라>를 준비하고 1733년에 이탈리아 오페라 시즌 도중에 초연한다. <에스테르>가 10여년 전에 한 귀족 집안을 위해 작곡된 작품이기 때문에 런던 청중을 겨냥한 실질적인 첫 번째 영어 오라토리오 <드보라>가 탄생하는 순간이었다. 그 무렵 같이 탄생한 것이 월폴이 만든 세금 정책이었다. 포도주와 담배에 소비세를 추징하는 정책이 만들어지자 반대파는 격렬하게 월폴을 공격했다. 불행히도 헨델의 <드보라>가 그 공격에 이용당하는 일이 생겼다.

헨델은 급조한 <드보라>를 대규모 인원을 동원하는 비싼 작품으로 무대에 올리면서 당시 일반 이탈리아 오페라 티켓값보다 두 배 비싸게 받았으며 시즌 티켓을 구매한 사람들에 대한 혜택도 없었다. 대중적인 불만이 커지자 월폴을 반대했던 한 신문이 공개적으로 헨델을 공격했고 <드보라>의 티켓 값과 월폴의 소비세 정책을 연관 짓는 풍자시까지 돌았다. 더욱이 <드보라>의 대본을 쓴 사무엘 험프리는 생애에 대한 정보는 많지 않지만 <드보라>가 초연되던 1733년에 어느 영국 시인의 추모집을 편집하면서 서문에 월폴을 애국자로 묘사했다고 한다. 이래저래 헨델의 <드보라>는 월폴과 연계될 수밖에 없었던 것 같다. 헨델이 <드보라>를 작곡한 것은 이러한 정치적 배경과 관계없이 극장 음악의 새로운 가능성을 타진한 것이며, 그의 예상은 맞아 떨어졌으나 티켓 가격 시비를 정치적으로 이용한 언론을 이기지 못했다. <드보라> 이후 1739년까지 헨델은 런던에서 영어 오라토리오를 공연하지 않았다. 상처가 그만큼 컸던 것이다.

이탈리아 바로크 화가 그레고리오 라차리니의 〈야엘과 시스라〉. 구약 성경에는 종종 지금의 기준으로 볼 때 상당히 엽기적인 장면들이 나온다. 야엘이 적장 시스라를 죽이는 장면은 그 중에서도 상위권을 차지할 것이다. 엽기 장면을 연출하는 여성으로 야엘에 견줄 수 있는 인물은 유딧일 것이다. 두 여성 모두 적군의 장수를 잠이 든 사이에 살해하며 살해 장소도 천막 안이라는 공통점이 있다. 그러나 차이점이 더 많다. 우선 야엘은 자신의 천막으로 시스라가 자진해서 들어왔고 유딧은 적장 홀로페르네스의 천막으로 들어가기 위해 미인계를 썼다. 홀로펠르네스는 술에 취해 잠이 들었고 시스라는 우유를 마시고 잠이 들었다. 결정적인 차이는 살해하는 방법이다. 유딧은 홀로페르네스의 목을 잘라 바구니에 넣는다. 목을 자르는 살해 방법은 자주 등장하여 그렇게 엽기적이라는 느낌은 없다. 하지만 야엘의 방법은 매우 독창적이다. 야엘이 칼을 쓰지 않은 것은 자기 천막에도 칼이 없었고 시스라도 도망치느라 칼이 없었던 모양이다. 그래서 임기웅변으로 천막을 칠 때 사용하는 망치와 천막 말뚝을 사용한 것이다. 그림 속의 야엘은 이런 엽기적인 행위를 감행하리라고는 상상하기 어려운 어여쁜 모습이다. 옷이 흐트러진 것은 아마도 미인계를 쓴 유딧에서 힌트를 얻은 것 같다. 그녀의 붉은 가운이 시스라의 관자놀이와 연결되어 붉은 피를 연상시킨다. 야엘 뒤로 보이는 병은 시스라가 마신 우유병으로 추정된다. 좀 더 엽기적인 내용으로 들어가 보자. 야엘의 오른 손에 들린 망치의 위치로 볼 때 세게 내려치면 관자놀이 깊숙이 못이 박힐 것 같다. 어쩌면 한 번에... 여기서 멈춘다. 오라토리오 〈드보라〉의 3막 3장에서 야엘은 드보라에게 직접 자신이 어떻게 시스라를 죽였는지 설명한다.

오라토리오 시작 전에

드보라는 여예언자였으며 유일한 여성 판관(사사)이다. 드보라가 판관이 되었을 때 이스라엘 민족은 "하초르를 다스리는 가나안의 임금 야빈"의(판관 4:2) 박해로 고통을 받고 있었다. 하초르는 갈릴리 호수 북쪽에 위치한 도시로 여호수아기에서도 이곳의 임금을 야빈이라고 밝히고 있다(여호

11:1-11). 결국 여호수아기와 판관기의 하초르 임금 야빈이 동명일인인지 아닌지의 문제가 발생한다. 사실 고대 임금들의 이름은 같은 이름을 반복해서 사용하는 경우가 흔했기 때문에 두 명의 다른 야빈 임금을 상정할 수 있으나 일부 학자들은 둘을 같은 인물로 보기도 한다. 따라서 같은 이야기가 여호수아기와 판관기에서 각기 다른 사건처럼 반복되었다는 것이다. 어쨌든 하초르는 현재 이스라엘에 남아있는 가장 큰 고대 유적지라고 할 정도로 당시에도 그 위용이 대단했을 것이라 한다. 이 야빈이 파견한 장수 시스라는 갈릴리 지방의 하로셋 고임에 머물며 이스라엘인들을 억압한다.

드보라는 자신의 장수 바락을 불러 적장인 시스라와 대결할 것을 명하며 '타보르 산'으로 행군하라고 한다. 타보르 산은 갈릴리 지방의 산으로 여호수아기에 의하면(19:12, 19:22, 19:34) 즈불룬과 이사카르, 납탈리 지파 영토의 접경지역에 위치하였기에 드보라는 "납탈리의 자손들과 즈불룬의 자손들"(판관 4:6) 만 명을 동원시키고 납탈리 지파의 자손인 바락에게 임무를 맡기는 것이다. 판관 드보라 이야기 다음 장(판관 5장)에 "드보라의 노래"가 나오며 이 부분은 성경 중에서도 다른 부분보다 오랜 전통을 지닌 것으로 보고 있다. 이 노래에 의하면 즈블룬과 이사카르, 납탈리는 드보라와 바락을 도와 열심히 싸웠으나 르우벤과 아세르는 별 도움을 주지 않은 것으로 되어 있다. 판관 시대의 이스라엘은 이처럼 느슨한 지파 동맹 형태였을 것으로 추정하며 이런 문제로 인하여 중앙집권적인 왕을 세우려고 했던 것이다.

여기서 잠시 카인(겐)족에 대하여 알아보자. 시스라를 죽인 인물은 판관 드보라도, 장수 바락도 아닌 카인족 헤베르의 아내 야엘이었다. “하초르 임금 야빈과 카인족 헤베르가 평화롭게 지냈기 때문에”(판관 4:17) 시스라는 별 의심 없이 야엘의 천막으로 몸을 피했다가 참변을 당한다. 이스라엘 지파에 속하지도 않은 야엘이, 그것도 친분이 있었던 것으로 보이는 야빈 임금의 장수를 왜 잔인하게 죽였을까? 카인족은 오래 전부터 이스라엘 민족과 관련을 맺어왔다. 판관기 시작 부분에 의하면 모세의 장인이 카인족이었으며 가나안 땅 남쪽에 유다 지파와 함께 살다가 후에 아말렉족과 살았다고 한다.(판관 1:16) 가나안 땅의 정복 과정을 요약한 판관기의 도입부에 카인족이 유다의 자손들과 함께 움직였다는 것은 그들이 함께 정복 전쟁에 동참했음을 암시한다. 카인족이 나중에 함께 살았다는 아말렉족은 전통적으로 이스라엘의 적이었다. 이후로도 아말렉은 지속적으로 이스라엘과 대립하는 민족으로 등장한다. 드보라 직전에 판관 에훗 시대에도 아말렉족은 암몬(아모리)족과 합세하여 이스라엘을 공격했다.(판관 3:13) 따라서 아말렉족과 함께 살았던 카인족은 가나안의 야빈 임금에게는 동맹국이나 마찬가지였을 것이다. 이런 맥락에서 보면 시스라가 안심하고 야엘의 천막으로 피신한 것까지는 이해가되지만 아직도 야엘의 살인 동기가 분명치 않다. 목이 마르니 물을 달라는 시스라에게 우유를 주는 것도 계획된 것처럼 보인다. 요즘도 늦은 밤잠을 청하기 위해 따뜻한 우유를 마신다. 지친 시스라는 우유를 마시고 곤히 잠들었을 것이고 무방비 상태로 죽음을 당한다. 성경에는 분명치 않지만 일설에는 야엘이 유대교로 개종한 여인이라는 말도 있으나 확인할 길은 없다. 오라토리오 <드보라>는 드보라가 바락에게 출정 명령을 내리며 시작한다.

등장인물과 줄거리

드보라(여예언자며 판관, 소프라노)
바락(드보라의 장수, 알토)
아비노암(바락의 아버지, 베이스)
시스라(가나안의 장수, 알토)
야엘(카인족의 여성, 소프라노)

1막

[1장] "바락이여, 아비노암의 아들이여, 일어나시오. 그대의 손으로 그대 민족을 구하시오."(판관 4:14) 드보라가 바락에게 출정을 명하고 바락은 자신의 승리가 자기에게 명예를 가져다 줄 거라 기대한다. 바락은 드보라에게 모든 유다 민족이 하나로 뭉칠 수 있게 기도해 달라고 부탁한다. "가장 높으시고 모든 것을 초월하시는 주님! 우리의 부르짖음을 들으시어 저희를 구원하소서." 기도를 마친 드보라는 예언을 한다. "가나안의 적장은 여자의 손에 비참하게 피로 물든 모래 바닥에서 사라지리라."(판관 4:9) 바락은 누구에게 명예가 돌아가든 자신은 시기하지 않겠다며 드보라를 칭송한다. "드보라는 명망 높은 남자들과 동등한 특권을 주장할 수 있으리." [2장] 야엘이 근심어린 표정으로 들어와 드보라에게 전쟁에 대한 걱정을 털어놓는다. 드보라는 모든 것은 하느님께서 준비하신 것이라며 날이 저물기 전에 그녀의 이름이 빛나게 되리라고 한다. 야엘은 주님에 대한 생각으로 이미 모든 근심걱정이 사라진다. "주님은 나를 아버지 같이 보호하며 이끄시고 내 영혼에 주님의 자비를 베풀어 주시리." [3장] 아비노암은 출정 준비하는 아들 바락에게 승리하여 자신을 자랑스럽게 만들어 달라고 부탁한다. 바락

은 영광스럽게 죽을 각오가 되어있다. [4장] 시스라의 진영에서 전령이 들어온다. "위대한 전쟁의 영웅이신 시스라의 말씀을 전하겠소. 전쟁으로 무모한 피를 흘리기 전에 그대들을 만나 이야기를 들어 보겠소." 바락은 회담이나 전쟁이나 무엇이든지 준비가 되어있다고 전하라고 한다. [5장] 전령이 떠나고 바락과 드보라는 조금의 두려움도 없다며 어떤 적도 피하지 않겠다고 다짐한다.

2막

[1장] 드보라와 바락이 이스라엘 사제들과 함께 시스라를 기다린다. 이스라엘인들은 폭군의 철퇴를 물리쳐달라고 기도한다. [2장] 시스라가 바알 신의 사제들과 함께 들어온다. "반역의 무리들이 모여 있군. 잘난 드보라여, 나오시오. 우리가 자비를 베풀 터이니 무모한 생각들을 버리시오. 칼로 내려치기 전에 무릎을 꿇고 몸을 낮추시오." "야만인아, 가라! 우리 주님 외에 그 누구도 숭배하지 않는다. 우리의 주님께서 적을 어떻게 하시는지 알게 될 것이다." "그래? 너의 그 놀라운 신께서 너희들을 이런 포로로 만들어 주셨는가? 정신들 차려라. 너희는 허상을 믿고 있을 뿐이다." 바락이 나선다. "우리는 위대한 여호와께서 구해주시리라 믿고 있소." 바알의 사제장과 사제들이 바알 신의 위대함을 늘어놓는다. "바알께서 태양에 빛을 주시고 별들이 하늘에서 빛나게 하고 바다가 흘러넘치고 강물을 흐르게 하네. 계곡은 푸르러지고 꽃이 덤불 속에서 향기를 내네." 이스라엘 사제들이 중단하라며 강하게 항의한다. "영원한 주님, 천상의 왕좌에서 내려다보시고 당신 분노의 공포를 드러내 주소서. 당

신 종의 원수를 갚아주시고, 우리의 적을 저주하소서." 드보라가 시스라에게 경고한다. "그대들은 곧 우리 주님의 분노를 알게 될 것이오. 어서 도망가시오." "그래, 우리는 간다. 그러나 우리가 돌아 올 때 너희는 피 흘리며 통곡할 것이다." 시스라와 일행이 떠나자 바락이 전의를 불태운다. 아비노암이 아들을 격려한다. "유다 적군의 나라를 폐허로 만들라. 명예가 필요한가? 아니면 하느님의 격려가 필요한가? 모두가 그대를 원하니 우리의 저주를 끝내다오." 이스라엘 여인들도 바락에게 용기를 준다. 드보라는 야엘에게 천막에 가서 기다리라고 한다. "영원히 사라지지 않을 영광이 너에게 주어지리라." 드보라는 바락에게 전쟁 출정을 명한다.

3막

[1장] 드보라와 바락이 승리한 전사들과 함께 행군하며 들어오고 이스라엘인들과 사제들이 뒤 따른다. 그 중에는 포로로 잡힌 바알 사제들이 보인다. "이제 그 무례한 적이 무릎을 꿇었다. 더 이상 가나안 민족은 없네." [2장] 아비노암이 전쟁에서 승리한 바락을 환영하며 감격스러워한다. "내가 죽더라도 나의 아들은 온 인류의 친구로 남으리." [3장] 야엘이 드보라에게 시스라가 죽었다고 알리자 포로로 잡혀온 바알 사제들이 슬퍼한다. 바락은 자기가 야엘의 천막에 들어갔을 때 시스라가 죽어있었다며 야엘이 직접 자초지종을 말해주라고 한다. "그 잘난 장수가 전쟁에서 도망갈 때 복수의 주님께서 도망자를 제 천막으로 이끄셨어요. 지치고 겁먹은 얼굴로 물을 달라고 했어요. 그런데 저는 대신 우유를 주었지요.(판관 4:19) 벌컥벌컥 마시더니 이내 잠이

들었습니다. 그때 얼마나 기뻤는지 몰라요. 유다의 적장을 내 손에 맡기시다니! 망치와 대못을 가져와 땅에 꽂히도록 관자놀이에 들이박았어요."(판관 4:21) 드보라가 야엘을 칭송한다. "야엘이여, 고귀한 사람 한 명을 들라고 하면 사람들은 그대를 말할 것이오." 모든 이스라엘인들이 기뻐한다. "유다의 주님은 유다의 친구이네. 감사의 마음으로 주님을 찬양하리. 할렐루야!"

감상하기

1막 1장. 드보라와 바락의 이중창, "그대의 열정이 나를 어디로 이끄는가?" CD 1/9

Barak	바락
Where do thy ardours raise me?	그대 열정이 나를 어디로 이끄는가?
How shall I soar to fame?	어떻게 내가 명성의 날개를 얻게 되는가?
Shall then my conduct praise me,	나의 행동으로 나는 찬양받고
And thus adorn my name?	그리하여 나의 이름을 떨칠 것인가?
Deborah	드보라
Trust in the God that fires thee,	너를 타오르게 하는 주님을 믿으라,
To vindicate his laws;	그분의 율법을 증명하기 위해
Act now as he inspires thee,	그분께서 네게 주는 영감대로 이제 행동하라.
Thou shalt revive our cause.	너는 우리의 대의를 살려내리라.

1막 시작하면서 드보라는 바락에게 출정 명령을 내리고 바락은 자기 민족을 구원할 기회가 주어진 것에 감사하며 둘이 함께 부르는 이중창이다. 소프라노 예언자의 힘이 다소 약하게 들리기는 하지만 흥미 있게 만들어진 이중

창이다. 먼저 바락이 자신의 가사 전체를 부른 다음 드보라가 바락 선율을 다소 변형시키면서 노래한다. 여기까지는 일반적인 이중창 작곡법이다. 각자 자신의 가사를 노래한 다음 이번에는 둘이 주고받으면서 노래하는데 여기서 헨델이 가사를 다루는 방식에 유의해서 들어볼 필요가 있다. 이 부분의 처음에는 한 행씩 주고받으며 시작하는데 바락이 먼저 "그대의 열정이 나를 어디로 이끄는가?"라고 하면 드보라가 "너를 타오르게 하는 신을 믿으라"고 답한다. 처음에는 각자가 혼잣말처럼 했던 것을 이번에는 서로 대화하듯이 만든 것이다. 곧이어 이번에는 바락이 첫 행의 첫 단어, '어디로'(where)만 한 음으로 노래하면 드보라가 "신을 믿으라"(trust in the God)를 노래하고 다시 바락이 둘째 행의 첫 단어인 '어떻게'(how)를 노래하면 "너를 타오르게 하는"(as he inspires thee)으로 답한다. 다시 말해서 가사 원래의 문맥과는 상관없이 짜깁기를 해서 둘 사이의 대화를 하듯이 꾸민 것이다.

2막 2장. 바알 사제들의 합창, "오 바알 신, 하늘의 왕국!" CD 1/10

O Baal, monarch of the skies!	오 바알 신, 하늘의 왕국!
To whom unnumber'd temples rise;	당신을 위해 수많은 신전이 섰도다.
From thee the sun, immensely bright,	당신으로부터 태양이 끝없이 빛나고
Receiv'd his radiant robes of light;	그분의 밝은 빛의 옷을 받아
By thee with stars the heavens glow,	당신으로 하늘에 별이 타오르네
The ocean swells and rivers flow;	바다가 부풀고 강물이 흐르네.

바알 신은 성경에 등장하는 대표적인 우상숭배이다. 그래서 우리에게는 나쁜 인상을 주는 신이지만 고대 시리아의

셈족에게는 농사에 가장 중요한 비와 연관된 신으로도 그려진다. 성경 학자들은 바알과 야훼 신앙이 동시에 존재했을 것으로 보며 이스라엘인들이 처음에는 두 신을 모두 숭배하다가 점차적으로 야훼 유일신으로 정착된 것으로 본다. 이 합창곡을 노래하는 바알 사제들은 성경의 드보라 이야기에는 나오지 않지만 대본가는 극적인 대조를 위해 첨가한 것이다. 이 합창곡을 들으면 합창의 강력함을 느낄 수 있지만 어딘지 모르게 무식하게 들린다. 얼마나 멋진 합창 음악인가? 그런데 이 음악이 바알 사제들이 부르고 있다. 즉, 바알 사제들이 멋진 합창 음악을 부르고 있는 것이다. 그렇다면 그 사제들도 멋지단 말인가? 헨델과 그의 청중들이 이를 용납할 수 있을까? 이 문제를 헨델은 매우 기술적으로 해결하고 있다. 이를 감지하기 위해서는 몇 번의 반복 감상이 필수적이다. 최소한 두세번 반복 감상 후에 아래 글을 읽어주기 바란다.

반주 악기의 저음 베이스를 유심히 들어보면 한동안 같은 선율을 계속 반복하고 있는 것을 알게 될 것이다. 보통 이를 고집저음이라고 한다. 고집스럽게 같은 베이스 선율을 반복한다는 데에서 나온 말이다. 고집저음은 바로크 음악에서 흔히 사용되는 기법인데 이 곡의 고집저음은 너무 빠르고 단순하여 화음을 다양하게 사용할 수 없게 되어 있다. 같은 화음의 진행이 지나치게 지속되다 보니 단조롭고 같은 말만 되풀이하는 것과 같은 효과를 가져 온다. 물론 그렇다고 듣기 싫은 음악은 아니다. 모차르트의 유명한 말처럼 극중 인물이 정신이 나갔다고 해서 그가 부르는 선율도 미쳐버리면 음악이 될 수가 없다. 이 곡처럼 이교도 우상숭배의 대상인 바알 신의 사제들이 노래한다고 해서 이상한 노래를 만들면 헨델은 실패한다. 헨델이 성공한 작곡가라는 것은 바로 이 합창곡처럼 듣기에 좋으면서도 노래하는 사람들이 우상숭배를 하는 단순무식한 바보처럼 들리게 만드는 기술을 알기 때문이다.

2막 2장. 이스라엘인들의 합창, "영원무궁의 주님께서 비축해 두셨네." CD 1/11

Lord of Eternity, who hast in store	영원무궁의 주님께서 비축해 두셨네
Plagues for the proud,	거만한 이를 위한 재앙과
and mercy for the poor;	가난한 이를 위한 자비를.
Look down, look down	내려 보소서, 내려 보소서.
from thy celestial throne,	당신 천상의 왕좌에서
And let the terrors of thy wrath be known!	당신 분노의 공포를 보여 주소서!
Plead thy just cause,	당신의 정당한 목적을 간청하오니,
thy awful pow'r disclose,	당신의 거대한 힘을 드러내소서
Avenge thy servants,	당신 종들의 원수를 갚아주시어,
and confound their foes.	우리의 적들을 어리둥절케 하소서.

앞의 바알 사제들의 합창을 들은 이스라엘의 대사제는 "너희가 경배하는 신은 허상"이며 "우둔하고 야만스런 우상"이라고 단언한다. 대사제가 그들의 합창을 제대로 들었다. 그런 음악으로 자기네들 신을 노래하니 이런 소리를 들을 만도 하다. 이번에는 그에 맞서 이스라엘인들이 자기네 주님을 찾는다. 다소 느린 빠르기로 이스라엘인들은 목청껏 주님을 부른다. 찬송가 방식으로 첫 네 행을 장엄하게 노래한 다음, 주님을 찬양하는 음악의 진수를 들려준다. 두 번

째 부분은 가사의 마지막 두 행을 부르는데 빠르기가 다소 빨라지면서 시작한다. 이 곡의 생김새는 헨델의 동시대 작곡가인 최고의 종교음악가 요한 세바스찬 바흐의 칸타타를 떠올린다. 소프라노 성부의 길게 끄는 느린 선율에 나머지 성부들이 빠르게 대비를 이루며 진행한다. 바흐는 보통 이 느린 선율로 찬송가 선율을 사용했는데 헨델의 선율은 바로 그 찬송가 선율을 닮아 있는 것이다. 이런 진행은 두 번째 부분 전체를 지배하여 웅장하고 엄숙한 분위기를 만들며 바알 사제들의 합창곡보다 훨씬 '유식한' 음악이 된 것이다. 앞의 바알 사제들의 합창이 전체적으로 찬송가 방식(호모포니)을 유지하였다면 이스라엘인들은 돌림노래 방식을 채택하여 복잡하지만 품위 있는 합창곡을 노래한다. 혹시 헨델이 로마에서 작곡한 종교음악 <주님께서 말씀하시네>(Dixit Dominus)를 아는 독자는 이 곡이 원래 그 종교음악에서 빌려온 것임을 알아차렸을 것이다. 이 두 신의 대결은 마치 열왕기 상권 18장의 예언자 엘리야가 주님과 바알 중에 누구를 따를 것인지 이스라엘인들에게 선택하라는 장면을 떠올린다.(1열왕 18:20-40) 두 합창곡을 듣고 독자들도 판단해 보기 바란다.

감상 추천곡

초연 당시에는 서곡이 없었다가 나중에 재공연할 때 서곡을 별도로 작곡하여 추가하였던 것으로 추정한다. 이 서곡에 나오는 미뉴에트 악장은 나중에 유명한 <왕궁의 불꽃놀이>에서 미뉴에트 악장으로 사용되어 우리에게는 매우 익숙하다. 1막을 시작하는 합창, "땅과 하늘의 불멸의 주님"(No.

2. Immortal Lord of earth and skies)은 그야말로 웅장하고 장대한 효과를 지닌 합창곡이다. 찬송가 방식과 돌림 노래 방식을 자유자재로 오가며 조화를 이룬다. 1막 2장에서 드보라로부터 앞으로 일어날 일에 중요한 역할을 하게 되리라는 말을 듣고 야엘은 기뻐하며 아리아, "주님은 나의 절망을 환희로 밝혀주시리"(No. 17. To joy he brightens my despair)를 부른다. 다카포 형식으로 작곡된 아리아로 야엘의 기쁜 마음과 하느님께 모든 것을 의탁하는 자세를 보여준다. 1막 3장의 아비노암의 아리아, "네 마음 속의 열정을 깨우라"(No. 19. Awake the ardour of thy breast)는 베이스의 힘찬 아리아이며 전주에 나오는 선율은 마치 전쟁을 알리는 트럼펫 소리를 닮아있다. 아비노암은 아들에게 죽음을 각오하고 싸우라고 격려한다. 1막 3장을 마무리 하는 합창, "그대의 공적이 영광되게 하라"(No. 22. Let thy deeds be glorious)는 출정을 앞둔 바락에게 이스라엘인들이 힘을 실어주는 곡이다.

2막의 시작은 협상을 하러 온 시스라를 맞이하는 이스라엘인들의 합창, "보라, 잘난 장군이 지금 앞으로 오고 있다"(No. 25. See, the proud chief advances now)이다. 중간 부분에서 이스라엘인들은 야곱을 부르며 도움을 청한다. 이 곡은 헨델이 이탈리아에 머물고 있던 1707년에 작곡한 종교음악 <주님께서 말씀하시네>(Dixit Dominus)에서 가져온 음악이다. 물론 가사가 바뀌었기 때문에 선율도 그에 따라 조정이 되었으나 전체적인 주제와 분위기는 그대로 유지된다. 2막 2장의 드보라의 아리아, "야훼의 장엄한 눈에는"(No. 29. In Jehovah's awful sight)은 경건함이 과도하여 다소 비통한 느낌마저 준다. 특히 목관악기 오보에가 그런 분위기를 만드는 데에 큰 기여를 한다. 선율의 흐름은 바로크 음악에서 보기 힘들 정도로 강렬하다. 음악적으로 후대 낭만주의 작곡가들이 들어도 감동을 줄 음악이다. 네 명의 독창자들과 합창이 함께하는 "너의 그 모든 허풍은 비통하게 끝나리"(No. 38. All your boast will end in woe.)는 헨델의 작품에서 보기 드문 흥미로운 예이다. 멋진 전주로 시작되는 이 곡은 처음에는 드보라와 시스라, 바알의 사제, 바락이 독창으로 각자의 선율을 노래하며 복잡하게 뒤엉킨다. 일종의 짧은 사중창인 것이다. 뒤를 이어 두 합창단이 대결을 벌이는데 이스라엘인들은 지속적으로 '가라'는 말을 강조하고 바알 사제들이 저항하지만 마지막을 이스라엘인들이 노래하며 그들을 내쫓는다. 이 곡에서 유의해야할 점은 사중창에 이어지는 합창의 구조이다. 특별해 보이지 않을 수 있으나 헨델에게는 매우 드문 형태이다. 우선 사중창이 나오는 예는 헨델의 오페라에는 매우 드물다. 오라토리오에서도 <입타>를 제외하면 사중창을 보기 힘들다. 그러니 사중창에 이어 합창이 나오는 장면은 아마도 이 곡이 유일해 보인다. 극적으로는 매우 자연스러운 장면이다. 드보라와 바락이 한편이 되고 시스라와 바알 사제가 한편이 되어 대결하다가 양쪽 합창단이 가세하는 장면은 우리가 극적으로 쉽게 떠올릴 수 있는 상황이다. 그런데 이런 장면이 드문 이유는 당시 음악극에 대한, 특히 이탈리아 오페라에서 극에 대한 관점은 자연스러움보다는 인위적인 설정이 바람직하다는 것이었다. 따라서 이런 장면이 실제로 무대 위에서 오페라처럼 공연되었다면 청중들에게 상당한 충격을 주었을 것이며 비판받을 수도 있었을 것이다.

드보라와 시스라의 대결 후에 시스라가 물러간 다음 바락은 전장에 나가 시스라를 무찌를 생각을 하며 아리아 “전장에서 명성을 쫓아”(No. 40. In the battle, fame pursuing)를 부른다. 가사의 내용은 전쟁 이야기이나 3박자의 경쾌한 리듬이 다소 분위기와 맞지 않는 것이 사실이다. 어쩌면 헨델은 바락이 전장에 나가 명성을 날리고 싶어 하는 들뜬 마음을 표현하려고 했는지 모른다. 바락의 아리아를 들은 아비노암은 아들에게 주님께서 함께 하실 거라며 아리아, “순식간에 넘쳐나는 황폐함이”(No. 42. Swift inundation of desolation)를 부른다. 적의 최후를 기대하는 아비노암의 아리아는 비교적 짧은 다가포 아리아로 중간 부분에서 반주는 크게 바뀌지 않아 구분이 잘 안 되는 편이다. 그러나 성악 선율의 변화를 통해서 중간 부분의 시작을 눈치 챌 수 있다. 드보라가 야엘에게 자신의 천막으로 돌아가서 기다리라는 말을 듣고 야엘은 “오, 내 영혼이 즐거움에 사로잡혀 있네”(No. 46. Oh, the pleasure my soul is possessing)를 노래한다. 날카롭지만 경쾌하게 움직이는 바이올린의 반주 선율이 마치 야엘의 마음을 드러내는 것 같다. 다가올 일에 대해 야엘은 벅찬 즐거움을 느끼고 있다.

3막 마지막 장에서 야엘은 어떻게 시스라를 죽였는지 설명한 후에 아리아 “폭군이여, 이제 더 이상 너를 두려워하지 않는다”(No. 59. Tyrant, now no more we dread thee)를 부른다. 앞에서 들었던 야엘의 아리아에서는 다소 연약한 여인을 연상시켰으나 이 곡에서는 시스라를 잔인하게 죽인 여인답게 매우 강한 인상을 준다. 가사의 첫 단어 ‘폭군이여’(tyrant)가 그녀의 강한 이미지를 즉각적으로 보여준다. 뒤이어 드보라는 야엘을 칭송하며 아리아 "영광스런 태양이 더 이상 비추지 않으리"(No. 61. The glorious sun shall cease to shed)를 노래한다. 산뜻하고 날렵하게 움직이는 바이올린 선율을 반주로 흐르는 드보라의 노래는 야엘이 영원히 칭송받으리라는 점을 확인한다. 오라토리오의 마지막은 역시 웅장한 합창이 장식한다. "우리의 기쁜 노래를 하늘로 오르게 하라"(No. 65. Let our glad songs to Heav'n ascend)는 크게 세 부분으로 나눌 수 있다. 첫 부분은 가사 첫 행의 마지막 단어 '오르다'(ascend)에 초점이 맞춰져 있다. 찬송가 방식으로 첫 행을 노래하고 나면 바이올린이 우리의 예상보다 길게 높은 음역으로 계속 올라간다. 헨델은 그들의 '즐거운 노래'가 하늘로 올라가는 모습을 그린 것이다. 그 다음은 돌림 노래 방식으로 "오, 당신의 성스러운 이름을 기념"한다는 합창이 이어지고 마지막으로 "할렐루야"로 마무리 한다. 헨델의 오라토리오는 작품 중간 또는 끝에 '할렐루야'가 자주 나온다. 덕분에 우리는 다양한 할렐루야를 만나게 된다. 물론 가장 유명한 예가 <메시아>이다. <드보라>의 할렐루야는 그만큼은 아니지만 지속적인 돌림 노래 방식으로 웅장하고 엄숙한 느낌을 준다.

오라토리오 끝난 후에

등장인물은 모두 성경에서 이름이 거론되는 이들이다. 성경에서는 처음에 드보라와 바락이 중심을 이루고 아비노암은 간단히 이름만 나온다. 오라토리오에서 아비노암은 성경보다 크게 부각되어 전쟁하러 나가는 아들을 격려하고 이기고 돌아오는 아들을 감격하며 맞이하는 인자한 아버지로 나온다. 단 3 곡의 아리아이지만 베이스 역을 위해 아비노암에게 보다 많은 역할을 준 것이다. 야엘도 성경과는 상당히 다르게 그려지고 있다. 성경에서 야엘은 이야기 후반부에서만 나온다. 야엘이 마주친 사람은 시스라와 바락이 전부이지만 오라토리오에서는 1막 2장부터 드보라와 서로 아는 사이로 나온다. 여기서 드보라는 주님께서 해가 저물기 전에 야엘의 이름을 빛나게 해주리라고 한다. 그 말에 야엘은 매우 기뻐하며 이교도인이 아니라 같은 야훼를 숭배하는 인물로 그린다. 앞서 설명한 대로 오라토리오의 대본가는 야엘을 이스라엘인들과 같은 신앙을 지닌 것으로 해석한 것이다.

이 오라토리오의 특징 중 하나는 사랑이 없다는 것이다. 일반적으로 보면 드보라는 알토로 바락은 테너, 그리고 야엘은 소프라노로, 시스라는 바리톤으로 배정하는 것이 그럴 듯해 보인다. 그러나 헨델은 아비노암을 제외하고는 모두 여성 음역을 배정했다. 물론 헨델의 이탈리아 오페라에서 카스트라토(여성 알토 음역)와 여성 소프라노가 짝을 이루기도 하므로 여성 알토인 바락과 소프라노인 야엘의 커플을 상정해 볼 수 있다. 그러나 극적으로 둘을 연인으로 만들기가 어려웠을 것이다. 이중창의 배정을 보면 바락은 두 번 모두 드보라와 함께 노래한다. 물론 사랑의 이중창은 아니라서 다소 억지스런 면이 있는 것이 사실이다.

음악학자들 중에는 헨델 오라토리오의 대본에 대해 수준이 떨어진다고 말하는 이들이 있다. 대부분 나는 그 말에 동의하지 않지만 <드보라>는 예외이다. 성경 이야기 드보라는 오라토리오 대본으로서 충분한 가능성을 지니고 있어서 헨넬의 <드보라>를 듣고 나면 다소 아쉬움이 남는 게 사실이다. 여성 주인공에 해당하는 드보라와 야엘이 모두 유부녀였기 때문에 앞서 이야기한 대로 사랑하는 연인을 등장시키기는 쉽지 않았을 것이다. 그래도 <여호수아>의 오트니엘과 악사처럼 상상력을 발휘해서 야엘과 그의 남편 헤베르 사이에 사랑의 이중창을 만들어 넣을 수 있었을 것이다. 사랑이 없으니 바락은 1막 1장에서 드보라와 이중창을 부른 다음에 거의 '불륜'에 가까운 노래를 한다. 총각 바락은 드보라를 "얼마나 아름다운 꽃같은 여인인가"(How lovely is the blooming fair)라고 부른다. 드보라의 남편 라피돗이 들으면 오해하기에 딱 좋은 발언이다. 또 다른 가능성은 민족을 구하는 영웅적인 행위의 주인공이 되지 못한 바락의 심리 상태를 좀 더 부각시킬 수도 있었다. 1막 1장 드보라가 시스라는 여인의 손에 쓰러질 거라는 말을 하기 전까지 바락은 자신이 영웅이 될 수도 있다는 생각에 한참 부풀어 있었다. 그러나 그 말을 듣게 되자 곧바로 자신은 '시기심'을 모른다고 말한다. 시기심이란 단어가 그의 입에서 나온 것만 봐도 그의 심리 상태를 알 수 있으나 너무 쉽게 평범하게 처리된 것도 아쉽다. 더욱이 드보라 이야기는 판관기에서 바로 다음 장에 드보라의 노래가 나온다. 이 노래를 가사로 활용할 수도 있었을 것이다. 헨델과 험프리 모두 영어 오라토리오는 초보 작가들이었다. 그 중에 험프리의 과오가 더 커 보인다. 그래도 음악은 멋지기 때문이다.

프랑스 화가 봉 불로뉴의 <입타의 딸>. 빨간 망토를 걸치고 말을 탄 이가 입타이고 처녀들 중에 가장 앞에선 여인이 그의 딸이다. 이 장면을 그린 그림들의 공통점은 입타가 딸을 보지 않는다는 점이다. 딸을 보자마자 얼굴을 돌리는 순간을 포착한 것이다. 손으로도 분명히 거부하는 입타의 마음을 읽을 수 있다. 딸과 그녀의 친구들을 보면 모두 놀란 표정을 짓고 있다. 입타와 가까이 있는 군사들도 같은 표정이다. 승리하고 돌아오는 아버지를 환영 나온 딸을 거부하는 입타를 이해하지 못하는 것이다. 오라토리오에서도 이런 입타의 행동에 대해서 목격자들은 이해하지 못한다. 딸의 친구들은 각종 악기를 들고 있다. 뒤에서부터 보면 탬버린, 리코더(피리), 하프가 동원되었다. 성경에는 손북만이 언급되어 있으나 여기서는 더 많은 악기를 동원한 것이다. 이 장면은 오라토리오 <입타>의 2막 3장에 나온다. 오라토리오 가사에 의하면 류트(일종의 기타)와 플루트, 하프 반주로 이피스가 춤을 추며 환영한 것으로 되어 있다. 악기 구성에 있어서 이 그림과 거의 유사하다.

입타 (Jephtha)

1752년에 초연된 오라토리오 <입타>는 헨델의 실질적인 마지막 오라토리오이다. 이 곡 후에도 <시간과 진실의 승리 The Triumph of Time and Truth>가 있기는 하지만 이 작품은 1707년에 이탈리아어로 작곡된 오라토리오를 영어로 바꾸면서 수정한 개정판이었다. 헨델은 <입타>를 작곡하던 1751년 2월 중순 왼쪽 눈의 시력이 급격하게 떨어져 작곡을 중단한다. 일주일 후에 다시 시작한 헨델은 2막까지 완성한 다음 오라토리오 시즌을 감독하다가 6월부터 나머지 3막을 시작하여 8월 30일에 가서야 완성한다. 물론 중간 중간에 공백이 있기는 했지만 헨델은 보통 여름 휴가 기간 동안 약 4주에서 5주면 오라토리오 하나를 거뜬하게 완성했었다. 66세의 나이와 약해지는 시력이 그의 손을 느리게 했을 것이다. 헨델의 시력이 떨어진 것은 백내장 때문인 것으로 판단되는데 1752년 11월에 웨일즈 공주의 주치의가 시력 회복을 위해 수술을 시도하지만 실패한다. 그 후에도 계속 작곡을 한 것으로 보아 약간의 시력이 남아있었겠지만 거의 보지 못했던 것으로 추정된다. 1758년 돌팔이 안과의사인 존 테일러가 치료를 시도했으나 역시 실패했던 것으로 알려져 있다. 테일러는 스스로를 조지 2세와 교황의 안과 의사라 사칭하며 유럽을 떠돌며 사기 행각을 벌인 인물이다. 이 테일러라는 이가 10여년 전에 독일에서 자기가 개발했다는 시술로 요한 세바스찬 바흐를 죽게 만들었다고 알려져 있다. 역사상 가장 위대한 작곡가 헨델과 바흐의 눈에 칼을 들이댄 독특한 경력의 인물이기도 하다. 스페인의 기타 음악 작곡가

호아킨 로드리고는 세 살때부터 장님이 되었다고 한다. 그처럼 처음부터 장님이었던 작곡가는 있어도 나중에 시력을 잃게 되면 작곡이 불가능할 것이다. 헨델이 <입타>를 작곡하다가 중단했다는 곡목이 알려져 있는데, 흥미롭게도 2막 4장에 나오는 합창곡 "얼마나 어두운가, 주님이시여, 당신의 명령이"(How dark, O Lord, are Thy decrees)였다. 2막 마지막 곡에 이르러 더 이상 작곡을 계속할 수 없었던 헨델의 마음이 아프게 느껴지는 뛰어난 합창곡이다.

오라토리오 시작 전에

판관(사사) 입타 이야기는 요르단강 동쪽에 위치한 길앗 지방을 중심으로 전개된다. 길앗 지방은 이스라엘 12지파 중에 가드와 므나쎄 반쪽, 르우벤 지파가 있던 곳으로 그 동쪽으로는 암몬(아모리)족이 차지하고 있었다. 암몬족도 지속적으로 이스라엘과 전쟁을 일으키는 핵심 적대국이었고 모세가 이집트를 탈출하여 가나안 땅으로 가기 위해 암몬 땅을 지나가게 해 달라는 이스라엘의 청을 거절한 바 있다. 판관기에서는 판관 에훗 시대에 암몬의 왕 에글론이 '야자나무 성읍'(예리코를 뜻함)을 치고 이스라엘인들을 18년간 지배했다고 한다.(판관 3:13-14) 이 암몬인들이 이번에는 요르단강 동쪽에 있는 이스라엘 민족을 공격했고 강을 건너 벤야민과 에프라임 지역까지 침략했다.(판관 10:9) 암몬족은 길앗에 진을 치고 이스라엘 민족은 미츠파에 진을 치고 대치하고 있었다. 미츠파라는 도시는 성경에서 자주 나오는데 입타의 미츠파는 길앗 지역에 위치했을 것이라 추정한다.

이처럼 이스라엘이 위험에 처하게 된 것은 이들이 주님과의 약속을 어기고 이방인들의 신을 믿었기 때문이다. 이 이방인들의 신 중에는 오라토리오 <드보라>에 나오는 바알이 자주 등장한다. 바알은 중동 지역에서 셈족의 가장 대표적인 신이었다. 구약 성경에서 바알이 우상 숭배의 대상으로 처음 등장하는 곳은 민수기(25:3)이며, 판관기에서 매우 빈번하게 등장한다. 여호수아 다음 세대부터 바알을 숭배하였으며(판관 2:13) 판관 기드온은 이스라엘 민족들의 바알 숭배를 없애기 위해 바알 제단을 제거하며 여루빠알이라는 이름을 얻었다고 한다.(판관 6:32) 여루빠알의 '빠알'은 바알을 뜻하는 것으로 이름의 뜻을 성경에서는 "그가 바알의 제단을 헐었으니, 바알은 그에게 맞서 자신을 옹호하라"라고 설명한다. 네 음절의 짧은 단어에 대한 설명으로는 꽤 길어서 좀 수상하기는 하다. 어쨌든 오라토리오 <입타>에서는 이방신으로 바알 대신에 몰록과 크모스를 언급한다. 몰록과 크모스는 솔로몬이 외국인 아내들을 위해 이 두 이방신의 산당을 지었다는 대목에도 등장한다.(1열왕 11:7) 열왕기에 의하면 크모스는 모압의 신이며 몰록은 암몬의 신이라고 한다.

이민족으로부터 고통을 받는 이스라엘인들은 자기들을 이끌 지도자가 절실해 졌고 그 적임자로 입타를 선택한다. 입타는 창녀의 아들로 서자 출신이었으며 그의 이복형제들로부터 버림받아 건달이 되어 산적처럼 살고 있었다. 아마도 입타는 성공한(?) 산적이었던 것같다. 출신 배경도 좋지 않은 산적을 자기들의 지도자로 세울 때 이스라엘인들은 그의 전쟁 능력을 높이 평가했을 것이다. 오라토리오 <입타>는 입타의 이복형 체불이 이스라엘의 판관으로 입타를 추천하는 장면으로 시작한다.

등장인물과 줄거리

입타(테너)
이피스(입타의 딸, 소프라노)
스토쥐(입타의 부인, 메조소프라노)
체불(입타의 이복형, 베이스)
하모르(이피스의 연인, 알토)

1막

[1장] 체불은 암몬 자손들이 이스라엘 민족을 18년 동안 괴롭혀왔다며(판관 10:8) 길앗의 아들인 입타를 지도자로 내세운다. “맞소, 우리가 그를 경멸하고 쫓아내었소. 그러나 고통 받는 민족이 도움을 요청하면 그는 거절하지 않을 것이오.” 이스라엘인들은 다시는 암몬의 신인 몰록과 크모스를 섬기지 않겠다고 다짐한다.(판관 10:6) [2장] 입타가 그의 부인 스토쥐와 함께 들어온다. 체불은 자신들의 잘못을 용서하고 도와달라고 간청한다. 입타는 전쟁에서 승리하면 자신이 민족의 지도자가 된다는 약속을 받고 나서기로 한다. 스토쥐는 입타에게 자기 걱정은 말고 전쟁에서 승리하고 돌아오기를 기원한다. [3장] 하모르가 전쟁에 나가기 전에 이피스와 작별한다. 이피스는 하모르에게 용기를 주고 하모르는 전쟁에서 공적을 올리고 오겠다고 다짐한다. [4장] 입타는 생각에 잠긴다. “내 팔에는 힘이 넘치지만 겸손하게 하느님께 경배하리. 주님의 전능한 힘으로 암몬 자손들을 물리치리. 제가 영광스런 승자로 무사히 돌아올 때 저를 반기러 나오는 사람 중에 제 눈에 처음 들어오는 이는 영원히 주님의 것입니다. 아니면 희생 제물로 바치겠습니다.”(판관 11:30-31) 입타는 장수들을 불러 이스라엘의 주님께 기도할

것을 명한다. [5장] 스토쥐는 뭔가 불길한 느낌이 든다. "공포의 장면, 저주의 장면이 저 아래 그늘로부터 올라오네." [6장] 어머니가 공포에 떠는 소리를 듣고 이피스가 급하게 들어와 무슨 일인지 묻는다. 스토쥐는 불길한 꿈을 꾸었다고 한다. 이피스는 어머니를 안심시키려고 애쓴다. "어머니 그런 어두운 환시는 무시하세요. 아버님께서는 성스러운 불길에 힘을 얻어 승리하신 것이나 마찬가지예요. 여호와께서 우리의 기도를 들어주시리라 믿어 의심치 않아요." [7장] 입타는 이스라엘 민족들에게 전쟁에 나갈 것을 명하고 앞장선다.

2막

[1장] 전쟁에서 돌아온 하모르가 승리를 알린다. "우리가 암몬인들에게 평화 조약을 제시했건만 그들은 거만하게 거절했지. 그 때 하늘이 열리며 수천의 무장한 케루빔이 내려왔고 우리 장군님께서 외치셨어. '이것이 바로 주님의 표징이다.' 장군님께서는 그들을 무참히 물리치셨네." 이스라엘 사람들은 환호하고 이피스도 기뻐하며 친구들을 불러 모은다. "승리하신 우리 아버지를 맞이해야 하니 온갖 악기를 연주하고 춤을 추세."(판관 11:34) [2장] 전쟁에서 돌아온 입타는 체불과 하모르의 활약을 격려하면서도 모든 영광을 주님께 돌린다. [3장] 이피스와 스토쥐가 처녀들과 함께 들어오며 아버지를 맞이한다. "만세! 영광스런 정복자이신, 사랑하는 아버님, 만세!" 입타가 놀란다. "아! 이 거친 음악이 내 귀를 거슬리는구나! 내 딸아 저리 가거라. 네가 나를 망하게 만드는구나. 무덤이여 그대의 냉혹한 입을 열어라!" 이

피스가 놀라며 나가고 체불은 딸의 환영을 물리치는 입타를 의아하게 생각한다. "체불, 하모르, 그리고 나의 사랑하는 부인! 이 몹쓸 놈을 보시오. 최고의 환희에서 깊은 저주로 떨어지는 나를 보시오. 내가 처음 만나는 사람을 주님께 희생 제물로 바치겠다고 맹세하였소. 바로 나의 딸이오. 아! 내 딸이란 말이오. 그 아이는 이제 죽게 되었소." 스토쥐가 격렬하게 반항한다. "당신부터 죽으시오. 이 사랑스런 아이의 살인자가 되겠다는 말이오, 잔인한 사람!" 하모르는 이피스 대신 자기가 희생하겠다고 나선다. "환희를 느낄 수 없는 삶보다는 죽는 것이 나으리." 스토쥐와 하모르, 체불이 함께 애원한다. "몰록 신의 잔인한 의식을 하느님께서 기뻐하시겠습니까?" 이피스를 살려달라는 이들의 간청에도 입타는 하늘과의 약속은 돌이킬 수 없다며 고통스러워한다. [4장] 이피스가 들어오며 기꺼이 자신을 희생하겠다고 한다. "이제 이스라엘은 자유를 얻었어요. 이 엄청난 기쁨에 비하면 미천한 한 목숨은 대가치고 너무 작아요." 이피스의 말에 입타의 고통은 더욱 심해진다. "너의 착한 마음이 나의 피 흘리는 심장을 더 깊게 찌르는구나. 위대한 여호와께서 크모스와 같은 거짓 신들처럼 잠이 들어 내 말을 못 들었다고 할 수 있는가? 아니지. 하느님은 나의 생각을 들으셨고 기록까지 하셨을 텐데... 아! 나의 외동딸아, 아버지 때문에 네가 죽는구나. 그래, 맹세는 이미 과거의 일이고 길앗의 적들을 물리쳤으니, 그래 내일 아침에..." 입타가 말을 잊지 못한다. 이스라엘인들이 함께 슬퍼한다.

3막

[1장] 입타는 이피스를 제물로 바치기 전에 자기에게 내린 저주에 고통스러워한다. "태양이여, 너의 증오의 햇살을 구름 속에 숨겨다오. 이 아버지의 저주처럼 깊은 어둠 속으로. 승리와 평화에 대한 대가로 자신의 외동딸을 희생해야 하는 아버지의 저주처럼." 이피스는 기꺼이 주님의 뜻에 따르겠다며 세상과 작별을 고한다. "평화와 사랑의 하늘나라에서 더 밝은 세상을 보게 되리." 사제들이 기도한다. "주님, 당신의 성스러운 율법에 따라 무릎 꿇고 기도합니다. 우리의 기도를 들으시어 주님의 뜻을 내려주소서." 하늘에서 천사가 나타난다. "일어나거라, 입타야! 너희 사제들은 살인의 손을 멈추어라. 입타여, 너의 딸을 희생 제물이 아니라 처녀의 몸으로 순결하게 영원히 주님께 바쳐라. 성령께서 너의 믿음을 인정하셨다." 입타와 사제들이 하느님의 자비로움에 감사드린다. [2장] "나의 명예스런 동생, 이스라엘의 판관이시여. 그대의 믿음과 용기, 충성심과 진실을 온 민족이 찬양하리." 체불이 입타를 높이 세우고, 스도귀는 딸을 안으며 기뻐한다. 하모르는 기쁨으로 이피스를 맞이하며 입타에게 자신을 아들로 받아달라고 청한다. 이피스는 신의 섭리가 자신들의 순종을 요구한다며 하모르를 더 행복한 결과로 인도하시리라 믿는다. 이스라엘인들은 하느님을 찬양한다. "주님을 두려하는 자는 축복받으리. 아멘, 할렐루야."

감상하기

2막 1장. 이피스의 아리아, "류트로 부드러운 선율을 연주하라." CD1/12

Tune the soft melodious lute,	류트로 부드러운 선율을 연주하라
Pleasant harp and warbling flute,	상쾌한 하프와 지저귀는 플루트로
To sounds of rapt'rous joy;	이를 데 없는 기쁨을 연주하라.
Such as on our solemn days,	우리의 엄숙한 날들에 노래하듯이
Singing great Jehovah's praise,	위대한 여호와를 위한 찬양 노래를
The holy choir employ.	천상의 합창단이 부르네
Tune the soft... da capo	류트로 부드러운... (앞의 반복)

입타와 함께 전쟁에 나갔다 먼저 돌아온 하모르의 승전 소식에 이피스는 기뻐하며 아버지를 환영하기 위해 준비하며 이 아리아를 부른다. 가사에는 류트(기타)와 하프, 플루트가 언급되지만 반주 악기에는 플루트가 중요한 역할을 한다. 붓점 리듬으로 경쾌하게 진행되는 반주는 이피스의 즐거운 마음을 표현하며 특히 셋째 행의 마지막 단어 '기쁨'의 영어인 '조이'라는 단어에서는 길게 "오--"로 지속되는 선율로 처리된다. 보통 이같은 선율을 콜로라투라라고 하며 가사의 한 음절을 여러 음으로 꾸며 화려함을 더한다. 바로크 성악 선율의 가장 중요한 특징인 콜로라투라는 기쁨과 같이 꾸밈을 필요로 하는 단어에 자주 사용된다. 기쁨과 같이 추상적인 단어의 예를 들면 영광이라는 뜻의 '글로리'를 들 수 있다. 이미 앞에서도 여러 번 나왔던 것으로 이 단어가 가사에 나오면 거의 예외 없이 콜로라투라로 장식하여 영광스러움을 더한다. 또 단어의 이미지가 그런 선율을 요구하는 경우도 있다. 불꽃(flame), 오르다(rise), 타오르다(glow), 날다(fly) 등은 선율을 여러 음으로 꾸며 이미지를 음악적으로

표현하는 것이다. 이 노래는 중간 부분이 앞부분과 유사한 다카포 아리아에 속한다. <입타>에 포함된 아리아를 듣다보면 헨델의 선율에서 이제는 이탈리아 분위기가 거의 사라졌다는 느낌을 받는다. 화려함보다 검소함을 선호하는 완전한 영국인이 된 것이다.

3막 1장. 입타의 아리아, "천사들이여 그녀를 하늘로 떠오르게 해다오." CD1/13

Waft her, angels, through the skies,	천사들이여 그녀를 하늘로 떠오르게 해다오
Far above yon azure plain,	저기 저 높은 푸른 들판으로
Glorious there, like you, to rise,	그대들처럼 그곳에서 영광스럽게 일어나
There, like you, for ever reign.	그대들처럼 그곳에서 영원히 군림하기를
Waft her... da capo	천사들이여... (앞의 반복)

3막 시작과 함께 입타는 승리의 대가로 하나뿐인 딸을 제물로 바치겠다고 맹세한 자신을 서주하며 딸이 천상에서나마 영원한 생명을 누리기를 기원하며 이 아리아를 부른다. 현악기만으로 시작하는 전주는 엄숙한 분위기를 만든다. 입타의 선율은 '하늘'이라는 단어에서 가볍게 높은 음을 노래한다. 이 선율의 첫 부분은 마치 반주 음악에 실려 이피스가 가볍게 하늘로 떠오르는 모습을 연상시킨다. 이 노래를 부르며 입타는 하늘을 쳐다보았을 것이다. 셋째 행부터 중간 부분을 시작하지만 앞부분의 분위기가 지속된다. 오라토리오 <입타>에 나오는 다카포 아리아는 이 곡처럼 그 이전에 비해 매우 소박하고 단아한 모습을 지닌다. 바로크 음악

의 특징이 많은 장식과 화려함을 추구한다면 이런 곡을 통해 헨델은 이제 그런 장식을 멀리하고 단순하지만 품격 있는 선율을 추구하고 있음을 보여준다. 세상을 통달한 고수의 모습이다. 입타의 기도가 하늘을 감동시켰는지 이 곡 후에 하늘에서 천사가 내려와 딸을 구해준다.

감상 추천곡

오라토리오 <입타>는 합창이 아니라 아리아로 시작한다. 체불의 "더 이상 잘못된 기도를 받치지 않으리"(No. 3. Pour forth no more unheeded pray'rs)는 합창을 대신할 만큼 힘찬 노래이다. 거침없는 반주 선율의 진행은 체불과 이스라엘인들이 더 이상 우상 숭배를 하지 않겠다는 다짐을 보여준다. 이어지는 이스라엘인들의 합창, "암몬(아모리)의 신과 왕에게 더 이상은"(No. 4. No more to Ammon's god and king)은 체불의 다짐을 이스라엘인들이 확인하는 합창곡이다. 찬송가 방식으로 강력하게 의지를 표현하다가 갑자기 3박자 춤 리듬으로 바뀌면서 음악은 점차적으로 돌림노래 방식을 취하지만 전체적으로는 찬송가 방식을 유지한다. '크모스'라는 단어가 나오면서 다시 한 번 분위기가 바뀌고 그들은 여호와를 찬미하겠다고 노래하며 돌림노래 방식을 본격적으로 도입한다. 1막 2장에 입타는 이스라엘을 이끌어달라는 체불의 제안을 받아들이고 훌륭한 지도자가 되겠다며 아리아 "내 영혼은 덕망을 붙잡으리"(No. 6. Virtue my soul shall still embrace)를 부른다. 다카포 아리아로 중간 부분에서 다소 흐름이 멈추기는 하지만 강인한 입타의 결심을 들을 수 있는 곡이다. 1막 3장은 하모르와 이피스의 장면이다. 하모르는 입타의 등장으로 자기 민족이 새로워질 거라 기대하며 아리아 “지루한 시간, 찌르는 듯한 번민 속에”(No. 10. Dull delay, in piercing anguish)를 노래한다. 사랑하는 남녀가 만났으니 사랑의 이중창은 당연한 순서이다. “이 일들이 지나면, 우리는 얼마나 행복할까!”(No. 14. These labours past, how happy we!)는 먼저 이피스가 노래한 다음 같은 선율을 하모르가 따라 부른다. 이후 둘은 잘 어울리는 음으로 함께 노래한다. 이 이중창은 다가포 형식으로 되어 있어서 이 앞부분이 뒤에 가서 다시 반복한다. 1막4장의 합창곡, “주님이시여, 우리의 심한 고통을 보소서”(No. 16. O God, behold our sore distress)는 입타의 명에 따라 이스라엘인들이 주님을 찾는 기도이다. 강력한 시작부분만으로도 이들의 외치는 소리가 하늘에 올라갔을 것이다. 강력한 첫 화음 뒤에 이어지는 장엄함이 압도한다. 끝부분에 가서 장엄함은 돌림노래 방식의 도입으로 경건함으로 이어진다. 1막 6장의 이피스의 아리아, “행복한 날들이 미소 짓는 새벽은”(No. 20. The smiling dawn of happy days)은 불길한 징조로 걱정하는 어머니를 위로하는 곡이다. 그런 만큼 매우 경쾌하고 가벼운 분위기로 어머니를 안심시킨다. 이때까지 이피스는 어려움을 모르는 순수한 처녀였던 것 같다. 이런 이피스가 나중에는 변하게 된다. 1막을 마무리하는 합창, “그분의 큰 목소리가 천둥처럼 울릴 때”(No. 22. When His loud voice in thunder spoke)는 전주와 반주 음악이 격렬하게 움직인다. 가사에는 천둥만 나오지만 마치 폭풍우도 있는 듯하다. ‘그분의 큰 목소리’가 얼마나 무시무시한지 충분히 느낄 수 있다.

2막은 하모르가 승전보를 알린 다음 이어지는 합창, “커룹과 사랍, 형체가 없으신"(No. 24. Cherub and seraphim, unbodied forms)으로 시작한다. 하모르에 의하면 전쟁이 시작했을 때 하늘에서 수천의 무장한 '커룹'이 내려왔다고 한다. 커룹과 사랍은 영미권에서 케루빔과 세라핌으로 알려져 있으며 가톨릭 교회에서는 천사 중 최고위층에 속한다. 이 합창곡은 처음에는 하늘에서 천사들이 내려오는 모습을 그리고 이후에는 이들의 전투하는 모습을 "그들이 회오리바람을 타고 폭풍을 이끌며" 싸웠다고 한다. 아버지를 맞이하는 이피스와 그녀의 친구들이 노래하는 "환영합니다, 기쁜 빛이"(No. 35. Welcome as the cheerful light)는 사랑스런 선율이 돋보이는 곡이다. 성경에 의하면 이피스가 "손북을 들고 춤을 추면서"(판관 11:34) 아버지를 맞이한다. 이 곡이 가보트라는 춤곡으로 되어 있는 이유가 있었던 것이다. 보통 빠르기의 2박자 계열 춤곡인 가보트는 바로크 춤곡으로 자주 등장하며 주로 춤모음곡의 한 악장으로 포함된다. 가보트 리듬을 반주로 노래하는 만큼 대표적인 바로크 아리아인 다카포 아리아 형식을 사용하지 않는다. 그 대신 춤곡 형식을 사용하는 데 뒤에 이어지는 합창단이 바로 춤 형식으로 노래한다. 이피스의 독창 부분에서 콜로라투라 선율이 사용된 단어를 보면 끝에서 둘째행의 '축복'(blessings)과 그 다음 행의 '승리'(triumphant)로 둘 다 화려하게 꾸밀만한 단어들이다. 단순하면서 소박한 춤음악에 맞춰 천진난만하게 아버지를 맞이하건만 큰 불행이 기다리고 있으리라고는 아무도 몰랐을 것이다.

2막 3장에서 입타가 마중 나온 딸을 보는 순간 절망하면서 부르는 아리아 "열이라 너의 치기운 입을, 무덤이여"

(No. 38. Open thy marble jaws, O tomb)는 으시시하고 어두운 분위기의 전주로 시작한다. 한마디로 입타의 죽고 싶은 심정을 노래하고 있다. 중간 부분에서 안정을 되찾는 듯싶지만 다시 감정이 격해지며 처음으로 돌아온다. 입타의 서약 내용을 들은 스토줴와 하모르, 체불이 입타와 함께 사중창을 부른다. 바로크 시대 성악음악에서 사중창은 자주 접하지 못한다. 이피스를 살려달라는 세 명의 선율은 간절하다 못해 애처롭다. 반면에 입타는 그들의 간청을 차갑게 거절한다. 입타의 선율만 들어보면 고집쟁이라는 느낌을 줄 정도로 자기 입장만을 내세운다. 2막은 유명한 합창곡, "얼마나 어두운가, 주님이시여, 당신의 명령이"(No. 48. How dark, O Lord, are Thy decrees)로 마무리된다. 앞서 언급한 대로 헨델은 나빠진 시력 때문에 이곡까지 작곡하고 휴식에 들어간다. 자신의 처지가 반영되었는지 어둠 속을 지나는 듯한 첫 부분에 이어 "우리의 모든 환희가 슬픔으로 변하고"를 노래하는 두 번째 부분은 비통함이 넘친다. "어떤 확실한 행복도, 어떤 견실한 평화도 우리 인간은 알지 못하네"를 노래하는 세 번째 부분은 끝에서 "존재하는 것은 무엇이든 옳다"(Whatever is, is right)라는 격언을 노래하며 끝난다. 헨델도 입타와 이스라엘인들처럼 자신의 처지를 받아들이겠다는 순명의 자세를 보여주는 것 같다.

3막에서는 끝에서 두 번째 곡인 5중창을 추천한다. 5중창이기는 하지만 2막의 4중창처럼 네 명의 등장인물이 자기 나름대로의 가사를 노래하며 진행하는 곡이 아니라 처음에는 이중창으로 시작했다가 중간과 끝에 가서 나머지 세 명이 합세하여 만들어지는 5중창이다. 언뜻 들으면 처음에는 이피스와 하모르의 사랑의 이중창처럼 들린다. 전체 곡의 절반 이상이 되는 지점까지 이피스와 하모르가 노래하며 가사의 구조도 전형적인 이중창이다. 이피스가 먼저 "나는 자유롭게 하느님께 의탁하네. 하모르의 모든 생각은 나의 것이네"라고 노래하면 같은 선율과 가사를 그대로 하모르가 부르다가 '하모르의 모든 생각' 대신에 '이피스의 모든 생각'으로 바꾼다. 보통 서로 의견이 일치하는 이중창에서는 이렇게 가사의 일부만 차이가 있다. 그래야 둘이서 함께 같은 가사를 노래할 수 있기 때문이다. 여기까지는 전형적인 사랑의 이중창이지만 지금 이들이 이런 노래를 할 때가 아니다. 이피스는 이제 영원히 처녀로 살아야 하기 때문이다. 이 둘의 이중창을 입타와 스토쥐, 체불 세 어른이 끼어들며 5중창이 된다. 셋이 동시에 같은 가사로 끼어들어 이들은 마치 하나의 인물처럼 노래한다. 어른들은 "너의 앞날은 승리의 기쁨으로 보답 받으며, 너의 이름은 영원히 찬양 받으리"이다. 그런데 이피스와 하모르의 이중창이 그 셋의 간섭에도 불구하고 멈추지 않고 지속된다. 다시 한 번 어른 세 명이 똑같은 가사로 끼어들기를 시도하고 이제는 둘의 이중창이 멈추며 다섯 명이 모두 같은 가사, 즉 어른들의 가사를 노래하며 마친다. 마치 계속 껴안고 있는 두 젊은이를 어른들이 떼어놓으려는 것처럼 다소 코믹하게 들릴 수도 있는 5중창이다.

오라토리오 끝난 후에

성경에는 입타와 그의 아버지 길앗 이외에는 그 누구의 이름도 나오지 않는다. 성경에서의 등장인불 중 이름은 없지만 입타의 이복형제들과 길앗의 원로들, 그리고 “입타의 딸”이 등장하며 헨델의 대본가는 이복형제들의 대표로 체불을 상정했고 딸에게는 이피스라는 이름을 부여했다. 반면에 입타의 부인과 이피스의 연인 하모르는 극적인 구성을 위해 완전히 고안된 인물들이다. 이렇게 하여 테너 입타와 메조소프라노 스토쥐가 짝을 이루고 소프라노 이피스와 알토 하모르가 짝을 이룬다. 체불은 남성 저음을 위해 만들어진 역이라고 할 수 있다. 하모르는 이피스의 연인이면서 입타와 함께 전쟁에 나가는 장수로 그려진다. 대본에 의하면 하모르는 전쟁에서 승리하여 이피스와의 결혼을 성사시키겠다고 한다. 앞에서 들었던 오라토리오 <여호수아>의 오트니엘과 악사를 연상시킨다. 그러나 <여호수아>와는 달리 <입타>에서 누구도 하모르에게 승리의 대가로 딸을 주겠다고 말한 적은 없다. 체불도 입타와 함께 암몬인들을 무찌르러 출동하지만 특별한 역할은 없다. 베이스 아리아 세 곡과 사중창에 참여하는 정도의 역할이 전부이다. 전체적인 줄거리는 성경과 대체적으로 일치하지만 입다와 암몬 사이의 주고받은 대화는 모두 빠져있다. 가장 큰 차이는 결말 부분이다. 성경에서는 입타의 딸은 실제로 번제물로 받쳐지지만 오라토리오에서 이피스는 천사의 개입으로 목숨을 건진다. 그러나 그녀는 영원히 처녀의 몸으로 살아야한다는 조건이 주어진다. 성경에서도 입타의 딸이 처녀로 죽어야 함을 특별히 강조한다. 죽거나 살거나 입타의 딸은 처녀로 생을 마감하는 것은 마찬가지이다. 이피스와의 결혼을 위해 목숨을 걸고 싸운 하모르는 어떻게 되는 건가? 하모르도 물론 이피스를 죽이지 말라는 천사의 말에 기뻐하며 입타에게 자기를 아들로 받아달라고 한다. 부인 이피스에서 여동생 이피스가 되지만 어쨌든 그녀와 가까이 지낼 수 있다는 선에서 만족한다.

성경의 입타 이야기는 헨델 외에도 여러 작곡가가 음악으로 만들었다. 독일 출신의 19세기 오페라 작곡가 마이어베어의 첫 오페라는 <입타의 맹세>였다. 이 오페라에는 입타 외에도 입타의 딸과 그녀의 애인, 그리고 하녀가 나온다. 헨델의 오라토리오처럼 술리마란 이름을 가진 입타의 딸과 그녀의 애인 아스마베트가 소프라노와 테너로 등장하여 전형적인 오페라의 한 쌍을 이룬다. 헨델과 마찬가지로 마이어베어의 대본가도 성경에는 없는 사랑 이야기를 추가한 것이다. 또 헨델과 마찬가지로 끝에 가서 입타의 딸은 죽지 않으며 해피엔딩으로 마무리한다. 반면에 17세기 이탈리아 오라토리오의 대표적인 작곡가인 쟈코모 카리시미의 <입타>는 성경의 내용을 매우 충실히 옮긴 작품이다. 등장인물로는 입타와 이름이 없는 '입타의 딸'만 나오고 나머지 부분은 합창이 처리한다. 카리시미의 오라토리오에서 입타의 딸은 성경처럼 제물로 바쳐진다.

입타 이야기의 핵심인 산 사람을 번제물로 바친다는 설정은 논란이 많은 문제였다. 어떤 이들은 번역의 문제를 제기했고 또 어떤 이는 실제로는 입타의 딸이 죽지 않았을 거라고 한다. 또 한편에서는 애초부터 경솔한 서약을 한 입타에게 내려진 벌이라고도 한다. 오라토리오에서 입타의 부인과 하모르, 체불은 "몰록 신의 잔인한 의식을 하느님께서 기뻐하시겠"느냐며 이 일을 이교도의 의식으로 표현한다. 여기서 이들이 몰록을 언급하는 데에는 그만한 근거가 있다. 몰록은 암몬(아모리)의 신으로 불과 관련되어 있다고 한다. 열왕기 하권에서도 "아무도 제 아들딸을 불 속으로 지나가게 하여 몰록에게 바치지 못하도록 하였다"는 말이 나온다.(2열왕 23:10, 예레 32:35에도 비슷한 대목이 나옴) 즉 자기 자식을 불에 태워 제물로 봉헌하는 일은 몰록과 같은 신을 믿는 사람들이나 하는 야만적인 짓이라는 주장이다.

이사악을 제물로 바치라는 하느님의 명에 순종하는 아브라함과는 차원이 다르지만 오라토리오에서는 입타를 아브라함과 같은 완전한 순종과 믿음을 지닌 인물로 칭송한다. 신약 성경 히브리서에서도 기드온, 바락, 삼손, 입타, 다윗과 사무엘에 대해 말하면서 이들을 '믿음으로 인정' 받았다고 말한다.(히브 11:32-40) 결과적으로 헨델의 대본가는 아브라함의 경우처럼 천사의 개입으로 딸은 살게 되고 그 대신 입타는 끝까지 하느님과의 약속을 지키고자 했던 믿음의 인물로 묘사함으로써 이 어려운 문제의 해결책을 찾은 것이다.

삼손 (Samson)

<삼손>이 초연된 해는 1743년이지만 헨델이 이 오라토리오 작곡에 착수한 것은 <메시아>를 완성한 직후인 1741년 9월이었다. 이후 헨델은 더블린의 초청을 받아 <메시아>를 그곳에서 초연하느라 <삼손>을 마무리 짓지 못하고 해를 넘겨 1742년 10월에 완성하여 그 다음 해에 초연하게 된 것이다. <메시아> 작곡 완료가 9월 14일이었고 <삼손> 작곡에 착수한 날짜가 9월 29일이었다. 너무도 다른 오라토리오의 두 명곡이 거의 동시에 헨델의 머리 속에서 맴돌았다는 것이 신기하다. <메시아>는 극중 인물도 없고 이야기의 진행도 없는 성경의 말씀을 그대로 가져온 오라토리오이고 <삼손>은 정반대로 그의 오라토리오 중에서 가장 오페라와 가까운 작품이며 우리 시대에는 오페라처럼 공연된 적도 있다.

1741년 헨델은 그 전 해에 완성한 마지막 이탈리아 오페라 <데이다미아>를 초연 한 후로 오페라를 완전히 포기한다. 오페라에서 오라토리오로 바뀌는 시점이 온 것이다. 헨델이 영어 오라토리오만으로 시즌을 운영하기 위해서는 영국 출신 성악가 확보가 절대적으로 중요했다. 첫 공연 때 캐스팅을 보면 테너 삼손 역의 존 비어드와 소프라노 들릴라 역의 캐서린 클라이브는 모두 영국 성악가였고 그 외에도 다른 주요 역할에도 모두 영국인 캐스팅을 할 수 있었다. 이들의 헨델과의 관계는 오페라 시절로 거슬러 올라간다. 영국 성악가들이 이탈리아 오페라와 영어 오라토리오를 모두 소화해 낼 수 있었던 반면에 이탈리아 성악가들은 영

어 노래에 적응하지 못했다. 그래서 오페라와 오라토리오가 같이 공존했던 1733년 시즌과 같은 때에는 영어 오라토리오를 영국 성악가들은 영어로 이탈리아 성악가들은 이탈리아어로 불렀다고 한다. 그러나 이제 주요 역할을 모두 영국인이 할 수 있는 시점이 왔고 런던 청중도 이탈리아 오페라에 대한 관심이 떨어지고 있었던 이 시기에 헨델은 오페라를 포기할 수 있었다.

그 결과 중요한 변화가 생겼다. 이탈리아 오페라에서는 이탈리아 소프라노와 카스트라토가 가장 중요한 흥행 요인이었다. 그런데 영어 오라토리오로 시즌을 운영하면서 헨델은 자연스럽게 카스트라토가 필요 없어졌고 그 대신에 테너가 중요해 진다. 유럽의 다른 지역보다 테너의 중요성이 빠른 시기에 온 것이다. <삼손> 초연 때 삼손 역을 맡았던 존 비어드는 매우 뛰어난 테너였다고 한다. 비어드는 1734년에 헨델의 작품으로 데뷔한 이래 헨델이 죽을 때까지 그의 가장 중요한 테너였다. 테너와 소프라노가 주인공인 오페라 같은 오라도리오가 가능해졌으니 굳이 이탈리아말로 오페라를 작곡할 필요도 없었을 것이다.

오라토리오 시작 전에

판관 삼손의 이야기는 판관기(사사기) 13장부터 16장까지, 총 네 개의 장을 차지한다. 이는 판관 중에 기드온을 제외하면 가장 길다. 삼손은 단 지파 마노아의 아들로 태생적 나지르인(나실인)에 해당된다.(판관 13:4-5) 태생적 나지르인에게는 특별한 재능이 주어지는데 사무엘이 예언에 대한 능력을 받았다면 삼손은 강인한 힘을 하느님으로부

렘브란트의 〈장님이 된 삼손〉. 머리카락이 잘린 삼손을 잡기위해 무려 다섯명의 필리스티아(블레셋) 군인들이 동원되었다. 삼손을 껴안은 병사의 철모가 벗겨질 정도로 삼손의 저항이 심했음을 짐작케 한다. 극적인 장면을 연출한 렘브란트의 상상력이 감탄스럽다. 왼쪽과 오른쪽에 칼을 들고 있는 이들의 눈매가 매섭다기보다는 겁먹은 듯한 느낌도 든다. 아름다운 용모를 지닌 들릴라의 표정이 흥미롭다. 성공했다는 생각에 미소를 짓는 것 같기도 하고 겁에 질린 표정 같기도 하다. 삼손의 머리카락과 가위를 든 두 손과 그녀의 몸짓은 바깥을 향하고 있다. 아마도 들릴라는 곧바로 밖으로 나가 삼손을 다시는 보지 않았을 것이다. 그녀가 향하는 바깥은 가장 밝게 처리되었다. 이 밝은 빛을 삼손은 영원히 보지 못하게 될 것이다. 이미 한 병사의 칼이 삼손의 눈을 찌르고 있고 나머지 눈도 마찬가지 운명을 맞이할 것이다. 적에 포로가 되어 장님이 된 유다왕국의 마지막 왕 치드키야(2열왕 25:7)가 떠오른다. 오라토리오 〈삼손〉의 1막 2장에 나오는 삼손의 아리아 "완전한 어둠이여! 태양도, 달도 없네"는 장님이 된 주인공의 슬픔을 고스란히 담고 있다.

터 받은 셈이다. 삼손은 "새끼 염소를 찢듯이" 사자를 간단히 처치하며(판관 14:6), '당나귀 턱뼈' 하나로 필리스티아인(블레셋인) 천 명을 쳐 죽였다.(판관 15:15) 그러나 그의 어마어마한 힘은 들릴라에 의해 무기력해 진다. 삼손은 소렉 골짜기에서 들릴라를 처음 만나게 되고 그녀와 사랑에 빠진다.(판관 16:4) 필리스티아인들은 이 소식을 듣고 들릴라에게 삼손의 힘이 어디서 나오는지 알아내달라며 그녀를 매수한다. 세 번의 끈질긴 시도 끝에 힘의 비밀을 알아낸 들릴라는 삼손이 잠든 사이에 그의 머리카락을 자르고 그 틈을 이용해 필리스티아인들이 급습하여 힘을 잃은 삼손을 포박하고 두 눈을 멀게 만들고는 가자에 있는 감옥에 투옥시킨다.

판관기의 삼손 대목은 두 개의 다른 이야기가 연결되어 있다. 보통 판관기는 한 판관의 이야기를 끝맺을 때 몇 년 동안 판관으로 있었다는 구절이 나온다. 그런데 삼손 이야기에서는 이 구절이 두 번 나온다. 자기의 아내 때문에 생긴 일이 마무리된 이후인 15장 20절에 20년 동안 판관으로 있었다고 하여 마치 이 지점에서 이야기가 끝나는 듯한 느낌을 주지만 삼손의 이야기는 이번에는 들릴라가 등장하며 다시 한번 반복되며 이 두 번째 이야기의 끝인 16장 31절에도 삼손은 20년 동안 판관으로 일했다는 내용이 나온다. 두 이야기 모두 삼손이 여인을 만나며 생기는 일이며 여인의 계속되는 요청을 거절하지 못하고 정답을 말해주는 삼손의 모습을 볼 때 같은 이야기의 다른 버전일 가능성이 높다. 삼손이 머리카락을 자르면 안 되는 이유가 있다. 앞서 밝힌 대로 삼손은 나지르인, 즉 주님에게 봉헌된 사람인 것이다.

민수기 6장에 의하면 나지르인은 포도주와 독주를 금하고 죽은 사람과 접촉해서도 안 되며, 머리카락을 자르는 것도 금지되어 있다. 판관기에 의하면 삼손은 이 세 금기 사항을 지키지 못한다.

첫 번째 이야기에서 삼손은 팀나에서 필리스티아 연인을 만났다고 하는데 팀나에 포도밭이 있었고 결혼 잔치를 벌였을 때 포도주 또는 그와 연관된 음식을 섭취했을 가능성이 높으며 죽은 사자 시체에서 꿀을 따 먹은 것도 금기 사항에 속할 것이다(판관 14:5-10). 두 번째 들릴라 이야기에서도 우리는 금기 사항을 어겼을 가능성을 보게 된다. 들릴라가 사는 곳이 소렉 골짜기이다(판관 16:4). 소렉 골짜기는 이스라엘의 유명한 포도주 산지였다고 한다. 얼마 전에 이 골짜기에서 고대의 것으로 보이는 포도주 공장이 발견되었다고 하니 삼손이 들릴라와 놀면서 포도주를 접했을 가능성이 높은 것이다. 오라토리오 <삼손>은 그가 이미 장님이 되어 감옥에 갇힌 장면부터 시작한다. 따라서 전체 이야기 중에 마지막 일부만을 사용하여 대본을 만든 것이다. 이 대본의 원작은 영국의 시인이며 극작가인 존 밀턴의 <투쟁가 삼손>을 기초로 만들어졌다. 그러므로 이러한 구상은 헨델의 대본가인 해밀턴이 아니라 밀턴에서 비롯된 것이다.

등장인물과 줄거리

삼손(테너)
들릴라(삼손의 부인, 소프라노)
미카(삼손의 친구, 알토)
마노아(삼손의 아버지, 베이스)
하라파(필리스티아 거인, 베이스)

1막

[1장] 장님이 된 삼손이 감옥에 갇혀있고 궁에서는 다곤의 사제들이 축제를 벌이고 있다.(판관 16:23) "너희 가자 사람들아, 악기를 가져오라. 장엄한 찬미가와 즐거운 노래를 불러라. 모두 다곤을 찬양하리라." 삼손은 자신의 처지를 한탄한다. "하느님께서 성별한 사람이라고? 배반당하고 잡혀 주게 된다면... 적들의 멸시를 받으면서? 아! 비참한 일이여!" [2장] 미카가 들어와 삼손의 비참한 모습에 슬퍼한다. "이 사람이 그 영웅, 삼손이란 말인가? 사자가 어린 아이를 물어뜯듯이 사자를 찢어버리는 그 영웅이란 말인가? 한때는 이스라엘의 영광이었으나 이제는 슬픔이 되었네. 친구여, 잘 있었는가?" "보지 못하는 것이 제일 괴롭네. 거지보다, 나이 먹는 것보다, 쇠사슬보다 더 괴롭네. 내 이 영혼이 어둠 속에 살아야 하다니." 삼손은 못된 여인에게 속은 자신이 볼 수 있다한들 고개를 들고 다닐 수 있겠느냐며 자책하고 미카는 누구나 실수를 한다며 위로하면서도 같은 민족의 여인과 결혼하지 않은 것이 잘못된 일이라 생각한다. [3장] 마노아가 들어와 삼손의 비참한 모습을 보며 충격 받는다. "나는 아이를 달라고 기도했고 아들을 얻었지. 내 아들을 보고 모두들 나에게 축복했었지. 하지만 이제 누가 그 아버지가 되고 싶어 하겠는가?" "모든 게 저의 잘못입니다. 하느님께서 내려주신 신비를 더럽힌 자는 바로 저입니다. 이 영광을 우상에게 바치고 이스라엘에게는 치욕을 주고 우리의 진정한 주님을 불명예스럽게 했으니..." 미카가 삼손을 위로한다. "우리의 하느님께서 당신의 거룩한 이름을 입증해 주시리. 진정한 신은 다곤이 아니라 주님이란 것을 의심하지 말

게나.” 마노아는 안타깝다. “내 사랑스런 아들이 이렇게 무시당한 채 이 역겨운 처지에 놓여있어야 한단 말인가? 그렇지만 내 아들아, 주어진 목숨을 거절하지 마라. 너를 석방시키기 위해 사람들을 만나고 있으니 기다려라.” “제가 뭐 때문에 살아야 하나요. 모든 희망이 날아갔어요. 죽음만이 저의 고통을 끝내줄 거예요.” 미카와 이스라엘 사람들이 삼손을 위로한다.

2막

[1장] 마노아는 삼손의 옛 영광을 상기시키며 아들을 위로하지만 삼손은 계속 자책하며 괴로워한다. “시냇물이 흐르고 샘이 있는 곳이면 저는 물을 마셨고 포도주를 마시는 사람을 부러워하지도 않았어요. 그러나 그 보다 더 강한 유혹을 물리칠 수 있는 절제력이 모자랐어요.” “그래도 주님을 믿어라. 너를 석방시킬 준비를 하고 있으니까. 주님께서 인간에게 계획하시는 일은 그 누구도 알지 못하리. 종국에는 정의로움을 축복하시리.” “희망이 없어요. 빨리 죽기만을 바래요.” 미카는 이스라엘 사람들과 삼손을 위해 기도한다. “돌아오소서. 주님이시여! 절망에 싸인 당신의 종을 보소서.” [2장] 미카가 들릴라가 시녀들을 이끌고 들어온다고 알려준다. “내 부인이? 그 배신자! 가까이 오지 못하게 해.” “주저하는 발길로 당신께 왔어요. 삼손, 저의 잘못을 속죄하려고요.” “사악함이 당신을 여기로 데리고 왔겠지. 모든 약속을 저버리고, 후회하고, 속이고, 얌전하게 굴고, 이게 당신처럼 못된 여인이 지닌 기술이 아닌가?” “그러면 당신은 왜 여인의 연약함을 믿으셨나요? 우리 둘 다 잘못한 점이 있

었으니, 서로 용서하면 어때요?" "쓰라린 책망이군. 그래 맞소. 나는 나의 잘못을 용서할 터이니 당신은 당신 잘못이나 용서하시오." 들릴라와 함께 온 한 여인이 삼손을 유혹하기 시작한다. "홀로 남은 거북이가 애처로운 노래와 사랑에 굶주린 소리로 울지요. 그 거북이는 따분한 과부의 밤을 보낸답니다. 그러나 그녀의 짝이 돌아오면 두 배의 황홀함으로 타오르죠. 이 사랑의 목소리를 들어보세요. 인생은 짧아요. 허비할 시간이 없지요. 눈으로 볼 수는 없어도 다른 감각으로 즐거움을 맛보면 되지요." 함께 따라온 여인들이 들릴라에 합세하며 들릴라의 진심을 믿어달라고 간청한다. 삼손은 좀처럼 흔들리지 않는다. "사랑을 배신한 여인이여! 더 이상 그대의 말을 듣지 않겠소." [3장] 들릴라와 여인들이 떠나자 지켜보고 있던 미카가 안도의 한숨을 내쉰다. [4장] 거인 하라파와 필리스티아 사람들이 들어온다고 미카가 삼손에게 알려준다. "나는 갓 사람 하라파라고 하오. 그대의 거대한 힘에 대해 많이 들었소. 나하고 힘겨루기를 해보면 어떨까? 아니지, 장님하고 싸우는 일은 떳떳한 일이 아니지." "좋다! 무기와 창을 들고 내 가까이로 오라! 나의 힘은 살아계신 주님께서 주신 것이다!" "노예로 잡힌 너와는 싸울 가치도 없다." "가라! 비겁자야! 나의 분노가 너를 쓰러뜨리리라!" "너의 신을 들먹이지 마라. 가장 필요할 때 너에게 힘도 주지 못하는 신을..." 이스라엘인들은 여호와를 외치고 필리스티아인들은 다곤 신을 외치며 서로 맞선다. "여호와께서 세상을 지배하신다." "위대한 다곤 신께서 세상을 지배하신다." "여호와!" "다곤!"

3막

[1장] 돌아갔던 하라파가 급히 달려와 다곤신을 위한 축제장에 삼손이 나오라는 명이 떨어졌다고 알린다.(판관 16:25) "이 장엄한 축제를 위해 그대의 힘을 관중들 앞에서 보여주라는 명이요." "나는 히브리인이다. 그대들의 종교 의식에 내가 참석하는 것은 우리 율법에서 금지하고 있소." 하라파는 다곤 사제들을 화나게 하면 좋지 않은 일이 생길 거라며 협박하고는 돌아간다. 미카가 삼손을 설득하지만 삼손은 주저한다. "이 성별된 선물인 힘을, 머리카락이 자라면서 다시 생겨나는 이 힘을 그들의 신을 위해 뽐내야 한단 말인가! 성스러운 것을 우상들에게 팔아 넘겨야 한단 말인가!" 삼손은 점점 힘이 솟구치는 것을 느끼고는 그들의 축제에 가겠다고 생각한다. 하라파가 삼손을 두 번째로 소환하러 왔다. "좋소, 가겠소. 형제들이여 잘 있으시오. 나는 우리 율법에 어긋나는 그 어떤 일도 하지 않을 것이오." 미카가 삼손이 다시 민족을 위해 일어서주기를 기도한다. "이스라엘의 신성한 주님께서 그대의 안내자가 되기를..." [2장] 삼손은 떠나고 미카와 마노아가 소식을 기다린다. 멀리서 필리스티아인들이 외치는 소리가 들린다. "위대한 다곤께서 우리의 적을 정복하셨네. 그들이 자랑하는 영웅을 비천하게 만드셨네." 미카와 마노아는 삼손이 그들 앞에서 치욕을 당하는 모습을 떠올리며 괴로워한다. 갑자기 동요하는 소리가 들려온다. "맙소사! 이게 무슨 소리란 말인가?" 필리스티아인들이 고통스러워하는 소리가 들려온다. 미카가 놀란다. "마치 온 세상의 집들이 무너지는 듯한 소리예요." 마노아는 삼손이 죽었나고 생각한다. "맞아, 멸망이야. 그 놈들이 내 아들

을 죽인 거야." [3장] 이 때 한 히브리인이 헐떡이며 달려온다. "가자도시는 그대로 있지만 가자의 모든 이들이 죽었습니다." 마노아가 묻는다. "우리한테 슬픈 일은 아니네. 그런데 누가 그랬단 말인가?" "삼손입니다." "슬픔이 아니라 기쁨이네!" "그런데 슬픈 일이... 삼손이 죽었습니다." 마노아는 절망하면서도 대가를 치른 것이라 위안한다. "모두들 삼손을 보러 모였는데 삼손이 궁정 건물을 무너뜨렸습니다."(판관 16:30) 마노아와 미카는 삼손이 영광스럽게 죽었다며 그를 위한 장례식을 준비한다. 이스라엘인들이 삼손의 시신을 들고 입장한다. 여인들이 그의 주검에 꽃잎을 뿌린다. "영광스러운 영웅이여, 그대의 무덤에서 평화와 명예가 영원하기를...그 모든 고통과 저주를 뒤로 하고 영원한 안식을 누리소서." 장례식이 끝나자 마노아가 이스라엘인들에게 슬퍼할 일만은 아니라며 환희의 노래를 부르자고 제안한다.

감상하기

2막 2장. 이중창과 합창, "나의 신의와 신실, 삼손이여, 알아주세요." CD1/14

Dalila	들릴라
My faith and truth, O Samson, prove,	나의 신의와 진실, 삼손이여, 알아주세요.
But hear me, hear the voice of love!	제 말을, 이 사랑의 목소리를 들어주세요.
With love no mortal can be cloy'd,	누가 사랑을 지겹다고 하겠어요.
All happiness is love enjoy'd.	모든 행복은 사랑을 즐기는 데서 오지요
Philistine Woman	필리스티아 여인
Her faith and truth, O Samson, prove,	그녀의 신의와 진실, 삼손이여 알아주세요.

But hear her, hear the voice of love!	저 말을, 저 사랑의 목소리를 들어주세요.
Chorus of Virgins	여인들의 합창
Her faith and truth, O Samson, prove	그녀의 신의와 진실, 삼손이여 알아주세요.
But hear her, hear the voice of love!	저 말을, 저 사랑의 목소리를 들어주세요.

이 곡은 들릴라가 그녀의 친구들과 함께 삼손을 찾아와 그를 유혹하는 내용으로 주의 깊게 들어보면 들릴라가 얼마나 집요한 여인인지 알 수 있다. 먼저 들릴라가 자신의 진심을 알아달라고 길게 혼자 노래한다. 여기서 헨델이 반주를 어떻게 하고 있는지 들어보자. 헨델은 반주 악기 소리가 들릴라의 노래에 방해가 되지 않도록 최대한 배려하고 있다. 그 이유는 들릴라는 눈먼 삼손을 자극하기 위해 청각을 타겟으로 삼아 삼손에게 자기 "목소리를 들어"달라고 말하는 부분이 정확하게 전달되어야 하기 때문이다. 그래서 특히 내 말을 들어 달라는 가사 '히어 미'(또는 히어 허, hear me/hear her) 부분에서는 아예 반주 악기가 침묵을 지키고 있다. 들릴라의 독창에 이어 그녀의 친구가 함께 이중창을 시작한다. 이제는 두 여인의 목소리가 삼손의 귀를 자극한다. 둘이서 합동으로 '들어 달라'는 말을 할 때에는 그 자극이 극에 달해 현기증을 일으킬 정도이다. 들릴라는 여기서 멈추지 않고 친구들을 동원하여 합창으로 삼손에게 집요하게 접근한다. 이 곡을 감상하는 가장 좋은 방법은 삼손처럼 눈을 감고 듣는 것이다. 이런 유혹에도 넘어가지 않는 것을 보면 삼손이 자신의 잘못을 진심으로 뉘우치고 있음을 알 수 있다.

3막 3장. 독창과 합창, "거룩한 영웅이여, 부디 그대 무덤에." CD1/15

Manoah	마노아
Glorious hero, may thy grave	거룩한 영웅이여, 부디 그대 무덤에
Peace and honour ever have;	평화와 명예가 영원하기를.
After all thy pain and woes	그 모든 고통과 비애를 뒤로하고
Rest etemal, sweet repose!	영원하고 달콤한 안식이 있기를!
Israelites	이스라엘인들
Glorious hero, may thy grave	거룩한 영웅이여, 부디 그대 무덤에
Peace and honour ever have!	평화와 명예가 영원하기를.
Israelite Woman	이스라엘 여인
The virgins too shall on their feastful days	여인들도 그들의 축제일에
Visit his tomb with flow'rs, and there bewail	그대 무덤 찾아와 꽃을 뿌리며 슬퍼하리
His lot unfortunate in nuptial choice.	부인을 잘못만난 그대의 불행한 운명을
Virgins	여인들
Bring the laurels, bring the bays,	월계관을 가져오고 월계수를 가져와서
Strew his hearse, and strew the ways!	그의 관에, 그가 가는 길에 뿌려라
Israelite Woman	이스라엘 여인
May ev'ry hero fall like thee,	모든 영웅이 그대처럼 쓰러지기를
Through sorrow to felicity!	슬픔에서 경사로
Virgins	여인들
Bring the laurels, bring the bays	월계관을 가져오고 월계수를 가져와서
Strew his hearse and strew the ways!	그의 관에, 그가 가는 길에 뿌려라

Israelites	이스라엘인들
Glorious hero, may thy grave	거룩한 영웅이여, 부디 그대 무덤에
Peace and honour ever have,	평화와 명예가 영원하기를.
After all thy pains and woes,	그 모든 고통과 비애를 뒤로하고
Rest eternal, sweet repose!	영원하고 달콤한 안식이 있기를!

삼손이 영웅답게 죽은 후에 마노아와 이스라엘인들은 삼손을 위한 장례식을 진행한다. 이 곡은 바로 그 장례음악으로 경건함과 비통함이 동시에 느껴지는 명곡이다. 먼저 마노아가 아들을 위한 추모사를 노래하면 곧바로 이스라엘인들이 마노아의 노래를 에코처럼 받아 조용히 앞부분만 반복한다. 추모사는 계속된다. 이번에는 한 여인이 나서서 독창으로 노래하는데 마노아처럼 아리아 같은 선율이 아니고 낭송조로 노래한다. 이어서 여인들이 마노아의 선율을 합창으로 노래하며 비통함이 더해진다. 계속해서 한 여인이 독창으로 마지막 추도사를 역시 낭송조로 노래한 다음 여인들은 같은 합창을 반복한다. 여기까지 여인들이 합창을 노래하는 동안 반주 악기는 최소한으로 사용되어 거의 없다고 할 수 있다. 이렇게 아껴두었던 악기들을 마지막 합창 부분에서 장엄하게 울리게 하여 마치 참고 있던 눈물이 쏟아지는 듯한 효과를 가져 온다. 여인의 유혹에 넘어가 장님이 된 상태로 연자방아를 돌리는 신세가 된 삼손! 그러나 새롭게 생겨난 힘을, 아직은 예전 같지 않았겠지만 그래도 사력을 다해 돌기둥을 뽑아버리며 자신도 함께 죽음을 택한 삼손! 이 불운의 영웅을 위한 장례 음악으로 이 이상을 기대할 수 없을 것이다. 합창이 끝나고 악기로 연주되는 조용한 마무리는 슬픔을 정리하는 시간을 준다.

감상 추천곡

3개의 짧은 곡으로 구성된 서곡은 헨델이 뛰어난 기악음악 작곡가라는 점을 상기시킨다. 첫 곡은 붓점 리듬으로 보통 빠르기로 경쾌하게 진행하고 중간 곡은 빠른 선율로 서로 쫓아가듯이 급하게 몰아친다. 마지막은 3박자의 춤곡 미뉴에트이다. 거의 하이든의 미뉴에트를 연상시킬 정도로 고전주의 분위기를 들려준다. 1막은 삼손의 짧은 레치타티보로 시작하며 곧이어 등장하는 필리스티아인들의 합창곡, "트럼펫의 높은 소리를 울려라"(No. 3. Awake the trumpet's lofty sound)는 다곤 신전에서 벌어지는 축제를 알리는 음악이다. 가사의 트럼펫 소리가 울리며 필리스티아인들이지만 멋진 합창곡을 노래한다. 이 합창곡은 필리스티아 여인과 남자의 독창과 번갈아 가며 마치 큰 연회장에서 군중이 노래하면 그 중 한명의 여인이 노래를 하고 다시 합창이 반복하는 방식으로 진행한다. 이 장면에 나오는 세 곡의 아리아는 모두 추천할 만하다. 필리스티아 여인의 아리아, "너희 가자 사람들아 이곳으로 가져오라"(No. 4. Ye men of Gaza, hither bring)는 뛰어난 선율을 자랑하는 곡이다. 여기서 가자는 지금의 팔레스타인 가자 자치지구를 뜻한다. 오래전부터 이스라엘은 이곳 주민들과 부딪혔던 것이다. 다음은 필리스티아 남자의 아리아 "천둥의 무서운 목소리처럼 찬미하라"(No. 5. Loud as the thunder's awful voice)와 다시 앞의 여인이 "이제 슬픔을 버리고"(No. 6. Then free from sorrow)라는 아리아가 이어진다. 남성이 축제의 흥겨움을 노래하고 있다면 여성은 좀 더 경건한 느낌을 준다. 헨델 오라토리오 중에 이 민족을 위해 이렇게 멋진 선율을 할당한 경우는 많지 않다.

1막 2장 삼손의 아리아 “완전한 어둠이여! 태양도, 달도 없네”(No. 12. Total eclipse! No sun, no moon!)는 다소 어렵게 들릴 수도 있지만 가사를 음미하며 들으면 이 곡의 참맛을 느낄 수 있다. 장님이 되어 빛을 완전히 잃어버린 삼손의 절망감이 아프게 다가온다.

2막 1장 끝에 미카는 절망하는 삼손을 위해 이스라엘인들과 함께 기도한다. 미카가 먼저 아리아, “돌아오소서, 만군의 주님이시여!”(No. 34. Return, O God of hosts)를 노래하면 뒤따라 이스라엘인들이 합창한다. 합창이 끝날 무렵 미카의 첫 선율이 다시 돌아오며 이번에는 합창과 함께 기도한다. 독창과 합창이 적절히 조화를 이루는 뛰어난 기도 음악이다. 2막 2장 삼손을 찾아온 들릴라는 간드러진 바이올린 독주의 전주에 이어 매우 매력적인 아리아, “애처로운 노래로, 요염한 신음소리로”(No. 36. With plaintive notes and am'rous moan)를 부른다. 혼자가 된 거북이를 자기의 처지에 비유하며 노골적으로 삼손을 유혹한다. 들릴라의 솜씨가 보통 아니다. 그럼에도 삼손은 이번에는 넘어가지 않는다. 삼손의 아리아, “너의 매력에 이끌려 멸망의 길로 갔네”(No. 38. Your charms to ruin led the way)는 들릴라에 대한 심한 질책보다는 “내 탓이오”를 노래하는 아리아인만큼 자책과 동시에 강한 의지를 드러내는 곡이다. 위에서 감상한 들릴라와 그녀의 친구들이 합창으로 삼손을 유혹한 후에 들릴라는 다시 한번 자신이 직접 나선다. 아리아 “당신의 정원을 떠다니는 쾌락으로 채우세요.”(No. 42. To fleeting pleasures make your court)는 매우 자신감 넘치는 전주로 시작한다. 들릴라의 선율도 확신에 찬 듯하다. 사실 이 정도 했으면 삼손이 넘어갈 만도 하다. 오라토리오 <삼손>에서는 이중창이 두 번 나오며 특이하게도 모두 대결의 이중창이다. 즉 둘의 사이가 사랑이 아니라 대결 상태인 것이다. 들릴라와 삼손의 이중창 "사랑의 배신자, 더 이상 애걸하지 않으리"(No. 44. Traitor to love! I'll sue no more)는 들릴라가 먼저 노래하고 삼손이 같은 선율을 따라한 다음 둘의 본격적인 대결이 진행된다. 서로 상대방의 말에 끼어들며 방해한다. 그래도 멋진 이중창이다. 특히 흥미로운 것은 이 이중창이 끝나면서 들릴라는 물러나는데, 이중창이 끝나자마자 곧바로 미카의 레치타티보로 쉬지 않고 이어진다. 마치 "휴, 이제 갔네!"(She's gone!)라는 식의 안도의 느낌이 절묘하게 전달된다. 헨델은 이중창의 끝과 다음 레치타티보가 바로 이어지게끔 만들어 그 효과를 배가시킨다. 미카는 계속해서 아리아, "그건 미덕도, 용기도, 재치도 아니네"(No. 46. It is not virtue, valour, wit)를 노래한다. 다카포 아리아로서 중간 부분이 분명하게 구분되는 곡이다.

2막 4장에 등장하는 하라파는 자신의 힘을 자랑하는 "명예와 무력이 강한 적을 경멸하네"(No. 50. Honour and arms scorn such a foe)는 전형적인 베이스 아리아이다. 베이스 독창곡에서 성악가는 악기 반주의 저음 선율을 함께 노래하는 경우가 많다. 성악가와 악기의 선율이 중복되면서 힘이 들어간다. 거인의 육체를 지녔지만 선율이 위 아래로 직선적으로 움직이는 부분이 많아 단순무식한 느낌도 든다. 이번에는 삼손과 하라파가 이중창, "가라, 허둥대는 겁쟁이야, 가라"(No. 54. Go, baffled coward, go)로 힘겨루기를 한다. 음악으로 누구의 힘이 더 센지 감지할 수 있다. 삼손이 먼저 노래한 다음 유사한 선율을 하라파가 따라 부른다. 이후 전개되는 음악에서 삼손의 선율은 거침이 없다. 자신의 생각대로 노래하고 이끌고 나간다. 반면에 하라파는 선율이 자주 끊기고 조각난다. 확실하게 삼손에게 밀린다는 생각이 든다. 끝에 가서도 삼손은 지치지 않고 계속 노래하지만 하라파는 세 마디 전에 이미 멈춘다. 거인에게 밀리지 않는 것을 보니 어느덧 삼손의 머리카락이 자라 힘이 다시 생겼음을 짐작할 수 있다. 이스라엘 사람들의 합창, "들으소서, 야곱의 주님, 여호와시여, 들으소서"(No. 56. Hear, Jacob's God, Jehovah, hear)는 하느님께 자기들을 구원해달라는 간절한 기도의 합창곡이다. 2막의 마지막 곡인 독창과 합창 "영원한 권좌에 좌정하신"(No. 60. Fix'd in his everlasting seat)은 이스라엘인들과 필리스티아인들이 서로 자기네들의 신을 자랑하는 합창이다. 합창단이 둘로 나뉘어 한 쪽은 여호와를, 다른 쪽은 다곤을 외친다.

3막 1장의 합창, "천둥으로 무장하신 위대한 주님이시여, 일어나소서"(No. 64. With thunder arm'd, great God, arise!)는 이스라엘인들이 노래하는 강력한 곡이다. 붓점 리듬이 지배하는 천둥치는 듯한 분위기의 첫 부분과 삼손을 구해달라고 간청하는 가운데 부분이 분명하게 구분된다. 이민족의 축제에 놀림감으로 출두해야 하는지를 놓고 고민하던 삼손이 결심하면서 아리아, "이렇게 태양이 물속의 침상으로부터"(No. 67. Thus when the sun from's wat'ry bed)를 노래한다. 자신의 죽음을 예견하는 듯 큰 일을 앞두고도 매우 침착하고 평온한 마음을 노래한다. 3막 2장에서 필리스티아 사람들이 삼손의 등장을 보며 자신들의 다곤 신을 찬양한다. 먼저 필리스티아 남자가 아리아, "위대한 다곤께서 우리의 적을 복종시키셨네"(No. 71. Great Dagon has subdu'd our foe)를 노래하면 이어서 합창단이 같은 선율에 변화를 주며 반복한다. 1막에서와 마찬가지로 이민족들의 노래치고는 우아함까지 지닌 곡이다. 3막3장의 장송행진곡은 삼손이 죽은 후에 그의 관을 들고 들어오며 연주되는 곡이다. 헨델은 이같은 행렬 음악에는 일가견이 있다. 장송행진곡인 만큼 빠르기는 매우 느리며 금관악기와 목관악기 부분이 분명히 대조를 이룬다. 오라토리오의 끝 곡은 늘 그렇듯이 화려한 합창음악이 차지한다. 바로 앞에서 삼손의 장례식 장면이 있었지만 비극적인 분위기를 유지하는 것이 아니라 그 반대로 기쁨을 노래한다. 이 당시 오페라는 대부분 해피엔딩이었다. 그 관습이 오라토리오에도 적용되어 다소 급작스럽지만 끝은 이스라엘인들의 승리를 기쁘게 노래하는 것이다. 먼저 이스라엘 여인이 아리아 "빛나는 세라핌이 강렬한 소리로"(No. 86. Let the bright seraphim in burning row)를 노래하면 합창단이 "그들 천상의 음악이 모두 힘을 보아"(No. 87. Let their celestial concerts all unite)로 화답한다. 두 곡 모두 트럼펫이 강하게 울리며 화려함을 더한다.

오라토리오 끝난 후에

성경과 일치하는 등장인물은 삼손과 들릴라, 마노아 뿐이다. 나머지는 원작자와 대본가가 추가한 인물들이다. 밀턴은 성경에는 없는 거인 하라파를 등장시킨다. 밀턴에 의하면 하라파는 골리앗과 같은 거인이라고 한다.(<투쟁가 삼손>의 1248-49행) 오라토리오에서 이 거인은 2막과 3막에 걸쳐 감옥에 갇힌 비참한 삼손에게 결투를 신청하는 등 삼손을 더욱 치욕적으로 만드는 역할을 한다. 성경에도 없고 원작에도 없는 미카는 대본가가 만든 인물이다. 미카라는 이름은 성경의 삼손 이야기 바로 뒤에 나오지만 같은 인물은 아니다. 성경에는 미카가 삼손의 친구라는 암시가 전혀 없다. 그러면 대본가는 왜 미카를 필요로 했을까? 밀턴의 원작은 일종의 독서용 연극이라고 한다. 무대 공연 용이 아니라 소설처럼 읽기 위한 연극인 셈이다. 그런데 이를 공연용 오라토리오로 옮기면서 어려운 점이 발생했으리라 짐작된다. 그 어려운 점이란 상황을 글로 일일이 설명할 수 있는 소설처럼 오라토리오도 상황 설명을 해 줄 역할이 필요하다. 이를 위해 보통 오라토리오에서는 테스토(testo)라고 하는 해설자가 등장하는데 헨델은 이 테스토를 활용하지 않기 때문에 극중 상황을 설명해 줄 인물이 필요했던 것이다. 더욱이 삼손이 장님이라면 주변에서 벌어지는 일을 삼손이 직접 눈으로 확인하기 어려운 점도 감안되었을 것이다. 그래서 미카는 1막 2장부터 등장하여 오라토리오가 끝날 때까지 한시도 극 안에서 사라지지 않는다. 미카는 삼손 곁에서 그를 위로하기도 하고 삼손에게 어떤 일이 벌어지고 있는지를 전하는 삼손의 '눈' 역할을 한다.

오라토리오의 들릴라는 삼손의 부인으로 되어 있으나 성경에는 삼손이 들릴라와 결혼했다는 내용은 없다. 그 전에 팀나의 필리스티아 여인과 결혼한 적이 있는 점을 활용하여 둘 사이를 부부로 만들어 놓음으로써 둘 사이의 애정 행각이 혼전 관계 또는 혼외 관계가 아니라는 점을 부각시키기 위한 노력으로 볼 수 있다. 청교도 운동이 활발히 진행되었던 당시 런던 시민들의 도덕적 기준에서 혼전 또는 혼외 관계는 공개적으로 인정하기 어려웠을 것이다. 끝으로 마노아는 성경에서 삼손보다 먼저 죽은 것으로 되어있으나 오라토리오에서는 삼손의 장례식을 직접 주관하는 비극적인 아버지의 역할을 맡는다.

삼손과 들릴라 이야기는 프랑스 작곡가 생상스의 오페라도 유명하다. 생상스의 오페라는 가자의 광장에서 시작한다. 히브리인들을 다스리던 필리스티아의 총독이 다곤을 내세우며 여호와를 멸시하자 삼손이 나서서 맨손으로 총독을 죽인다. 여기에 놀란 다곤 사제는 들릴라에게 삼손을 유혹하게 만든다. 들릴라는 자기 친구들과 함께 삼손 앞에 나타나 음악으로 또 요염한 몸짓의 춤을 추며 삼손을 유혹한다. 히브리 사제가 계속 삼손에게 낯선 여자를 조심하라고 하지만 소용이 없다. 결국 삼손은 들릴라에게 사로잡힌다. 어디서 들어본 이야기 같다. 그렇다. 프랑스인들은 팸므 파탈의 유혹을 가장 두려워하는 것 같다. 카르멘과 들릴라는 거의 같은 유형으로 취급된다. 푸치니의 오페라로 유명한 프랑스 작가 프레보의 소설 <마농 레스코>도 비슷하다. 마농의 미모에 끝없이 빨려 들어가는 드 그리외와 카르멘에 의해 철저하게 유린당하는 호세처럼 들릴라와 삼손의 관계를 그린 것이다. 생상스 오페라의 종말은 헨델의 오라토리오와 동일하다. 그래서 다른 피해자들처럼 비참한 최후를 맞이하는 것이 아니라 비록 죽지만 영웅답게 쓰러진다. 헨델의 오라토리오 중에 가장 오페라 같은 작품 <삼손>은 뛰어난 음악으로 오페라 만큼의 인기를 누렸다. 헨델이 본격적으로 영어 오페라를 작곡했다면 아마도 이 작품과 유사할 것이다.

제4부: 왕의 시대

유다인들은 판관(사사) 시대에 가나안 땅에 본격적으로 정착하게 되지만 부족 연합 형태의 정치 체제로는 주변 나라들과 대적하기 힘들다고 판단하였다. 특히 자신들이 그렇게 소중하게 여기는 계약(언약) 궤마저 필리스티아(블레셋)인들에게 약탈당하는 일을(1사무엘, 4:3-11) 경험하면서 사무엘에게 왕을 세워달라고 요청한다. 이들의 요청에 대해 처음에는 못마땅해 하던 사무엘은 하느님의 뜻에 따라 사울에게 기름을 부어 왕위에 올린다. 이렇게 유다인들의 왕국 시대가 열리게 된다. 첫 왕인 사울 시대는 정상적인 체제를 갖춘 왕국으로 보기 어렵다고 한다. 아직 조직 정비가 덜 되어 있었던 것이다. 사울의 뒤를 이어 왕위에 오른 다윗 시대부터 왕국의 모습을 갖춰나갔고 그의 후대 솔로몬은 최고의 전성기를 맞이한다. 보통 고대 이스라엘의 역사는 다윗부터 그 기록을 성경 이외의 문헌을 통해 확인 가능하다. 따라서 이때부터 그들에게는 진정한 역사가 시작되었다고 할 수 있다.

그러나 유다 왕국은 솔로몬 이후 나라가 남북으로 분열되면서 북왕국인 이스라엘과 남왕국인 유다로 나뉜다. 열왕기는 북왕국보다 남왕국, 즉 유다 왕국을 이스라엘의 정통성을 잇는다고 본다. 예루살렘 성전이 있는 남왕국은 다윗의 혈통이 이어지는 왕국이었기 때문이다. 분열 왕국의 시대에 아시리아의 침략으로 북왕국이 무너지고 이후 남왕국마저 신생 바빌론에 의해 패망하면서 이스라엘 왕국은 종말을 맞이한다. 헨델은 불안했던 초기 왕국 시대의 사울과 다윗 왕, 예루살렘 성전 건축을 완성하는 솔로몬, 그리고 분열된 남 왕국의 여왕인 아탈야를 오라토리오의 소재로 활용했다. 다윗과 솔로몬은 역사상 가장 위대한 왕이라는 점이 소재 채택에 작용했을 것이며 아탈야는 프랑스 극작가 라신의 원작에 힘입어 오라토리오로 만들어진다. 셰익스피어의 희곡에도 자주 등장하는 왕들의 이야기는 영국인들에게는 익숙한 드라마 소재였을 것이다.

사울 (Saul)

1738년 5월 1일 런던 테임즈 강가에 있는 복스홀 정원에 헨델의 동상이 공개된다. 헨델의 나이 이제 53세였고 은퇴한 것도 아닌 작곡가의 실물 크기 동상이 세워진 것이다. 내가 알기로는 살아 있는 작곡가의 동상은 그 이후로도 들어보지 못한 일이다. 프랑스의 조각가 루비리약이 제작한 동상의 흥미로운 점은 매우 사적인 모습을 담고 있다는 것이다. 가발을 쓰고 정장을 한 그의 유명한 초상화와도 크게 대조된다 (35쪽 참조). 초상화는 매우 공적인 인물로서 그려진 반면에 동상은 집안에서 편안한 자세로 하프를 켜는 모습을 보여준다. 과연 누가 자신이 잠옷을 입고 있는 모습을 사람들에게 보여주고 싶을까? 조각가의 생각을 알 수는 없지만 음악의 딱딱함보다는 편안함을 강조하기 위한 것이 아닌가 싶다. 헨델의 동상이 세워진 복스홀 정원은 1730년대 초부터 여름 기간 동안 음악회가 열렸고 파티가 열리는 연회장의 역할을 톡톡히 했다. 헨델의 동상을 주문한 조나탄 타이어스가 이 정원을 인수하면서 새롭게 기획한 것이 한 여름 밤의 가든 음악회와 만찬이었다. 음악도 유명했지만 얇게 썬 복스홀 햄이 만찬 메뉴로 인기가 있었다고 한다. 너무 얇아서 햄 뒤로 비치는 음악회 프로그램을 읽을 수 있을 정도라는 불만도 있었다고 한다. 어쩌면 헨델이 타이어스의 상술에 이용된 것이 아닌가라는 생각이 들지만 그래도 완전히 자비로 헨델의 동상을 세웠다는 것은 순전히 비즈니스를 위한 결정 이상이었을 것이다. 그만큼 헨델의 위상이 대단했음을 말해준다.

복스홀 정원의 헨델 동상. 현재 빅토리아 알버트 박물관에 전시되어 있다.

1740년 헨델은 이 정원을 위해 <복스홀을 위한 혼파이프>(헨델작품번호 HWV 356)를 작곡했고 1749년에는 <왕궁의 불꽃놀이> 공개 리허설이 이곳에서 열렸는데 무려 만 이천명이 몰렸다고 한다. 가든 음악회에서 오라토리오 <사울>에 포함된 <장송행진곡>이 자주 연주되었으며 타이어스가 죽은 후로는 그의 기일에도 이 행진곡이 매년 연주되었다고 한다. 동상이 공개된 후 석 달이 되지 않아 헨델은 오라토리오 <사울> 작곡에 착수한다. <사울>에서 다윗은 하프 연주자로도 나온다. 이 오라토리오에서 가장 유명한 아리아는 바로 다윗이 하프 반주로 노래하는 1막의 아리아이다. 이 아리아에서 다윗은 악령으로 시달리는 사울을 위해 노래한다. 어쩌면 이 곡을 작곡하면서 헨델은 하프를 켜고 있는 자신의 동상 모습을 떠올렸을 지도 모른다. 자신도 오래전부터 질병으로 고생하고 있었으니 편안한 자세로 음악을 통해 마음과 몸의 건강을 되찾기를 원했을 것이다.

오라토리오 시작 전에

사울은 사무엘에 의해 왕위에 오른다.(1사무 10:1-2) 그것도 하느님의 말씀에 따라 이루어진 일이었다. 그러나 하느님은 자신의 결정을 곧 후회한다. 노아의 방주 이후 우리는 또한 번 후회하는 하느님을 만나게 된다.(1사무 15:11) 사울은 서른 살의 나이에 멋지게 왕위에 오른다.(1사무 13:1) 사울은 보통 사람보다도 훨씬 큰 키에(1사무 9:2, 10:23) 외모도 출중한 것으로 보아(1사무 9:2) 지도자로서의 외형적 위엄은 충분했던 것같다. 처음에 하느님께서 사울과 함께 하시어 모든 전쟁을 훌륭히 승리로 이끈다. 문제는 아말렉과의 전쟁부터 발생한다. 사울은 사무엘을 통해 들은 주님의 말씀을 이행하지 않은 것이다. 주님은 아멜렉을 치고 거기에 딸린 모든 것을 다 죽여야 한다는 하느님의 명을 거스른 것이다.(1사무 15:3-9) 사울은 자신의 행동을 후회하고 사무엘의 옷자락을 찢어지도록 붙들고 애원하였으나 사무엘은 이미 그의 몰락을 예언한다.(1사무 15:24-29) 사울은 임금으로서의 자격 중 필수 항목인 '주님 말씀에 대한 순종'을 뒤늦게 깨달은 것이다. 또 사울은 아버지로서의 역할에 충실치 못했다는 인상을 받는다. 오라토리오에서도 자주 나타나지만 아들 요나탄은 아버지의 명을 따르지 않는다. 이는 일종의 습관적 불복종이라고 볼 수 있다. 오라토리오가 시작하기 전에도 요나탄은 아버지의 명을 어긴다. 사울이 군사들에게 전쟁이 끝나기 전에 아무것도 먹지 말라는 명을 듣지 못한 요나탄이 꿀을 먹었고 이를 알게 된 사울이 그를 죽이려고 하지만 군사들의 간청으로 요나탄은 목숨을 건진다.(1사무 14:24-45) 아버지를 닮은 아들이라고 할 수 있겠으나 아들의 불복종은 인간사의 일이라 용서받지만 아버지의 불복종은 주님과의 관계에서 볼 때 용서받기 어려운 것이었다. 이미 주님으로부터 버림받은 사울에게 차세대 리더인 다윗이 등장한다. 성경의 이 대목은 다소 혼란스러운 것이 사실이다. 사무엘은 주님의 명에 따라 다윗에게 기름을 붇는다.(1사무 16:13) 그 이후 사울이 악령에 시달리자 음악치료를 받기 위해 비파를 잘 타는 이를 구해오라 명한다.(1사무 16:16) 소문을 들은 시종들이 다윗을 불러왔고 다윗은 사울의 맘에 들어 총애를 받게 된다.(1사무 16:17-23) 그런데 이후 골리앗이 이스라엘군을 위협하자 다윗이 나서서 골리앗을 물리치는데 사울은 그 다윗을 처음 본다는 듯이 "젊은이, 자네는 누구의 아들인가?"하고 묻는다. 학자들에 의하면 다윗과 관련된 여러 전승이 혼합된 결과라고 한다. 전해지는 다윗 이야기 여럿이 편집 과정에서 하나로 합쳐지면서 생기는 문제이며 이는 구약 성경에서 드문 일이 아니라고 한다. 어찌 되었든 우리의 오라토리오는 다윗이 골리앗을 물리치고 금의환향하는 장면부터 시작한다.

등장인물과 줄거리

사울(베이스)
다윗(알토)
요나탄(사울의 아들, 테너)
미칼(사울의 딸, 소프라노)
메랍(사울의 딸, 소프라노)
아브네르(사울의 장수, 테너)

1막

[1장] 이스라엘인들이 골리앗과 필리스티아(블레셋)인들을 물리치고 승리의 노래를 부른다. "주님의 명으로 일어선 아이가 반란군을 진압하였네. 주님으로부터 영감을 받은 젊은이가 그 떠벌이를 간단하게 처치했네." [2장] 다윗이 골리앗의 머리를 들고 등장하자 모든 처녀들이 당당한 젊은이에 반한다. 사울의 딸, 미칼도 한눈에 반한다. "하느님께서 점지하시는 그대의 신부는 모든 여인들 중에 가장 축복받은 처자가 되리라." 사울이 다윗에게 묻는다. "젊은이, 자네는 누구의 아들인가?" "이사이(이새)의 아들입니다. 베들레헴 출신으로 임금님의 충성스런 종입니다."(1사무 17:58) "나와 함께 머물러라. 그대에게 나의 딸을 아내로 주겠다. 그대 손에 우리의 안전과 평화, 자유가 달렸도다." "임금님! 나리께서 저에게 주신 호의는 기쁨으로 받겠습니다만 찬양만은 거절할 수밖에 없습니다. 오직 주님만이 찬양받을 자격이 있습니다." 이를 지켜보던 요나탄은 다윗의 겸손함과 고귀함에 호감을 갖게 되고 자기와 의형제를 맺자고 제안한다. 메랍은 비천한 신분의 다윗에 대한 사람들의 호감에 불만을 표시하고 요나탄은 출신 성분보다는 우정이 가장 중요

하다고 믿는다. 사울은 메랍에게 먼저 기회를 주지만 메랍은 아버지의 명을 거절하지는 못하면서도 천한 신분의 다윗과의 결혼이 성사되지 않기를 바란다. 미칼은 메랍을 보며 그녀는 다윗의 신부가 될 자격이 없다고 생각한다. [3장] 미칼이 처녀들과 함께 사울과 다윗을 환영하는 노래를 부른다. "모두들 악기를 연주하고 춤을 추어요. 환영합니다. 위대한 임금님이시여, 환영합니다. 다윗, 전쟁의 청년, 우리들의 이 기쁨을 만드신 분. 사울은 수천을 치시고 다윗은 수만을 치셨다네."(1사무 18:7) 사울의 시기심이 발동한다. "저 친구에게는 수만 명을, 그리고 나에게는 겨우 수천명을? 왕권 말고는 그에게 더 돌아갈 것이 없구나."(1사무 18:8) [4장] 요나탄은 미칼을 나무란다. "이 때에 그렇게 비교를 하면 어떻게 하니? 아버지의 표정을 보았니?" 미칼이 다윗에게 부탁한다. "아버지의 오랜 병이예요. 당신의 하프로 임금님의 마음 속에 있는 분노하는 악령을 쫓아주세요." 함께 있던 사제장은 음악의 힘을 찬양한다. [5장] 아브네르는 사울이 다가오는 것을 보며 인간으로서는 입에 담을 수 없는 말을 한나며 걱정한다. 사울이 다가와 앉자 다윗이 하프를 연주하며 노래한다. "오, 주님이시여. 무한한 자비로 당신의 모든 창조물을 지배하는 주님! 임금님의 죄가 그리 크지 않다면 분주하게 움직이는 악령을 물리쳐주소서." 요나탄은 모든 노력이 무용지물임을 안다. 갑자기 사울은 분노를 참지 못하고 다윗에게 창을 던졌으나 몸을 피해 달아난다. 사울이 요나탄을 부른다. "너에게 임무를 주겠다. 이 건방지고 야심찬 젊은이를 죽여라. 그 놈이 살아있는 한 나는 안전하지 않으리." [6장] 요나탄이 갈등한다. "자식으로서의 충성심과 하늘을 두고 맹세한 우정 사이에 난 어찌하면 좋은가? 안 되요, 잔인한 아버지, 그러시면. 아버지의 엄중한 명을 따를 수가 없습니다. 어찌 저 충성스런 다윗의 목숨을 앗아갈 수 있겠습니까?" 사제와 이스라엘인들이 다윗을 사울의 분노에 희생당하지 않게 해달라고 기도한다.

2막

[1장] "시기심은 지옥의 맏아들! 인간 마음에 머물지 않게 하소서." 이스라엘인들의 기도 소리가 들린다. [2장] 요나탄이 다윗에게 아버지가 그를 죽이려고 한다는 사실을 알린다. "나의 누이 메랍을 그대에게 선물로 주겠다고 하더니 아드리엘에게 보내버렸다네."(1사무 18:19) 다윗은 사울의 변덕에 혼란스러워하며 자신의 진정한 사랑은 미칼이라고 고백한다. 사울이 들어오는 것을 본 요나탄은 다윗을 피신시킨다. "아버지의 분노를 가라 앉혀 보겠네." [3장] "내 명령대로 이사이의 아들, 나의 적을 죽였는가?" "제발, 아버지! 그 친구가 아버님의 적이라니요. 아버님과 나라를 위해 그렇게 큰 일을 한 사람입니다. 그 친구에게 죄짓지 마세요. 임금님, 그의 충성심과 믿음에 큰 상을 내리셔야 합니다." 사울의 마음이 움직이는 듯하다. "위대한 여호와께서 살아 계신 한, 맹세코 그 젊은이를 죽이지 않겠다. 두려워 말고 궁으로 돌아오라 일러라." [4장] 요나탄이 부르자 다윗이 들어온다. 사울은 속내를 숨기고 다윗을 안심시키며 필리스티아인들을 무찌르면 곧바로 미칼을 아내로 주겠다고 약속한다.(1사무 18:25) "그래, 내 딸과 결혼하겠지. 그런데

얼마나 결혼 생활을 즐길 수 있을까? 필리스티아인들은 다윗의 심장을 찌를 화살이나 칼이 없겠는가? 필리스티아인들이 내 뜻대로 해 줄 거야." [5장] 아버지로부터 결혼 승낙을 받은 미칼은 다윗에게 사랑을 고백하고 둘은 행복해 한다. [6장] 다윗은 미칼에게 사울이 또다시 자신을 죽이려고 창을 던졌지만 피할 수 있었다고 한다. "사울이 박해해도 참을 수 있지. 미칼의 사랑과 신의 보호가 있는 한." "다윗, 당신이 걱정되요. 도망가세요, 죽음이 다가오고 있어요." "걱정하지 마오. 더 이상 위험한 일은 없을 것이오." "보세요. 당신을 죽이려고 사람들이 와요! 어서 도망가세요, 어서!" [7장] 사울이 보낸 전령이 미칼에게 찾아와 다윗을 찾는다. 미칼은 다윗이 아프다고 하지만 사울의 전령은 다윗의 침상을 살펴보고는 속았다는 것을 알아차린다. "왕을 속이다니!" 미칼은 다윗의 안전을 빈다. "여호와의 힘이 더 위대하시니 무자비한 무력을 잠재워 주시리." [8장] 메랍은 맘에 들지는 않지만 그래도 무고하게 아버지로부터 박해를 받는 다윗이 측은하다. 그녀는 곧 다가올 초하룻날 만찬 때 요나탄이 다윗을 지켜 주리라 굳게 믿는다. [9장] 초하룻날 저녁 식사가 진행 중이다. "이제 내가 그 이사이의 아들 놈에게 복수할 시간이 왔도다. 그 놈을 죽이리라. 내 명성을 망친 놈, 내 마음의 평화를 해친 놈, 나에게 수치를 안겨준 놈." [10장] 사울이 요나탄에게 묻는다. "이사이의 아들이 어디에 있는가? 불경스럽게 왜 만찬에 오지 않는가?" "주년 제사가 있으니 아버지의 집이 있는 베들레헴에 가게 해 달라고 간절히 청했습니다."(1사무 20:6) "뭐? 반역이란 말인가? 세상 사람들이 너를 내 아들이라고 부르지 않으리. 너의 왕관을 훔쳐갈 놈을 사랑한다는 말인가? 당장 사람을 보내 그 놈을 여기로 끌고 와라. 몹쓸 놈은 죽어야 한다."(1사무 20:31) "그가 무슨 짓을 했다고 그러십니까? 무엇 때문에 죽어야 한다는 말입니까?"(1사무 20:32) "감히 나에게 대들다니? 너부터 죽어라!" 사울이 요나탄에게 창을 던진다. "아! 분노가 가져오는 치명적인 결말이네. 죄에서 또 다른 죄로 임금님께서 맹목적으로 가시네. 그 자신의 멸망만이 종말을 가져오리." 지켜보던 사람들이 사울의 멸망을 예감한다.

(위) 렘브란트의 〈사울과 다윗〉, (옆) 이탈리아 바로크 화가 구에르치노의 〈다윗을 공격하는 사울〉. 두 그림은 사울의 이중적인 모습을 잘 보여준다. 사울이 악령으로 시달리자 비파 연주가를 찾았고 사람들은 다윗을 추천하여 사울은 그를 총애하였다.

렘브란트의 그림처럼 사울은 다윗의 연주에 눈물을 흘리며 안정을 취했을 것이다. 사울은 고개를 다윗의 음악 쪽으로 기울였고 다윗은 사울 쪽으로 숙인다. 연주자와 청중이 확실하게 교감하는 순간일 것이다. 구에르치노의 그림은 또 다른 사울의 모습을 보여준다. 그토록 자신을 위해 헌신하는 다윗에 대한 시기심이 발동할 때마다 창을 던져 그를 죽이려 한다. 어쩌면 두 장면이 연달아 일어나도 놀라지 않았을 것이다. 오라토리오에서 사울은 이 이상으로 변덕스러운 인물로 그려진다. 렘브란트의 그림처럼 다윗의 음악을 들을 때에도 창을 갖고 있었으나 전혀 사용할 것 같은 자세가 아니다. 그러다가도 갑자기 돌변하여 다윗에게 창을 던진다. 구에르치노 그림의 다윗은 렘브란트의 다윗보다 훨씬 젊어 보인다. 성경에 의하면 다윗은 전쟁에 나가기에 나이가 어려서 양을 치며 집에 남아있었다. 그렇게 보면 구에르치노의 그림이 적당해 보인다. 반면에 렘브란트의 다윗은 그보다는 나이가 들어 보이고 우리식으로 미남은 아닌 것 같다. 사울의 딸 미갈이 한 눈에 반할 청년은 구에르치노의 다윗이겠지만 너무 어리다. 둘의 모습을 합치면 오라토리오의 다윗과 비슷한 연배의 청년이 될 것 같다. 오라토리오 〈사울〉 1막 5장에서 다윗은 하프를 연주하며 주님께 사울의 영혼을 치료해 달라고 노래한다. 명곡 중에 명곡이다. 이런 명곡을 듣고도 사울은 다윗에 이어 자신의 아리아를 노래하고는 그에게 창을 던진다. 사울이 참으로 몹쓸 병에 걸린 게 틀림없다.

3막

[1장] 사울이 변장을 하고 엔 도르에 나타난다. "내 이 꼴이 뭐란 말인가? 주님께 여쭈어 보았으나 소용이 없네. 이제 용기도 나질 않네. 정말이란 말인가? 사울이 겁쟁이가 되었단 말인가? 하느님께서 도와주지 않으신다면 지옥으로부터 도움을 받는 수밖에." 사울은 한 때 자기가 금지시킨 점쟁이를 찾는다.(1사무 28:8-9) [2장] 마녀가 다가온다. "나에게 무엇을 원하시오?" "내가 이름을 대면 그를 불러내 주시오." "이런, 사울 왕이 점쟁이들을 없애버린다고 한 것을 모르시오? 나에게 올가미를 씌우려고 그러시오?" "여호와께서 살아 계신 한 이 일로 당신이 벌을 받는 일은 없을 것이오."(1사무 28:10) "누구를 불러올릴까요?" "사무엘을 불러주시오."(1사무 28:11) "악령들이여, 죽은 영혼을 살아 있는 모습으로 나타나게 해주시는 악령들이여! 이 낯선 자의 떠도는 눈앞에 예언자 사무엘을 일으켜 주소서." [3장] 사무엘이 나타난다. "왜 너는 나로 하여금 평화로운 곳을 떠나 이 저주의 땅에 오게 하였는가?" "신성한 예언자시여! 저를 도와주세요. 수많은 적들이 전쟁을 준비하고 있습니다. 하느님께서 저를 떠나셨는지 예언자들을 통해서도 꿈으로도 저에게 더 이상 대답해주지 않으십니다."(1사무 28:15) "주님께서 너를 떠나셨다고? 그러면서 나의 조언을 듣겠다고? 아말렉에게 저주를 쏟으라는 주님의 말씀에 불순종하지 않았는가? 주님께서 너의 멸망을 내 말을 통해 입증하실 것이다. 주님께서 이 왕국을 다윗에게 주셨다.(1사무 28:16-18) 내일이면 너와 네 아들들은 나와 함께 있게 될 것이다. 이스라엘은 필리스티아인들의 칼에 쓰러지리라. 주님의 말씀이

다."(1사무 28:19) [4장] 다윗이 아말렉 사람에게 묻는다. "너는 어디에서 왔는가?" "이스라엘 진영에서 빠져나왔습니다."(2사무 1:2) "그러면 전쟁이 어떻게 되었는지 말해 보아라." "많은 군사가 쓰러져 죽었는데 사울과 그의 아들 요나탄도 죽었습니다."(2사무 1:4) "이 보게, 그들이 죽었다는 것을 어떻게 알았는가?"(2사무 1:5) "길보아 산에서 사울 왕을 만났는데 자기 창 위로 쓰러지셨습니다. 적들이 바짝 뒤쫓고 있었는데, 그분이 저에게 소리치셨습니다. 고통과 치욕을 끝내달라고 하셨고 제가 보기에도 그분께서 사실 것 같지 않아 제가 돌아가시게 했습니다. 그러고 나서 머리에 쓰신 왕관과 무기, 팔찌를 갖고 나리께 왔습니다."(2사무 1:6-10) "너는 어디서 왔는가?" "저는 아말렉 사람입니다."(2사무 1:13) "네가 어쩌자고 겁도 없이 칼을 들어 기름부음받은이를 살해하였느냐. 이 놈을 죽여라!" 부하가 그를 죽인다. "네 피가 네 머리 위로 돌아가는 것이다. 네 입으로 네가 기름부음받은이를 죽였다고 증언하였기 때문이다."(2사무 1:14-16) [5장] 다윗과 이스라엘인들이 사울과 요나단의 죽음을 애도한다. "슬퍼하라, 이스라엘아. 이 소식을 갓에 알리지 말고 아스클론에 전하지 마라." 다윗이 요나탄을 추모한다. "나의 형 요나탄, 이 얼마나 가슴 아픈 일인가? 나에 대한 형의 놀라운 사랑은 여인의 사랑보다 더 크오."(2사무 1:19-27) 사람들이 슬픔에 잠겨 있자 사제장이 나서서 분위기를 바꾼다. "유다의 사람들아, 더 이상 눈물 흘리지 마라. 기쁨이 우리 모두를 지배하리. 만군의 주님은 다윗의 친구, 그가 사울의 불순종으로 잃은 것을 되찾아 주시리."

감상하기

1막 3장. 여인들의 합창, "환영합니다, 위대한 임금님" CD1/16

Chorus of Women	여인들의 합창
Welcome, welcome, mighty King!	환영합니다, 위대한 임금님!
Welcome all who Conquest bring!	환영합니다, 모든 정복자들이시여!
Welcome David, warlike boy,	환영합니다. 다윗, 전쟁의 소년,
Author of our present Joy!	오늘의 기쁨을 만드신 분!
Saul, who hast thy Thousands slain,	수천을 치신 사울 임금님,
Welcome to thy friends again!	당신의 친구들에게 어서 오소서.
David his Ten Thousands slew,	다윗은 수만을 치셨네.
Ten thousand praises are his due!	수만의 찬양이 그의 몫이네.

<사울>의 대본가 제넨스는 1938년 9월 19일 친구에게 보낸 편지에서 헨델을 만났던 일을 말하면서 그의 방에 하프시코드처럼 연주하는 희한한 악기를 보았다며 헨델은 이 악기로 사울을 미치게 만들 생각이라고 전한다. 여기서 말하는 악기는 바로 카릴론이라는 것으로 일종의 벨소리처럼 들린다. 1막 2장이 시작하면서 사울과 함께 등장하는 다윗을 보기 위해 여인들이 몰려나와 환영하는 합창곡을 노래한다. 이 곡의 전주와 반주 악기로 바로 카릴론이 사용된다. 매우 단순하고 흥겨운 선율로 가벼운 벨소리가 바이올린과 함께 울려 퍼진다. 어떻게 헨델은 이 악기로 사울을 미치게 만들 생각을 했을지 의문이 들지만 듣다 보면 이해가 된다. 사울이 놀림감처럼 취급받고 있는 인상을 강하게 주는 선율 때문이다. 더욱이 가사에서 자기에게는 '수천을' 그리고 다윗에게는 '수만을' 돌리니 사울의 심기가 편치 못했을 것이다. 이 합창을 들은 사울이 보이는 반응은 아콤파냐토를 통해 그의

시기심을 그대로 보여준다. 이어서 합창은 더 큰 소리로 다윗을 찬양한다. 사울이 더 크게 분노할 수밖에 없다. 상상하기 어려운 악기로 사울을 순식간에 미치게 만든 헨델의 능력에 세삼 감탄할 수밖에 없다.

1막 5장. 다윗의 아리아, "주님이시여, 무한한 당신의 자비를" CD1/17

O Lord, whose Mercies numberless	주님이시여, 무한한 당신의 자비를
O'er all thy Works prevail,	당신께서 만드신 모든 것에 내리소서.
Tho' daily Man thy law Transgress,	매일같이 인간이 당신의 계명을 어긴다 해도
Thy Patience cannot fail:	당신의 인내는 실패하지 않습니다.
If yet his Sin be not too great,	그의 죄가 그렇게 크지 않다면
The busy Fiend controll;	바쁘게 움직이는 악령을 지배하시어
Yet longer for Repentance wait,	그가 참회하기를 조금만 더 기다려 주소서,
And heal his wounded Soul.	그리고 그의 상저받은 영혼을 낫게 하소서.

앞서 그림을 통해 설명한 내용을 이 아리아에서 확인할 수 있다. 현악기의 부드러운 전주는 천천히 상승하다 멈추며 다윗의 노래가 시작한다. 사울의 악령을 치유해 달라는 다윗의 진심어린 기도가 이어진다. 화려하지는 않지만 정갈하고 단순하기까지 하다. 길지 않은 선율을 두 번 반복하는 소박한 아리아이지만 헨델의 뛰어난 선율을 대표하는 곡이기도 한다. 굳이 꾸밈이 없어도 진심은 전달되는 법이다.

이토록 아름다운 아리아로 사울을 위해 기도했건만 그에게 돌아오는 것은 사울의 창이었다. 이런 노래에도 불구하고 치유 받지 못하는 사울이 안쓰럽다. 이 오라토리오의 음반들은 종종 다윗의 아리아 뒤에 같은 선율을 하프로 연주한다. 마치 앞에서 본 렘브란트의 그림을 떠올린다.

2막 1장. 합창, "시기심! 지옥의 맏아들아!" CD1/18

Envy! Eldest-born of Hell!	시기심! 지옥의 맏아들아!
Cease in human Breasts to dwell.	인간 마음속에 머물기를 멈추어라.
Ever at all Good repining,	모든 선한 것에 항상 불평하고
Still the Happy undermining!	끊임없이 행복한 이들을 해치네.
God and Man by thee infested,	네가 하느님과 인간에게 들끓어도
Thou by God and Man detested!	하느님과 인간은 너를 혐오하네.
Most thyself thou dost torment,	너는 너 자신을 가장 고통스럽게 하리,
At once the Crime and Punishment.	죄악이면서 동시에 처벌이리라.
Hide thee in the blackest Night:	너를 깊은 어둠 속으로 숨겨라.
Virtue sickens at thy sight!	너를 보기만 해도 덕망은 구역질난다.
Hence, eldest-born of Hell!	그러므로, 지옥의 맏아들아!
Cease in human Breasts to dwell.	인간 마음속에 머물기를 멈추어라.

사울의 마음속에는 악령의 활동으로 시기심이 가득하여 그를 멸망의 길로 끌고 간다. 시기심(질투)은 죽음으로 이끄는 일곱 가지 죄악에 포함될 정도로 큰 죄이다. 우리 속담인 "사촌이 땅을 사면"이나 "남의 것을 탐내지 말라"는 십계명의 마지막도 같은 맥락에서 이해할 수 있다. 이 곡에서는 시기심을 '지옥의 맏아들'이라 부른다. 그 정도로 무서운 죄악이고 강력한 악령이라고 하겠다. 이 시기심의 강력한

힘을 어떻게 음악으로 표현할 것인가? 무섭게? 어둡게? 헨델은 독특하고도 효과적으로 시기심의 지독한 힘을 묘사한다. 이 곡의 반주 저음을 들어보면 같은 선율이 계속 반복되는 것을 알 수 있다. 선율이라고 하기에는 밋밋한 직선이다. 이 아름답지 못한 내려가는 직선 선율이 계속 반복되는 것이다. 이를 음악용어로 '고집 저음'이라고 부른다. 같은 선율이 고집스럽게 반복되기 때문이다. 가사를 보면 시기심 악령에게 "인간 마음속에 머물기를 멈추"라고 명한다. 그렇지만 멈추지를 않는다. 고집스럽게 계속 우리를 괴롭히며 사라지지 않는다. 이 곡 전체에서 이 고집 저음이 멈추는 지점이 있다. 끝에서 네 번째 행인 "너를 깊은 어둠 속으로 숨겨라"고 노래하는 부분이다. 여기서 시기심의 악령은 잠시 '숨지만' 앞의 선율이 반복되는 끝에서 두 번째 행부터 다시 나타난다. 정말 지독한 놈이다. 그렇지만 정말 멋진 합창곡이다. 밋밋한 저음 선율을 바탕으로 이런 합창 음악을 만들었다는 것이 놀라울 뿐이다. 이 멋진 합창곡을 들으면서 동시에 우리는 시기심이 왜 족보에 있는 중대한 죄악인지를 깨닫게 된다.

2막 6장. 다윗과 미칼의 이중창. "어떤 박해도 무섭지 않아." CD1/19

David	다윗
At Persecution I can laugh;	어떤 박해도 무섭지 않아
No Fear my Soul can move,	어떤 두려움도 내 영혼 움직일 수 없어
In God's Protection safe,	주님의 보호아래 난 안전해
And blest in Michal's Love.	또 미칼의 사랑으로 행복해

Michal	미칼
Ah! dearest Youth! for thee I fear!	내 사랑하는 그대! 당신이 걱정돼요
Fly! – be gone! –for Death is near!	가세요! 도망가세요. 죽음이 다가와요.
David	다윗
Fear not, lovely Fair, for me:	나의 사랑, 내 걱정 마오.
Death, where thou art, cannot be.	그대 있는 한 죽음은 없으리.
Smile, and Danger is no more.	웃어 봐요, 이제 위험하지 않으니.
Michal	미칼
Fly - for Death is at the Door!	가세요, 죽음이 문턱까지 왔어요.
Ah! Dearest Youth!	내 사랑하는 그대!
For thee I fear for thee!	당신이, 당신이 걱정돼요.
David	다윗
Fear not, lovely Fair, for me:	나의 사랑, 내 걱정 마오.
Death, where thou art, cannot be.	그대 있는 한 죽음은 없으리.
Michal	미칼
See, the murd'rous Band comes on!	보세요, 살인자들이 다가와요!
Stay no longer! Fly-be gone!	더 지체 말고, 가세요, 도망가세요,
Fly! Fly!	어서! 가요!

이 이중창은 2막 5장의 사랑의 이중창과는 매우 상황이 다르다. 사울이 보낸 전령들이 다윗을 잡으러 오고 있고 이를 알아챈 미칼이 다윗을 피난시키려하지만 다윗은 너무 여유를 부린다. 전주부터 심상치 않다. '음파파파'의 리듬이 긴박한 상황임을 알려준다. 다윗이 먼저 노래한다. 다윗의 선율은 그래도 다소 여유롭게 들린다. 그리고 말도 많다. 반대로 미칼의 선율은 다급하고 단 두 줄이다. 중간부터 다윗

의 말수가 줄어들고 미칼이 점점 세게 나간다. 계속 웃어보라는 다윗의 한심한 말에 미칼은 거의 야단치듯이 다윗에게 높은 음으로 소리치고 이중창이 서둘러 끝난다. 다윗이 순진해서 그런지 상황 파악이 느린 것 같다. 이런 대목에서 여성의 직관이 힘을 발휘하는 것을 종종 본다. 성경에는 이 부분에서 미칼이 적극적으로 다윗을 피난시킨 것으로 되어 있어서 이 이중창과 같은 상황 해석이 그럴 듯해 보인다. 이 당시 대부분의 이중창은 정적인 면이 있다. 액션이 동반되지 않기 때문이다. 이 곡은 짧은 이중창이지만 마치 둘의 연기가 눈에 보이듯이 음악의 분위기와 가사의 내용이 어울린다. 이런 이중창을 다시 들으려면 모차르트까지 기다려야 한다.

감상 추천곡

1막 1장은 일종의 승리 축하 잔치라고 할 수 있다. 이스라엘인들의 합창과 몇몇 독창자들이 아리아를 노래한다. 첫 번째 합창, "주님이시여, 당신 이름이 얼마나 훌륭한지"(No. 1. How excellent Thy name, O Lord)는 그 당시로는 상당히 큰 편성의 오케스트라 반주로 오라토리오의 시작을 알리는 영웅적이고 힘찬 곡이다. 이 곡의 1막 1장의 끝에서도 다시 반복하며 장면 전체를 음악적으로 묶어주는 역할을 한다. 이 곡이 반복되면서 끝에 상당히 긴 "할렐루야" 부분이 첨가되어 있다. 이 "할렐루야"를 놓고 대본가 제넨스와 헨델이 서로 의견 충돌을 벌인 적이 있다. 헨델은 할렐루야의 원래 위치가 마음에 들지 않아 오라토리오의 끝에 위치시켰으나 제넨스는 자신의 극적 구상이 맞다며 원래 위치로 옮길 것을 주장하며 이견이 생긴 것이다. 결국에 헨델은 제넨스의 의견을 따라 "할렐루야"를 오라토리오 시작 부분에 넣었지만 너무 웅장하고 멋진 할렐루야를 만든 결과 마치 오라토리오가 시작하자마자 끝나는 듯한 느낌이 드는 것이 사실이다. 헨델은 이런 결과를 예상했던 것이고 드라마만 생각했던 제넨스는 아마도 이런 할렐루야가 나오리라고는 생각하지 못했을 것이다. 음악을 머리 속에 넣고 말하는 작곡가와 그 머리 속의 음악을 모르는 대본가 사이의 충돌은 피하기 어려운 것이었다. 1막 2장이 시작하며 다윗이 모습을 드러내자 미칼은 감탄한다. 그녀의 아리아 "거룩한 젊은이여! 모두가 인정하리"(No. 7. O God-like Youth! by all confess'd)의 선율은 좀처럼 아래 음역으로 내려가지 않는다. 영웅적인 청년의 모습에 반한 젊은 아가씨의 들뜬 마음에 선율이 내려가지 못하는 것이리라. 사울의 칭송에 감사하면서도 다윗은 모든 영광을 주님께 돌리는 아리아 "임금님! 당신의 총애를 기쁨으로"(No. 9. O King, your favours with delight)를 노래한다. 이 아리아는 전주나 반주도 없이 다윗이 혼자 시작한다. 헨델은 첫 음절 '오'(O)를 길게 끌게 하여 자신에 대한 칭찬을 사양하는 모습을 절묘하게 표현하고 있다. 이 시작 부분을 들으면서 노래하는 다윗이 고개를 저으며 "제가 아니라 주님께 모든 영광이 있지요"라고 말하는 듯한 제스처를 간단히 세 개의 음으로 묘사한 것이다. 앞에서 감상한 사울을 시기심으로 몰고 간 처녀들의 합창을 들은 사울은 본격적으로 자신의 분노를 드러내는 아리아, "저 놈을 찬양하는 소리를 들으니 분노가 치미네"(No. 26. With Rage I shall burst)는 전형적인 바로크 분노의 아리아이다. 날카롭게 올라가는 바이올린 선율로 미루어 그의 분노가 하늘을 찌르는 듯하다.

1막 5장에서 다윗이 멋진 치료 음악을 들려주었건만 사울은 분노를 삭이지 못하고 그를 향해 창을 던지다. 아리아 "따듯해진 내 마음속에 악마가"(No. 35. A Serpent, in my bosom warm'd)에서 사울은 점점 분노가 심해지자 다윗에게 창을 던지면서 급작스럽게 아리아가 끝난다. 헨델은 화난 사울을 위해 음악 형식도 무시하고 무리하게 곡을 끝내는 과감성을 보인다. 사울이 제 정신이 아닌 게 확실하다. 1막 6장, 요나탄은 다윗을 죽이라는 사울의 명을 따를 수 없다며 아리아, "안돼요, 잔인한 아버님, 안됩니다."(No. 39. No, cruel, father, no)를 노래한다. 처음에는 아버지의 명을 어겨야 한다는 데에 괴롭다는 듯이 느린 빠르기로 노래하다가 중간부터 확신이 섰는지 빠른 빠르기로 매우 단호하게 다윗을 보호하겠다고 다짐한다.

2막 3장에서 사울은 다시 한번 요나탄에게 다윗을 없애야 한다고 명하지만 요나탄은 이번에는 아버지 면전에서 반대한다. 여기서 외형적으로는 세 개의 짧은 아리아가 레치타티보 없이 계속 이어진다. 이런 방식은 당시 관습에서 크게 벗어나는 것이었다. 그러나 헨델과 제넨스는 요나탄-사울-요나탄으로 이어지는 아리아로 새로운 실험을 하고 있는 것이다. 첫 아리아는 요나탄의 "죄짓지 마세요, 임금님, 그 젊은이에게"(No. 49. Sin not, O King, against the Youth)로 요나탄의 애원하는 마음이 잘 전달되는 아리아이다. 아들의 노래에 감동받았는지 아버지는 다윗을 해치지 않겠다는 아리아, "위대한 여호와께서 살아 계신 한 맹세코"(No. 50. As Great Jehovah lives, I swear)를 역시 매우 진지하게 노래하고 이 순간 그의 마음은 진실처럼 들린다. 이 아리아가 끝나자마자 요나탄은 앞에서 불렀던 노래가 효과를 봤다고 생각했는지 같은 선율로 다른 가사를 노래한다. 아리아, "도시를 습격하고 전쟁에서 이긴들"(No. 51. From cities storm'd, and battles won)의 절반은 앞의 아리아와 가사만 다르다. 중간쯤에서 박자와 빠르기가 바뀌면서 요나탄은 "진정으로 현명하고 위대한 사람은 자신의 분노로 생긴 광기를 이성으로 다스리는" 사람이라고 말한다. 아버지의 너무 아픈 곳을 찌른 것이 아닌지 걱정스럽다. 2막 5장의 다윗과 미칼의 이중창, "그 누구보다 멋진 그대여"(No. 56. O fairest of ten thousand fair)는 전형적인 사랑의 이중창이다. 경쾌하고 즐거운 리듬의 반주에 맞춰 미칼이 먼저 노래하면 다른 가사로 다윗이 그 선율을 따라 부른다. 이후에는 둘이 같은 가사로 서로의 사랑을 음악적으로 확인하기 위해 잘 어울리는 음으로 조화를 이룬다. 이쯤 되면 둘의 사랑을 의심할 필요가 없다.

3막 1장에서 사울은 엔도르의 점쟁이를 만나 사무엘의 혼령을 불러달라고 한다. 이에 점쟁이(오라토리오에서는 마녀로 나옴)는 강렬하고 으스스한 전주에 이어 아리아 "지하의 혼령들이여"(No. 72. Infernal spirits)를 노래한다. 반주 악기로 사용되는 오보에가 여기서는 매우 효과적으로 분위기를 만든다. 3막 5장은 사울과 요나탄의 추모식이라고 할 수 있다. 먼저 유명한 <장송행진곡>(No. 77. Dead March)이 울린다. 트럼본과 플루트, 팀파니가 주도하여 행렬 음악의 분위기를 살린다. 장례 행렬인 만큼 일반 행진곡처럼 빠르지 않다. 헨델은 이런 유형의 음악에 매우 뛰어난 감각을 지닌 작곡가이다. 이 오라토리오 외에도 여러 작품에서 이와 유사한 장엄한 행렬음악을 작곡했다. <장송 행진곡>은 아니지만 <여호수아>의 행진곡도 이 부류에 속한다. 추모식의 하이라이트는 다윗의 독창이 이끌고 합창단이 따르는 "아! 이 운명의 날이여!"(No. 84. O fatal day!) 먼저 다윗이 반주 없이 시작하면 곧바로 합창이 받는다. 이후에 다윗은 요나탄의 이름을 슬피 부르면 역시 합창이 다윗의 가사를 반복한다. 이어서 다윗은 상당히 긴 부분을 독창만으로 노래하며 요나탄과의 우정을 회상한다. 이후 합창이 다윗의 슬픔을 함께 노래한다. 독창과 합창의 어울림에 장중함이 더해진다. 헨델의 추모 또는 장례 합창음악의 특징 중 하나는 끝 부분에 충분한 기악 후주를 갖는다는 점이다. 충분한 시간을 갖고 추모하는 마음을 추스르라는 배려라고 본다. 오라토리오 <삼손>의 장례 합창음악 끝부분도 유사하게 되어있다. 당시 관례대로 슬픔을 안고 연주회장을 나설 수는 없다. 그래서 다시 마지막 합창으로 "너희의 칼을 허리에 차고"(No. 86. Gird on thy sword)를 노래한다. 끝부분에 가서 박자가 바뀌며 보다 흥겨운 분위기를 만들며 오라토리오를 마무리한다. 헨델은 1막 1장의 "할렐루야"를 이곳에 놓고 싶었다. 그의 생각이 잘못된 것은 아닐 것이다. 단지 지금의 할렐루야를 1막 1장에 놓을 거였으면 좀 무게와 크기를 줄였어야 적절했을 것이다.

오라토리오 끝난 후에

사울은 사무엘기 상권 전체에 걸쳐 등장하는 주인공이다. 대본가 찰스 제넨스는 이 긴 이야기를 사울과 다윗의 관계에 집중하여 성공적인 대본을 만들었다. 앞에서 본 <이집트의 이스라엘인>과 가장 유명한 <메시아>의 대본가인 제넨스는 드라마에 대한 뛰어난 안목을 지닌 사람이었다. 그의 <사울>은 사무엘기 상권의 17장 다윗이 골리앗을 무찌르는 장면부터 시작하여 다윗이 사울을 피해 필리스티아로 망명하는 내용을 생략하고 사울이 점쟁이를 찾아가는 장면으로 이어진다. 제넨스는 중간 중간 성경의 내용을 생략한 것이 오히려 사울과 다윗에 초점을 맞출 수 있게 하였고 결과적으로 매우 뛰어난 대본을 완성시킨 것이다. 주요 등장인물은 모두 성경에서 그대로 나온다. 가장 흥미로운 변화는 미칼과 메랍의 극적 성격이다. 성경에서 큰 딸 메랍은 사울이 다윗에게 아내로 주겠다고 약속한 후에 때가 되자 다른 이의 아내로 보내버린다.(1사무 18:19) 이에 대한 메랍의 반응은 없으며 그 후로는 등장하지 않는다. 반면에 미칼은 다윗의 아내가 되어 아버지의 뜻을 어기고 그를 피난시키는 재치를 보이지만(1사무 19:11-17) 나중에 사울은 미칼을 갈림 출신 라이스의 아들 팔티에게 아내로 준다.(1사무 25:44) 물론 이 미칼을 다윗은 사무엘기 하권에서 다시 찾게 되어 지속적으로 다윗의 아내로 등장한다. 이런 배경을 충분히 활용하여 제넨스는 다윗이 처음 등장할 때 두 딸이 다르게 반응하게끔 만들었다. 미칼은 첫 눈에 반해 다윗을 "거룩한 젊은이"라고 부르지만 사울이 메랍을 다윗의 아내로 정하자 언니는 하찮은 천민 출신의 다윗을 못마땅해 한다. 사랑의 커플, 다윗과 미칼의 설정에도 불구하고 둘의 사랑은 전체 줄거리에서 밀려 있다. 이 커플이 노래하는 사랑의 이중창은 2막에 한 번 나오며 곧바로 또 하나의 이중창이 이어지는데 사울의 전령들이 다윗을 체포하러 올 때 그를 피난시키며 노래하는 매우 긴박한 이중창이다.

성경 그대로 오라토리오 <사울>에서도 다윗과 요나탄의 우정이 크게 강조된다. 헨델의 오페라와 오라토리오에서 등장인물의 중요도는 아리아를 몇 개 부르느냐에 따라 결정된다. 1막만을 보면 다윗과 요나탄, 사울이 모두 2곡씩 부르며 우열을 가르기 어렵다. 2막에서는 오히려 요나탄의 아리아가 3개로 다윗보다 한 곡 더 많다. 반면에 사울의 아리아는 한 곡에 불과하여 표면상으로는 그의 역할이 축소되었다고 하겠으나 내용상으로는 반드시 그렇지도 않다. 사울은 3막에서는 아예 아리아가 없다. 그러나 사울은 3막의 1장부터 3장까지를 지배하는 인물이다. 또 2막에서도 아리아는 한 곡에 불과하지만 여러 곡의 아콤파냐토로 그의 역할은 결코 줄어들지 않았다. 이렇게 보면 오라토리오 <사울>은 헨델의 오페라와 오라토리오를 통틀어 베이스가 가장 중요한 역할을 하는 작품이 되는 셈이다. 물론 주인공은 다윗이다. 그가 끝까지 살아남아 이스라엘인들의 합창을 이끈다. 그러나 이 오라토리오를 듣다보면 비극적인 사울에 더 관심이 끌린다.

프랑스 고전주의 화가 푸생의 <솔로몬의 판결>. 솔로몬의 지혜로움을 대표적으로 보여주는 솔로몬의 판결 장면은 화가들이 즐겨 그린 소재 중에 하나이다. 솔로몬은 두 번 판결을 내린다. 먼저 아이를 반씩 나눠주라는 첫 번째 판결을 내리고 그 반응을 본 후에 확신을 가진 솔로몬은 최종 판결을 내린다. 대부분 화가는 첫 번째 판결 후에 두 연인이 보이는 반응을 그린다. 언뜻 보기에 이 그림도 그 순간을 그린 것처럼 보이지만 문제는 죽은 아이가 이미 두 번째 거짓 어머니 손에 들려 있다. 다른 화가들의 그림에는 죽은 아이는 바닥에 놓여있는 경우가 많다. 어쩌면 푸생은 이미 거짓 어머니는 자신의 목적이 자기 아이를 찾는 것이 아니라 다른 아이도 죽는 것을 바라는 사악한 인물로 그리고 싶었는지 모르겠다. 옆모습만 봐도 거짓 어머니 얼굴의 모습은 선함과 거리가 멀다. 그리고 옷 색깔도 칙칙하다. 솔로몬의 자세를 눈여겨 볼 필요가 있다. 솔로몬은 그림 거의 중앙에 위치하여 좌우 대칭 구도의 중심에 앉아 있다. 그의 두 손은 양쪽을 모두 가리키고 있어서 어느 한쪽으로 기울어지지 않은 중립적인 모습을 하고 있다. 얼굴도 한쪽으로 돌리지 않았지만 그의 시선을 자세히 살펴보면 진짜 어머니 쪽을 향하고 있는 것처럼 보인다. 이미 마음속으로는 판결이 내려진 상태인 것 같다. 오라토리오 <솔로몬>에서 이 장면은 2막 3장에 나온다. 두 여인과 솔로몬은 이 장면을 삼중창으로 노래한다. 두 여인이 서로 자기 주장을 하고 솔로몬은 이 그림처럼 중립적인 모습을 노래한다.

솔로몬 (Solomon)

오라토리오 <솔로몬>은 1749년 사순 시기 동안 초연되었다. 오라토리오 시즌이 끝난 5월 19일(또는 27일이라는 설도 있음) 런던의 파운들링 고아원에서 헨델의 음악회가 열렸다. 이 음악회는 1739년에 설립된 이 고아원의 증축을 위한 자선기금 모금을 위한 음악회였다. 얼마 전에 초연된 <왕궁의 불꽃놀이>와 <솔로몬> 중 성전 봉헌과 관련된 1막 1장의 일부, 그리고 파운들링 고아원을 위한 합창곡이 연주되었으며 무려 천명이 넘는 청중이 입장했다고 한다. 헨델의 자선봉사는 사실 갑작스런 일이 아니다. 헨델은 1738년에 창설된 "음악가의 유족을 위한 기금"의 첫 후원자 중에 하나였으며 이 단체의 기금 모금을 위해 자선 음악회를 개최하였으며, 그의 유서에 의하면 유산 중 1000 파운드를 이 기금에 내놓았음을 알 수 있다. 어쩌면 자기가 죽은 후에 자신의 가족과 자손을 위한 보험이 아니겠냐고 생각할 수도 있지만 헨델은 결혼도 하지 않았으며 자손도 없었다. 여름 휴가 두 달 동안에 오페라 또는 오라토리오 두 곡을 작곡하고 리허설하고 성악가와 계약을 맺고 극장 주인과 교섭하고 궁정과 귀족의 성을 드나들며 후원자를 구하고 경쟁 오페라단이 만들어지면 그들에게 청중을 빼앗기지 않으려고 수단을 부리고 주식과 그림에도 투자하고 바쁘게 살았지만 그래도 그에게는 항상 자선 봉사의 여유가 있었다.

파운들링 자선단체를 창설한 토마스 코람은 선장인 동시에 조선소와 무역업에 종사했던 사업가였다. 그가 만든 파운들링 고아원은 영국 최초의 자선 사업체였으며 지금까지도 그 이름을 이어오고 있다고 한다. 위에서 언급한 헨델의 파운들링 고아원를 위한 합창곡 제목은 "행복하여라, 가련한 이를 돌보아 주는 이"(Blessed are they that considereth the poor)로 시편 41번의 첫 구절이다. 코람도 그렇고 헨델도 그런 말을 들을만하다. 최근 들어 미국의 최고 부호들이 자신들의 재산 상당 부분을 자선 단체에 기부한다는 소식을 접한 적이 있다. 그들만큼은 아니어도 국내에서도 크건 작건 알게 모르게 '가련한 이'를 돕는 분들이 있다고 한다. 행복하여라, 가련한 이를 돌보아 주는 코람과 헨델이여! 그리고 그 모든 이들이여!

오라토리오 시작 전에

역대기 상권의 3장에 의하면 다윗은 8명의 부인과 여러 명의 아들이 있었다. 이 중에 헤브론에서 태어난 맏아들 암논은 이복 동생 압살롬에 의해 살해되고(2사무 13:28-29), 압살롬은 다윗의 장수 요압에 의해 처형되면서(2사무 18:15) 하낏의 아들 아도니야와 밧 세바의 아들 솔로몬이 왕위를 놓고 대결한다.(1열왕 1-2) 그 과정에서 솔로몬은 정적인 아도니야와 에브야트라 사제, 요압, 시므이를 제거하고 왕위에 오른다. 피 묻힌 왕위 계승이기는 하지만 이스라엘은 역사상 가장 강력한 왕국을 이루게 된다.

솔로몬 왕은 다윗의 뒤를 이어 통일 왕국을 40년간 이끌며 예루살렘에 성전을 구축한 위대한 임금으로 알려져 있다. 아직 고고학자들이 성전의 존재를 확인하지는 못했지만 역사적으로 실재했었다는 데에는 큰 이견이 없는 것 같다. 이 성전은 솔로몬 때부터 이스라엘 민족의 상징이 되어 파괴와 재건을 반복하는 비극의 장소이기도 했다. 성전 건축과 관련된 문헌 내용을 보아 그 규모와 화려함에 있어서 장관을 이루었을 것으로 추측된다. 아마도 솔로몬은 이스라엘 역사상 가장 강력한 힘을 발휘했던 왕이었을 것이다. 솔로몬은 특히 이웃 대국인 이집트 파라오(바로)의 딸을 아내로 맞이하여 외부 세계의 침략으로부터 어느 정도 파라오의 덕을 보았을 것이다.(1열왕 3:1) 또한 바다와 육로를 통한 무역에도 뛰어난 수완을 발휘하여 이스라엘의 부를 축적했다고 볼 수 있다. 이러한 연유에서 그의 유명세는 멀리 알려졌고 스바의 여왕이 찾아와 직접 예루살렘 성전의 위용과 솔로몬의 박식함에 감탄하게 된다. 오라토리오 <솔로몬>은 드라마 같은 이야기가 진행되지 않으며 솔로몬과 관련된 세 개의 에피소드가 각각 하나의 막을 이룬다. 따라서 막과 막 사이에 극적인 연관성은 없다. 제1막은 솔로몬의 성전 건축과 파라오 딸과의 사랑이 다루어지고, 제2막에서는 두 명의 창녀가 아기를 놓고 다투는 내용이(1열왕 3:16-28), 그리고 제3막은 솔로몬을 방문한 스바의 여왕의 이야기(1열왕 10:1-13과 2역대 9:1-12)의 중심이 된다. 그 결과 전체 오라토리오를 통해 솔로몬은 세 번의 이중창을 부른다. 부인인 파라오의 딸, 아기의 어머니인 창녀 1, 스바의 여왕, 이렇게 세 명의 여인과 이중창을 노래한다. 성경에 의하면 왕족 출신의 부인만 칠백명에 이른다고 하니 세 번의 이중창이 솔로몬의 여성 편력을 암시하는 것인지도 모르겠다.

등장인물과 줄거리

솔로몬(알토)
왕비(소프라노)
스바의 여왕(소프라노)
창녀 1(소프라노)
창녀 2(메조소프라노)
차독(사독) 사제(테너)

1막

[1장] 솔로몬과 사제들이 성전 건축을 마치고 기도한다. "하늘과 땅을 지배하시는 전지전능한 분, 당신의 자애로운 손으로 고통 받는 당신의 종들을 구원해 주셨나이다. 완성된 주님의 성전에 당신께서 함께 계시니 이 성전 위로 천상의 영광을 내려주소서." 이 때 하늘에서 불길이 내려와 희생 제물을 삼키는 것을 본 차독 사제가 하느님께서 기도를 들어주셨다며 감격해 한다.(2역대 7:1) "성스러운 환희가 이 가슴을 벅차오르게 하네. 이 기쁨은 말로 표현할 수 없어라." [2장] 왕비가 들어오자 솔로몬은 궁전 건축이 시작되었음을 말해 준다. 왕비는 솔로몬을 처음 봤을 때를 떠 올린다. "현자 중에 현자를 내 눈으로 처음 보았던 그 축복받은 날! 당신이 나의 아름다움을 칭송하고 오로지 나만을 사랑하겠다고 맹세한 그 축복받은 날이여." 차독은 왕비의 미모는 날이 갈수록 빛난다며 이는 덧없는 외모의 아름다움이 아니라 그녀의 덕망 덕분이라고 치켜세운다. 솔로몬은 왕비에 대한 사랑으로 둘만의 시간을 갖기 위해 들어가자고 재촉한다. 사람들이 둘의 행복한 밤을 기원한다. "경솔한 방해자가 그들의 조용한 시간을 망치지 않기를. 꽃들아 일어나

서 향기로운 베게가 되어라. 부드러운 숨결 같은 산들 바람아, 그들이 깊이 잠들게 하라."

2막

[1장] 이스라엘인들이 솔로몬 왕을 찬양한다. "만수무강 하소서, 충성스러운 다윗의 아드님! 만수무강 하소서, 위대한 솔로몬 왕!" 솔로몬이 왕위에 오르면서 있었던 일을 떠올린다. "내가 약하고 나의 미래 운명이 흔들릴 때 주님께서 나를 강하게 만드셨고 모든 적들이 공포에 떨며 도망갔지. 그 못된 요압은 제단에서 피 흘리고, 당연히 죽어야할 시므이도 죽었고, 아도니야는 자기의 죄 때문에 고통스럽게 쓰러졌네.(1열왕 2)" [2장] 한 신하가 솔로몬에게 두 여인이 왕을 뵙겠다며 찾아왔다고 알린다. "눈물을 흘리는 여인은 새로 태어난 아기를 안고 있고 또 다른 여인은 자기 말을 들어보라며 큰 소리로 격하게 소리칩니다." 솔로몬이 그들을 들라고 이른다. [3장] 첫 번째 창녀가 자기의 슬픔을 들어보라며 말한다. "이 아기는 제가 나은 아이입니다. 저 여인도 아들이 있었는데 탯줄이 엉켜 죽었습니다. 저희는 같은 집에 있게 되었는데, 저 여인이 한 밤 중에 제 아이를 훔쳐갔고 죽은 아이를 제 품에 남겨 놓았습니다. 그러고 나서, 사악하게도 자기가 제 아이의 어머니라고 주장합니다." 첫 번째 창녀는 눈물을 흘리며 왕에게 애원하고 두 번째 창녀는 그녀가 거짓말을 한다고 펄쩍뛴다. 솔로몬 왕은 잠시 생각에 잠기더니 두 번째 창녀에게 자기의 주장을 말하라고 기회를 준다. "저는 제 입으로 꾸며댈 줄 모릅니다만 이 아이는 제 아이가 맞습니다." 솔로몬이 판결을 내린다. "내 말

을 들으라. 서로의 주장이 같고 자기의 몫을 요구하니, 아이를 둘로 나누어 주어라. 어서 칼을 가져오라!" 두 번째 여인은 솔로몬 왕께서 현명한 판결을 내렸다며 만족스러워 한다. "어쨌든 너로부터 아이를 갈라놓게 되었네." 첫 번째 창녀가 무릎을 꿇고 애원한다. "어찌 제 아이가 칼로 잘리는 모습을 볼 수 있겠습니까? 차라리 제가 포기하겠습니다. 그 아이를 다 가져가서 살려 주십시요." "이스라엘아, 들어라 왕이 말한다. 이 무고한 아이를 죽일 생각은 없었다. 이런 잔인한 판결을 눈물 한 방울 흘리지 않고 받아들이는 여인은 분명 이 아이의 어머니가 아니다. 하지만 너, 두려움에 떠는 여인은 부모의 사랑을 보여주는 것이니 다시는 너의 품에서 아이를 잃지 않도록 하여라." 첫 번째 여인은 왕의 현명함을 칭송하고 솔로몬은 이 능력은 주님께서 주신 것이라 말한다. 차독 사제도 왕의 위대함을 찬양한다.

3막

스바의 여왕이 솔로몬을 만나기 위해 도착한다. "스바의 여왕이 천상의 말씀을 듣기 위해 왔습니다." "어서 오시오, 먼저 주님의 성전을 보시오. 그리고 우리의 모든 보물을 마음껏 보셔도 됩니다." 스바의 여왕은 모든 것이 놀라울 정도로 아름답다며 감탄한다. 솔로몬이 연주자들을 불러 여왕을 위해 노래할 것을 명한다. "먼저 부드럽게 흐르는 자장가를 불러보아라." 합창단의 자장가가 끝나자 전쟁의 음악을 명령한다. 전쟁 음악이 끝나고 또 다른 분위기를 연출한다. "자 이번에는 분노를 모두 없애고 절망적인 사랑으로 눈물을 흘리는 노래를 만들어 보아라." 스바의 여왕은 모든 것이 그

저 놀랍기만 한다. "위대한 임금이시어, 음악가들의 악기가 모두 천상의 화음에 복종합니다. 제가 가져온 선물입니다. 여기 금과 보석, 향료를 가져왔습니다. 그래도 이곳에 있는 것보다는 못합니다. 성전이 저의 눈을 사로잡습니다. 임금님께서는 주님을 높이 받드셨음을 알 수 있습니다." 차독 사제가 성전에 대해 설명한다. "경건한 다윗 왕께서 그분의 왕국을 축복하기 위해 위대한 역사를 원하셨으나 쓸모없는 일이었지요. 그분께서 손에 피를 묻히셨던 겁니다. 황금 기둥을 보십시오, 그 주변을 포도나무가 둘러싸고 있습니다. 케루빔이 계약(언약) 궤 위로 날개를 펼치고 있습니다.(1열왕 6:27)" 사람들이 주님을 찬양한다. 여왕이 솔로몬에게 작별을 고한다. "제가 본 이 모든 화려함과 제가 배운 이 모든 지혜를 결코 잊지 못할 겁니다."(1열왕 10:7) "잘 가시오, 여왕이여. 평화와 덕망이 영원하기를 비오." 서로에 대한 덕담이 이어지며 작별한다.

감상하기

1막 2장. 합창, "어떤 경솔한 방해자도." CD2/1

May no rash intruder disturb their soft hours;	어떤 경솔한 방해자도 그들의 조용한 시간을 방해하지 않기를
To form fragrant pillows, arise, oh ye flow'rs!	향기로운 베개를 위해 꽃들이여 일어나라
Ye zephirs, soft-breathing, their slumbers prolong,	산들바람아, 부드럽게 그들이 오랜 잠을 자게 해다오.
While nightingales lull them to sleep with their song.	나이팅게일이 노래로 그들을 잠재우네.

솔로몬과 왕비는 잠자리에 들고 신하들은 그들이 편안하게 숙면을 취하기를 기원하는 합창곡을 노래한다. 일종의 집단 자장가라고 보면 된다. 왕과 왕비이니 합창단이 자장가를 불러도 될 것이다. 경쾌한 현악기만으로 시작한 전주는 곧바로 두둥실 떠오르는 듯한 리듬으로 조용히 다소 길게 끌며 사라진다. 이 흐르는 듯한 끝부분은 산들바람을 뜻한다. 곧이어 나이팅게일(종달새)이 지저귄다. 플루트와 바이올린 독주가 새소리를 흉내 낸다. 나머지 전주는 이 산들바람과 새소리가 번갈아가며 전체 곡을 지배한다. 합창이 시작하면서 처음에 나온 경쾌한 전주 선율을 노래하고 가사에 맞춰 '나이팅게일'이 나오면 앞의 새소리 음악이 그리고 '산들바람'이 나오면 앞의 산들바람 음악이 배경에 깔린다. 끝에 가서 우리말로 '잠'(sleep)이 나오는 곳을 주의 깊게 듣기 바란다. 마치 졸음에 빠져드는 듯한 느낌을 피할 수 없다. 후주 부분은 이 '슬립' 선율을 반복하며 깊은 잠 속으로 빠져들게 한다. 합창단도 노래하다가 졸 정도로 예쁜 자장가이다. 우리도 이 곡을 듣다가 잠들어도 스스로 탓할 필요는 없다.

2막 3장. 삼중창, "제 두려움을 말로 표현할 수 없어요." CD2/2

First Harlot	첫 번째 창녀
Words are weak to paint my fears;	제 두려움을 말로 표현할 수 없어요.
Heart-felt anguish, starting tears,	마음속의 괴로움, 흐르는 눈물
Best shall plead a mother's cause.	어머니로서 변호하는 수밖에
To thy throne, O king, I bend,	임금님이시여 당신 권좌에 빕니다.

My cause is just, be thou my friend.	저의 말이 맞아요, 제 편이 되어 주세요.
Second Harlot False is all her melting tale.	두 번째 창녀 저 여자의 달콤한 말은 모두 거짓이예요.
Solomon Justicc holds thc lifted scale.	솔로몬 정의가 들려진 저울에 있도다.
Second Harlot Then be just, and fear the laws.	두 번째 창녀 그러면 정의와 법의 무서움을 보여주세요.

앞에서 설명한 그림 장면에 해당하는 음악이다. 헨델이 음악적으로 등장인물의 심리 상태를 얼마나 훌륭하게 묘사하는지를 확인할 수 있다. 먼저 비통함이 진하게 깔려있는 전주에 이어 진짜 어머니가 독창으로 시작한다. 이 곡이 삼중창이라는 사실을 모르는 청중은 독창 아리아라고 생각할 수 있다. 어쩌면 헨델은 이런 반응을 계산하고 있었을 것이다. 마치 진짜 어머니가 독창 아리아로 솔로몬에게 자기의 말을 믿어달라고 애원하는 도중에 가짜 어머니가 막아서는 효과를 노렸다고 볼 수 있다. 그럴 경우 듣는 이는 아리아라고 생각하다가 갑자기 등장하는 두 번째 여인의 선율에 놀라며 그 효과를 최대한으로 끌어 올리게 된다. 진짜 어머니의 선율은 진지하게 곡선을 그리지만 가짜 어머니의 선율은 위아래로 마구 뛰어다니는 느낌을 주어 심지어 폭력적이라는 인상을 준다. 이 삼중창에서 가장 흥미로운 점은 솔로몬의 선율이다. 선율이라기에는 너무 평범하다. 우리말로 <도-

레-미-파-솔-파-미-레-도>, 리듬도 밋밋하게 그냥 올라갔다가 내려오는 선율이다. 익히 우리는 헨델의 선율 작곡 능력을 잘 알고 있다. 그런 헨델이 솔로몬에게 이렇게 지나치게 평범하여 노래라고도 볼 수 없는 선율을 준 것은 바로 솔로몬 왕의 중립성을 강조하기 위함이다. 여러 명이 함께 노래하는 중창에서 어떤 인물이 누구와 함께 어울리느냐에 따라 편이 갈린다. 삼중창의 경우 두 사람이 어울리면 나머지 한 명은 주로 따돌림을 받게 된다. 그런데 이 삼중창에서 솔로몬은 두 여인의 선율 어떤 것과도 어울리지 않는다. 결과적으로 이 삼중창에서 세 명의 등장인물이 모두 다른 생각을 하고 있는 것이다. 두 여인은 서로 상대방을 거짓말이라 하고 솔로몬은 누가 옳은지 '지혜로운 판결'을 위해 생각에 잠겨 있는 것이다. 솔로몬의 중립적 선율은 곡이 진행되면서 점차적으로 선율의 형태를 만들기는 하지만 그래도 끝까지 중립성을 유지하고 있다. 그의 정의의 천칭이 아직 어느 한 쪽으로 기울어지지 않은 것이다. 극을 위한 음악은 선율이 멋지다고 모든 것이 해결되는 것이 아니다. 물론 추해서도 안되겠지만 극의 상황에 맞게 음악을 만들 줄 알아야 한다. 바로 이 삼중창은 왜 헨델이 당대 최고의 오페라 작곡가였는지를 짐작케 한다. 그의 오페라에서의 경험이 오라토리오에서 더욱 강력하게 빛나고 있는 것이다. 이 삼중창을 앞에서 본 그림과 함께 감상하기 바란다.

감상 추천곡

바로크 음악의 몰아치는 리듬의 박진감을 만끽할 수 있는 서곡에 이어 성전을 봉헌하는 의식이 진행된다. 합창 "너의 하프와 심벌즈를 울려라"(No. 2. Your harps and cymbals sound)는 이중 합창단, 즉 두 개의 합창단이 동원되어 장엄한 분위기를 만들어 낸다. 다음 합창곡, "경건한 마음과 거룩한 입으로"(No. 4. With pious heart, and holy tongue)는 헨델의 명곡 중에 하나이다. 찬송가 방식으로 웅장하게 시작하는 두 합창단은 첫 울림부터 우리를 압도한다. 이어지는 돌림노래 방식의 빠른 부분은 가사의 내용을 그대로 반영하는 음악이다. "먼 민족들이 노래를 따라갈 때까지"를 음악적으로 묘사하기 위해 돌림노래 방식을 활용한 것이다. '따라가다'의 영어 단어 '캣치'(catch)는 여기서는 동사이지만 명사로 사용될 경우 돌림노래라는 음악 용어로도 쓰인다. 이어지는 아콤파냐토, "전지전능하신 분, 땅과 하늘을 지배하시네"(Almighty pow'r, who rul'st the earth and skies)는 솔로몬의 기도 음악이다. 감상하기에는 다소 부담이 되는 것이 사실이지만 이 곡이 성전을 봉헌하는 솔로몬의 기도라고 보면 충분히 이해가 된다. 반주 악기로 바순이라는 목관악기의 사용이 절묘하게 분위기를 잡아준다. 아콤파냐토의 매력을 맛볼 수 있는 좋은 곡이다. 사제인 차독의 아리아 "신성한 환희가 나의 가슴을 흥겹게 하네"(No. 7. Sacred raptures cheer my breast)는 차독의 기쁨을 많은 콜로라투라로 전달한다. 가사 중에, '기쁨'(joys), '부풀어 오르는'(swelling)을 노래할 때 다소 긴 듯한 콜로라투라 선율이 환희에 찬 차독의 마음을 보여준다.

1막 2장에 등장한 왕비는 솔로몬과의 첫 만남을 떠올리는 아리아, "축복받으리, 나의 눈이 처음으로"(No. 12. Bless'd the day when first my eyes)는 경쾌한 6/8박자의 반주를 배경으로 가볍게 흐르는 왕비의 선율이 매력적이다. 이어서 왕비와 솔로몬은 사랑의 이중창, "환영합니다, 새벽이 오듯이"(No. 14. Welcome as the dawn of day)를 노래한다. 이 오라토리오에서 최고의 이중창이다. 레디 퍼스트! 여왕이 먼저 노래를 시작하면 곧바로 솔로몬이 따라 부른다. 다른 사랑의 이중창에 비하면 두 번째 등장인물이 나오는 시점이 무척 빠르다. 솔로몬의 성격이 다소 급한 것 같다. 그러나 이른 시점부터 조화를 이루는 둘의 사이는 끝날 때까지 다양하게 주고받으며 완벽한 한 쌍의 커플임을 증명한다. 행복한 커플의 모습을 본 차독 사제가 왕비를 치켜세우는 아리아, "그대의 믿음과 맺어진 진실을 마음껏 누리세요"(No. 16. Indulge thy faith and wedded truth)는 단조의 곡이지만 슬픔보다는 행복의 충만함을 느끼게 하는 곡이다. 차독의 선율은 젊은 커플을 진실로 축복하는 마음을 전달한다.

2막은 솔로몬의 통치 하에 강국을 이룬 이스라엘인들이 솔로몬을 찬양하는 합창, "향로에서 말려 올라가는"(No. 22. From the censer curling rise)으로 시작한다. 역시 이중 합창단이 노래하는 강력한 곡이다. 오보에와 바순 목관악기만으로 전주를 시작한 후 4성부로 구성된 두 합창단이 동시에 합창을 시작하여 장대한 분위기를 만든다. 이 곡에서 우리는 이중 합창단의 효과를 쉽게 맛볼 수 있다. 두 합창단이 같은 선율을 주고받는 것이다. 두 합창단이 무대 양 쪽으로 분리되어 있을 때에는 일종의 스테레오 효과를 느낄 수 있다. 물론 음반으로 들을 때 그 효과가 반감되는 아쉬움은 있다. 2막 2장 두 번째 여인은 솔로몬이 아이를 반으로 자르라는 말에 기뻐하며 아리아, "전하의 판결은, 위대한 임금님"(No. 30. Thy sentence, great king)을 노래한다. 빠른 템포에 당김음까지 사용하며 기뻐 날뛴다. 얼마나 좋은지 거의 숨이 찰 정도다. 이렇게 좋아하니 솔로몬이 아니라 우리가 들어도 제 정신이라고 보기 어렵다. 이번에는 진짜 어머니가 느린 템포로 아리아, “어찌 내 아이가 찔리는 것을 볼 수 있으리”(No. 32. Can I see my infant gor'd)를 노래한다. 느리게 시작하는 전주 부분에서 바이올린 음들이 부딪히는 소리를 들을 수 있다. 그것도 한번이 아니라 연속적으로 여러 번 반복된다. 음들이 어울리지 못하고 부딪히면 우리는 고통스럽다. 진짜 어머니의 고통스러움을 표현하는 방법이다. 이 부딪히는 소리는 곡의 끝부분에서도 연속적으로 나타난다. 합창, “동방으로부터 서방까지”(No. 35. From the east unto the west)는 솔로몬처럼 지혜로운 사람이 이 세상에 있겠느냐며 임금을 칭송한다. 대체적으로 찬송가 방식을 사용한 곡이다. 차독 사제의 아리아, “머리를 쳐드는 커다란 야자나무를 보라”(No. 37. See the tall palm that lifts the head)는 지혜로운 솔로몬을 나무 중에 가장 훌륭한 야자나무에 비교하는 노래이다. 경쾌한 리듬의 반주를 타고 흐르는 가벼운 차독의 신율이 매력적이다. 중간에 나오는 긴 콜로라투라 선율은 영어 가사 ‘펼치다’(spread)를 묘사한다. 2막을 종료하는 합창, “높여라, 높여라, 솔로몬 찬양을 위해 전체 합창으로”(No. 40. Swell, swell the full chorus to Solomon's praise)는 가사에 ‘전체 합창’이라는 단어가 나오는 것에 걸맞게 약간의 예외를 제외하면 처음부터 끝까지 완전히 ‘전체 합창단’이 함께 노래하는 찬송가 방식을 채용한다.

3막의 시작은 유명한 <스바 여왕의 도착>(No. 41. Arrival of Queen of Sheba)이라고 알려진 기악 음악이다. 헨델의 오라토리오에서는 보통 한 작품에 서곡을 제외하고 최소 한 곡 정도의 기악곡이 포함되어 있다. 그 용도는 다양하다. 극중에 벌어지는 장면을 악기 연주로만 묘사하는데 주로 장례행진곡과 같은 행진 음악과 전투 장면을 위한 음악 등이 가장 대표적이다. 이 곡은 스바의 여왕이 도착하는 것을 알리는 곡으로 계속되는 성악음악의 피곤함을 기악음악으로 풀어준다. 이어서 소위 '솔로몬과 그의 합창단'이 스바의 여왕을 위한 작은 음악회를 개최한다. 솔로몬이 선창을 하고 합창이 이어지면서 3개의 합창곡이 각기 다른 분위기의 음악을 만들어 낸다. 이중에 두 번 째 합창곡, "이번에는 다른 박자로 해보자"(No. 46. Now a diff'rnt measure try)는 솔로몬의 지휘로 전쟁 장면을 노래한다. 말의 발굽 소리 같은 반주 리듬과 중간에 합창단이 노래로 흉내 내는 트럼펫 소리가 재미있다. 합창, "하프와 목소리로 주님을 찬미하라"(No. 55. Praise the Lord with harp and tongue!)는 이중합창단의 스테레오 효과를 가장 노골적으로 들을 수 있다. 첫 번째 합창단만 시작하여 어느 정도 시간이 흐른 다음, 두 번째 합창단이 합류하는데 그들은 처음에는 "주님을 찬미하라"(Praise the Lord)만 짧게 노래하여 두 합창단이 완전하게 구별된다. 이후 두 번째 합창단이 점점 길게 합류하면서 본격적으로 이중 합창단이 동등하게 주고받는다. 그럼에도 두 합창단이 동시에 같은 리듬으로, 즉 찬송가 방식으로 노래하는 부분은 곡 중간의 "주님만이 선하시고 위대하십니다"(God alone is good and great)와 곡의 끝에 "주님만이 옳고 슬기로우십니다."(God alone is just and wise)에서야 나온다. 이 곡을 들을 때 반주 음악에도 귀 기울이기 바란다. 오보에와 바이올린의 주고받는 반주가 놀라울 정도로 규칙적으로 오랫동안 지속된다. 좋은 연주라면 저 위 밤하늘에서 반짝거리는 빛을 볼 수도 있다. 물론 오보에 연주자는 숨이 차서 꽤 지쳐있을 것이다. 클라이맥스는 트럼펫이 힘차게 높이 날아오르고 합창단이 호산나를 외치는 부분이다. 가사와 음악의 전개를 음미하다보면 저절로 푹 빠져들게 되어있는 곡이다. 이 합창곡이 워낙 화려하고 웅장해서 오라토리오를 처음 듣는 청중은 이 곡이 끝난 후에 기립 박수를 치지 않도록 조심해야 한다.

마지막으로 스바의 여왕이 노래하는 작별 인사를 살펴보자. 혹 독자들 중에 "고독의 트럼펫 소리"라고 하면 연상되는 것이 있는지 모르겠다. 스바의 여왕의 아리아 "태양이 비추기를 잊으리오"(No. 59. Will the sun forget to streak)는 현악기의 조용한 반주에 오보에와 플루트가 동시에 같은 선율을 연주하며 시작한다. 여왕의 노래가 시작한 후 그 오보에와 플루트는 네 음으로 된 짧은 선율을 거의 규칙적으로 짧게 연주한다. 그 선율이 트럼펫 소리를 연상시킨다. 그것도 마치 멀리서 홀로 조용히 연주하는 듯하다. 여왕의 노래 전체에 걸쳐 이 '트럼펫 소리'가 계속된다. 가사를 잊고 음악만 들어도 여왕의 고독함이 느껴진다. 가사에는 정작 그녀의 외로움이나 고독함에 대한 표현은 들어 있지 않다. 그러한 음악이 그녀의 속마음을 보여주는 것은 아닐까? 가사의 내용에 비하면 헨델의 음악은 견디기 힘든 슬픔으로 가득하다. 한 마디로 쓸쓸한 차가움이 파고드는 고독이라고나 할까? 알 수 없는 일이지만 스바의 여왕은 미혼이었을 것이다.

오라토리오 끝난 후에

성경에 의하면 왕비는 이름도 없이 파라오의 딸이라고만 나오지만 오라토리오에서는 솔로몬과 짝을 이루어 이중창도 부르고 자신만의 아리아도 노래한다. 솔로몬을 알토로 배정하여 여성이 남성역을 노래한다. 솔로몬은 성전을 지은 후에 왕비를 위한 궁을 따로 지었다. 1막 2장이 시작하면서 솔로몬은 왕비에게 궁전 건축이 시작되었음을 알린다. 1막에는 차독 사제도 등장하여 멋진 아리아를 노래한다. 차독 사제는 다윗 시대부터 활동하던 인물로 솔로몬에게 기름을 부은 장본인이다. 1막에서 차독은 솔로몬과 함께 성전 봉헌을 위한 제사를 집전하는 사제로 나온다. 나머지 2막과 3막에서 각각 아리아를 한 곡씩 부르며 이 때의 차독 역할은 성경과 관계없이 대본가가 만들어 넣은 것이다. 이 아리아에서 차독은 지속적으로 솔로몬과 왕비에 대한 찬양을 노래한다.

2막, 솔로몬의 판결 에피소드는 전체적으로 성경에서 크게 벗어나 있지 않지만 최종 판결을 내린 후 진짜 어머니는 솔로몬과 이중창도 부르고 독창 아리아까지 부르며 활약한다. 여기서 우리는 당시의 관습 하나를 짚고 넘어갈 필요가 있다. 당시에는 배역의 중요성에 따라 제1 소프라노(프리마 돈나)와 테너(알토), 제2 소프라노와 테너(알토)로 구분하였고 거의 모든 등장인물은 끝까지 살아 있는 경우 골고루 역할을 배정받는다. <솔로몬>의 경우 차독은 각 막마다 아리아 하나씩을 노래하여 균등하게 배분하였고, 소프라노 여인들 즉, 1막의 왕비, 2막의 진짜 어머니, 3막의 스바의 여왕은 보통 한 명의 같은 성악가가 노래하며 각 막마다 정확하게 아리아 두 곡과 솔로몬과의 이중창 한 곡씩을 부른다. 솔로몬의 경우는 다소 불규칙적이지만 각 막마다 소프라노만큼 활약한다. 솔로몬의 아리아는 막마다 최소한 한 곡씩 배치되었고 3막에서는 합창단을 이끌며 독창 파트를 충분히 배정받았다. 다소 인위적이라고 할 수 있는 이런 성악가들에 대한 배려는 다양성을 확보하는 데에 중요한 역할을 한다. 이렇게 함으로써 어느 한 주인공의 아리아가 하나의 막에 집중되는 것을 막을 수 있다. 이런 규제는 오라토리오에서는 다소 완화되었지만 오페라에서는 매우 확실하게 지켜졌다. 그래서 특정 등장인물을 만들 때 그 역할이 처음부터 끝까지 지속될 수 있는지가 미리 계산되어야 한다. 그래서 제1 소프라노와 알토(또는 테너)는 오라토리오나 오페라의 2막에서 죽는 일이 없다. 그러면 3막에서 그가 등장할 수 없기 때문이다. <솔로몬>에서 세 명의 각기 다른 역할의 여인을 등장시키면서도 같은 소프라노가 노래하게끔 하는 것은 여성 주인공이 1막부터 3막까지 지속적으로 나와야하기 때문이다. 쉬운 말로 유명 소프라노를 캐스팅하면서 1막만 부르고 집에 가서 쉬라고 하면 어떤 성악가가 이에 응하겠는가?

3막의 스바의 여왕은 성경의 내용과 크게 다르지 않다. 3막에서 대본가가 창작한 것은 스바의 여왕을 위한 음악회를 개최한 것이었다. 오라토리오 안에 포함된 작음 음악회이다. 이 음악회에서 솔로몬은 마치 지휘자처럼 행동한다. 솔로몬과 음악과의 연관성은 성경의 아가서를 통해 생각해 볼 수 있다. 8편의 노래로 구성된 아가는 성경에 의하면 "솔로몬의 가장 아름다운 노래"라고 한다. 솔로몬이 작곡가인 것이다. 물론 여기에는 많은 논란이 있다고 한다. 솔로몬이 즐겨 듣던 노래라는 의미도 있다는 것이다. 어떤 이는 이 노래가 스바의 여왕과 연관되어 있다는 주장도 한다. 실제로 에티오피아 전통에 따르면 솔로몬과 스바의 여왕 사이에 자손이 있었고 그 자손이 에티오피아의 조상이라는 것이다. 흥미로운 점은 우리 오라토리오에서 스바의 여왕은 성경에는 없는 표현을 쓴다. 스바의 여왕을 마중 나온 솔로몬에게 스바의 여왕은 모든 것이 눈부시게 아름답고 감동적이라면서 솔로몬이 "그토록 부드럽고 매력적인 목소리로"(from that tongue so soft and killing) 들려주는 것들이 자신의 영혼을 가장 기쁘게 한다고 말한다. 둘의 사이에 대해서는 각자 상상에 맡기기로 한다. 단, 이 여왕의 아리아 음악에서는 둘의 관계에 대한 특별한 단서가 발견되지 않는다.

<솔로몬>은 특별한 오라토리오이다. 구성면에서 봐도 전체 오라토리오를 관통하는 드라마가 없다. 반면에 각각의 막은 독립적이면서도 솔로몬이라는 인물로 통해있다. 그러면서도 아리아의 배열은 다른 오라토리오에 비하면 매우 오페라적이다. 헨델은 <솔로몬>을 통해 자기만이 만들 수 있는 오라토리오의 모습을 보았을 것으로 추정된다. 오페라와 구별되면서도 극적인 구성을 가질 수 있는 헨델만의 오라토리오가 완성되었다.

아탈야 (Athalia)

헨델의 3번째 영어 오라토리오 <아탈야>는 1733년 런던의 근교이며 중세 때부터 대학 도시로 유명했던 옥스퍼드에서 초연되었다. 몇 달 전에 런던에서 <드보라>와 관련된 일로 상처받은 헨델을 옥스퍼드 대학이 졸업식 축하 공연을 위해 초빙한 것이다. 옥스퍼드 대학을 위해 헨델은 영어로 된 4편의 작품을 준비했다. 오라토리오로 <에스테르>, <드보라>, <아탈야>가 포함되었고 가벼운 분위기의 오페라와 오라토리오의 중간 형태엔 <아치스와 갈라테아>를 대학의 셀도니언 극장에서 공연한 것이다. 7월 5일부터 12일까지 열린 이 축하 공연은 대성공이었다. 소문에 의하면 헨델은 옥스퍼드 대학으로부터 명예 박사학위를 받게 되어 있었다고 한다. 영국의 옥스퍼드 대학은 명예박사학위 수여를 15세기부터 시행했었다. 오랜 전통의 명예가 헨델에게도 주어질 뻔했으나 무산되고 말았다. 그 이유에 대해서는 몇 가지 가설만 있을 뿐이다. 일설에는 처음부터 소문뿐이있다는 설과, 헨델이 거절했으리라는 설이 있는데, 헨델의 거부 이유로는 옥스퍼드 대학에서 돈을 요구했었다는 주장과 옥스퍼드의 보수적인 지도층 사람들이 헨델과 그의 오라토리오를 폄하하는 태도에 헨델이 불만을 품었기 때문이라는 이야기가 있다.

약 60년 후인 1791년 옥스퍼드의 같은 극장에서 고전주의 작곡가 요셉 하이든이 명예박사학위를 받는다. 이 때 하이든의 나이 59세였으며 전 유럽에서 최고의 작곡가로 존경받고 있었다. 헨델이 박사학위를 받았다면 그 때 그의 나이 48살이었으니 하이든보다 10살 먼저 받게 되는 것이었다. 지금의 눈으로 객관적이며 공정하게 연구실적을 평가하면 하이든이 헨델보다 더 높은 점수를 받았을 것으로 보인다. 그렇다고 헨델이 서운해 할 필요는 없다. 하이든의 박사학위 수여 축하 음악회에서 그는 선배 작곡가 헨델의 음악을 자기 곡보다 더 많이 들어야했다. 음악회 시작부터 <에스테르> 서곡이 연주되었고 <삼손>과 <이집트의 이스라엘인>의 아리아가 이어졌으며 그 다음에서야 하이든은 박사학위 가운을 입고 자신의 '칸타타'(어떤 곡인지는 알 수 없음.)를 지휘하며 1부가 끝나고 이어지는 2부에서도 헨델의 오라토리오 <알렉산더의 향연>과 <솔로몬>의 발췌곡이 연주되었다고 한다.

오스트리아 작곡가 하이든에게 박사학위를 수여하며 헨델의 음악을 다수 포함시킨 이유는 무엇일까? 같은 독일어권에서 태어났기 때문은 아닌 것 같다. 영국이 내세울 수 있는 작곡가가 헨델 밖에 없었을 것이다. 외국의 최고 작곡가를 초청하여 학위를 수여하며 자기네의 자랑거리인 헨델을 내세운 것은 당연해 보인다. 이때 영국을 방문한 하이든은 런던에서 헨델의 오라토리오를 듣고 감명 받아 그의 후기 오라토리오인 <사계>와 <천지창조>를 작곡했다. 이 때 하이든이 들은 오라토리오는 <이집트의 이스라엘인>, <에스테르>, <유다 마카베오>, <드보라>, <메시아>였다. 달리 말하면 헨델이 죽은 지 32년이 지났음에도 불구하고 그의 오라토리오들이 지속적으로 공연되고 있었다는 점이다. 그 당시만 해도 과거의 음악은 쉽게 사라지는 경향이 있었다. 그런 점을 감안하며 5-60년 전의 음악을 듣고 감명 받은 하이든도 특별하다. 어쩌면 이 행사 때 옥스퍼드의 신사들이 60년 전에 헨델에게 박사학위를 무슨 수를 써서라도 안겨야 했었다고 후회했을지도 모르겠다. 1744년 5월의 편지에서 헨델은 그 당시를 회상하며 다음과 같이 말했다고 한다. “나는 박사학위를 받을 수도 받으려 하지도 않았다. 그 이유는 내가 엄청나게 바빴기 때문이다.” 바빠서 박사학위를 못 받았다는 그의 말을 어디까지 믿어야 할까?

헨델의 동시대 프랑스 화가 샤를르 앙트완느 코이펠의 〈성전에서 쫓겨나는 아탈야〉. 그림 가운데의 인물이 사제 여호야다이며 그의 오른쪽에 왕좌에 앉은 어린 요아스가 보인다. 요아스와 가까이에 있는 여인이 요아스를 아탈야 몰래 숨겨 키워온 숙모 여호세바일 것이다. 그림 속에서도 그녀는 요아스를 보호하려는 제스처를 취한다. 왼쪽에서는 군인들이 아탈야 여왕을 체포하여 끌고 나간다. 아탈야를 그 자리에서 처형하지 않은 것은 그 곳이 ‘주님의 집’ 즉, 성전이었기 때문이다.(2열왕 11:15-16)

이 때 아탈야는 반역이라고 외쳤다고 한다. 그녀는 요아스와 여호야다 쪽을 바라보며 반항하고 있으나 성전 밖으로 끌려나가 처형당한다. 열왕기와 역대기는 아탈야 이야기를 다소 다르게 묘사하고 있다. 결정적인 차이는 이 반역을 일으킨 주도 세력이 누구인가이다. 두 곳 다 여호야다가 주동한 것은 같다. 그러나 그를 뒷받침하기 위해 동원된 사람들이 다르다. 열왕기는 일종의 용병을 고용한 것처럼 되어 있다. 여호야다 사제는 '카리' 사람들과 계약을 맺고 그들을 쿠데타에 동원한다. 반면에 역대기에서는 이 모든 일을 이스라엘의 중요한 가문들과 협의하였고 용병 대신에 사제들과 레위인들이 동원된 것으로 되어 있다. 그림을 보면 오른쪽과 왼쪽은 군사들이 다른 것을 알 수 있다. 오른쪽은 군사들이라고 할 수 없는 이들이 칼과 방패를 들었고 왼쪽에서 아탈야를 체포한 사람들은 제대로 갖춘 철모와 갑옷을 입고 있다. 어쩌면 화가는 열왕기와 역대기의 전통을 모두 한 그림에 포함하려고 했던 것이 아닌가 싶다. 오른쪽의 칼을 든 사람들은 여호야다 사제와 같은 복장을 하고 있어 그들은 사제들과 레위인들일 것이며 오른쪽은 카리의 용병들을 그렸다고 할 수 있다. 오라토리오 〈아탈야〉의 3막 4장이 이 장면을 묘사하고 있다.

오라토리오 시작 전에

솔로몬이 죽고 나서 통일 왕국은 남과 북으로 분단된다. 솔로몬의 아들로 왕위 계승권이 있었던 르하브암이 왕위를 이어받았지만 솔로몬이 살아있을 때부터 반란을 꾀했던 예로보암이 이집트에 피신해 있다가 돌아오면서 둘의 갈등이 심해졌고 급기야 두 왕국으로 나뉜다. 르하브암은 북쪽에서 쫓겨나 예루살렘을 중심으로 남왕국 유다를 세웠고 예로보암은 베텔을 중심으로 북왕국 이스라엘을 세운다.(1열왕 12) 유다 왕국의 왕위는 르하브암 이후 그의 아들 아비야(열왕기에는 아비얌)가 이어받았고 계속해서 그의 아들 아사가 유다를 통치하게 된다. 유다 왕국은 다윗과 솔로몬의 자손에서 왕위를 이어가는 데에 성공하여 아사 뒤에 여호사밧이 왕위에 올라 스물다섯 해 동안 다스리며 여러 업적을 남긴다. 그의 맏아들 여호람이 왕위를 물려받으며 자신의 아우 모두를 죽이고, 여호람은 자신의 왕국을 외부세력으로부터 보호하기 위해 북쪽의 이스라엘 왕국 아합 왕의 딸인 아탈야와 결혼한다. 남북 왕국이 사돈이 된 것이다. 아탈야는 아버지 아합의 영향을 받아 바알 신을 숭배하였고 여호람은 이를 묵인하였다.(2역대 21:6) 여호람의 아들로 왕위를 물려받은 아하즈야(아하시야)도 역시 우상 숭배를 이어갔고 예언자 엘리사에 의해 왕위에 오른 이스라엘 왕국의 예후는 아하즈야와 그의 형제들 모두를 없애버림으로써(2열왕 9:27, 10:14), 아합의 집안에서는 더 이상 왕위에 오를 인물이 없게 되었다. 이 때 아탈야의 어머니인 이제벨도 죽임을 당하는 데 이 이야기는 성경에서도 가장 엽기적인 장면 1위에 오를 것이다. 예후가 이제벨을 죽여 창밖으로 던지고는 잠시 후에 사람들을 시켜 그녀를 묻어주라고 해서 신하들이 나가보니 "두개골과 발과 손바닥 말고는 아무것도" 남지 않았다고 한다.(2열왕 9:35-37) 개가 이제벨의 시체를 먹어버린 것이다.

이스라엘의 왕족인 자기의 집안이 어머니와 함께 처참하게 몰살당하는 것을 본 아탈야는 그 복수로 다윗의 자손을 학살하기 시작한다. 다시 말해서 아하즈야의 아들, 즉 자기의 손자들을 죽이기 시작한 것이다. 이쯤 되면 광기라고밖에 볼 수 없는 상황인 것이다. 그러니 자기 자손들을 죽인 아탈야의 마음이 편할 리 없다. 헨델의 오라토리오에서 아탈야는 악몽에 시달리는 여왕으로 처음 등장한다. 또 오라토리오에서 아탈야의 하인들로 시돈인들이 나온다. 아탈야의 어머니 이제벨은 시돈의 공주였다. 아합이 이민족인 페니키아의 시돈 왕족과 결혼한 것이다. 따라서 오라토리오에서도 아탈야를 보살피는 사람들은 이스라엘인들이 아니라 시돈인이었던 것이다. 반면에 성경의 아탈야 부분에서 시돈인들은 나오지 않는다. 성경에서 바알 숭배자였고 이민족이었던 아탈야를 폭군으로 묘사한 것은 당연해 보인다. 어쨌든 아탈야의 광기에도 불구하고 아직 갓난아기였던 요아스는 그녀의 숙모인 여호세바의 도움으로 성전의 한 방에 숨겨져 살아남는다. 아탈야가 유다를 통치한 6년 동안 숨겨져 있었고(2역대 22:12) 요아스가 일곱 살에 왕위에 올랐으니(2역대 24:1) 갓난아기 때에 숨겨진 것으로 볼 수 있다. 오라토리오 <아탈야>는 성경과 달리 사제 여호야다의 아내로 나오는 여호세바가 주님께 폭군 아탈야를 벌해주시기를 기원하는 장면부터 시작한다.

등장인물과 줄거리

아탈야(이제벨의 딸이며 유다의 여왕, 소프라노)
여호세바(여호야다의 부인, 소프라노)
요아스(유다의 왕, 소년 소프라노)
여호야다(대사제, 알토)
마탄(바알 사제, 원래는 유다 사제였음. 테너)
아브너(유대인 군대의 장수, 베이스)

1막

[1장] 여호세바가 처녀들과 함께 하느님이 주신 자연의 아름다움을 예찬한다. “인간들이여, 우리를 둘러싼 이 모든

것이 이토록 경이롭다면, 사람의 아들들아 이것들의 창조주께서 얼마나 놀라운 분이신가를 경외하는 마음으로 생각하라." 동시에 그들을 짓누르고 있는 폭군을 하느님께서 벌주시기를 빈다. "주님께서 분노를 드러내실 때 오만한 자들이 숨을 곳이 있겠는가?" [2장] 사제장인 여호야다가 들어오며 조심스럽게 행동해야 한다고 충고한다. "우리의 이 신성한 축제를 더럽힌 아탈야의 불경한 손이 이 땅을 망치고 있어. 아탈야가 낯선 제단에 불을 지피고 감히 여호와의 이름을 무시하다니." 여호야다가 주님께 자기들에게 자비를 베풀어달라고 기도한다. 모두 함께 기도한다. "당신 자손들이 계속 신음하는 소리를 들어주소서. 그들이 주님께 탄식의 숨을 내쉬는 것을 들어주소서." [3장] 아탈야가 잠에서 깨어난다. "아! 얼마나 무서운 꿈인가?" 아브너와 마탄이 들어오자 아탈야가 마탄에게 도움을 요청한다. "무엇 때문에 이토록 두려움에 떠십니까?" "잠이 깊이 들었었는데 내 앞에 나의 어머니가 처참한 모습으로 서 있지 않겠나! 그러고는 내 귀에 대고 큰 소리를 지셨어, '아딸아, 너의 운명에 떨어라! 유다의 신께서 분노하여 너를 쫓고 계시다.' 어머니가 사라지려고 해서 안아드리려고 했는데 난도질당한 피 흘리는 뼈만 남았어. 개가 달려들더니 시체를 물어뜯었지."(2열왕 35-36) 시돈의 사제들이 놀라며 그녀를 위해 기도한다. "바알 신이시여. 부드러운 평온함으로 그녀를 위로하소서. 당신의 숭배자이신 여왕을 보호하소서." 아탈야가 꿈 이야기를 계속한다. "내가 정신을 못 차릴 정도로 떨고 있는데, 빛나는 예복 있잖아, 유다 사제들이 입는 그런 옷을 입은 한 젊은이가 서 있었어. 그 젊은이가 미소를 짓길래 가까이 갔더니 칼로 내 가슴을 찔렀어.” 마탄이 나서 여왕을 안정시키려고 노력하지만 여왕은 계속 공포에 떨고 있다. 마탄이 빨리 유다 신전으로 가서 그 젊은이가 누군지 찾아내라고 하자 아브너가 앞장선다. [4장] 여호야다가 여호세바에게 이제 유다의 불행을 끝낼 때가 왔다고 한다. 여호세바는 요아스 왕자가 살아있음을 사람들에게 알리고 싶어 한다. 아브너가 급하게 들어와 아탈야 여왕이 이곳으로 오고 있다고 알린다. “우리가 경외하는 주님을 무시하는 아탈야가 오고 있소. 그녀는 이 곳에 자기를 죽이려는 젊은이가 숨어있다고 믿고 있소. 그 젊은이를 죽이고야 말거야.” 여호세바는 희망도 잠시 뿐 다시 저주가 찾아온다며 절망한다. 여호야다는 여호세바를 안심시킨다. “주님께서 더 이상 유다의 적을 막지 못하시기라도 한단 말인가? 나는 주님께서 우리의 이 축제를 환희로 끝맺어 주실 거라 믿고 있소.” 이스라엘 사람들이 할렐루야를 외친다.

2막

[1장] 유다인들이 신전에서 기도한다. “전지전능하신 주님을 저희는 믿나이다. 주님께 영광! 모두 주님을 찬양하라!” 여호야다가 아브너를 의심한다. “네가 왕족을 모두 몰살시키지 못한 것을 알고 있는가? 그 분을 따를 것인가?” 아브너는 자신의 진심을 믿어달라며 한 때 여호야다가 자기를 속이려 했다고 잘못 알고 있었다고 한다. 여호야다는 그래도 의심쩍어 한다. 이 때 아탈야가 부하들과 사제들을 데리고 들어온다. [2장] 아탈야가 신전에 들어서며 꿈에서 봤던 아이를 연상하며 괴로워한다. “여호세바야 말해보라. 이

소년이 너의 아들인가?" "제가 정말 사랑하는 아이이지만 제가 낳은 아이는 아닙니다." "아이의 아버지가 누구인가?" "아버지가 없습니다. 오직 하느님만 계십니다." "내가 아이에게 직접 묻겠다. 너의 이름이 무엇인가?" "엘리아킴입니다." "네 아버지의 이름을 말하라!" "죄송합니다만 고아로 자란 저는 부모님을 모릅니다." "그러면 네가 어렸을 때 누가 너를 이렇게 정성껏 키워줬는가?" "자비로 충만하신 주님께서 당신 자손의 아이에게 저주를 내리셨겠습니까? 매일같이 주님께 간청했고 그 분께서 이 제단에서 저에게 먹을 것을 주셨습니다." "내 생각에 너에게 합당한 장소는 왕궁이니 오늘부터 너는 아탈야의 보살핌을 받게 되리라." 어린 요아스가 당당하게 받아친다. "저를 축복해 주신 주님을 뵈올 수 있나요? 여왕께서 제가 혐오하는 의식으로 불경하게 만드신 그 분을 뵈올 수 있을까요?" 여왕이 분노하며 나간다. "나의 적들이 오늘 내 앞에서 떨게 되리라." 여호세바가 절망스러워 하자 요아스가 그녀를 안심시킨다. "주님께서 분명히 저를 보호해 주실 겁니다." [3장] 여호야나가 이스라엘 사세들과 젊은 처자들을 대동하고 들어오며 주님께서 기쁨을 주시게 되리라며 여호세바를 안심시킨다. 아브너도 그들과 뜻을 같이하고 사제들은 죄인이 벌받게 되리라 믿는다. "기뻐하라, 주님 품 안에서. 그 분의 자비가 너희를 위해 마련되어 있으니."

3막

[1장] 이스라엘인들이 제단에서 기도한다. "예루살렘이여, 너는 더 이상 폭군의 죄악으로 탄식하지 않으리. 하느님께서 이제 우리를 구원해 주시리. 보라, 그녀가 쓰러

지고, 피 흘리며 죽어간다!" 여호야다가 요아스를 부른다. "예, 아버지." "너는 앞으로 어떤 왕이 되고 싶은가?" "주님께서 저에게 그런 영광의 자리를 내려주신다면 저는 정의로운 다윗 왕처럼 되고 싶습니다." 여호야다가 요아스 앞에 무릎을 꿇자 요아스가 놀란다. "아! 나의 아버지가 내 발 아래에?" 여호세바가 이스라엘인들에게 왕자님께 경배드리라고 선언한다. 모든 이스라엘인들이 외친다. "굳건하게 뭉친 마음으로 왕자님을 위해 적을 물리치지 못한다면 우리는 죽음이오." [2장] 마탄이 뜻밖에 여호세바를 찾아온다. "공주님, 저는 당신의 안위가 저의 가장 중요한 근심거리라는 점을 말씀드리러 왔습니다." "네가 하느님께 저지른 죄를 알면서도 여기를 찾아오다니!" 여호세바가 마탄을 심하게 몰아붙인다. [3장] 여호야다가 들어오며 마탄에게 나가라고 한다. "이 기도를 위한 집을 감히 침범하다니." 마탄은 여왕의 심문을 받게 되리라며 나간다. [4장] 아탈야가 사제들을 이끌고 들어오며 요아스를 찾는다. "그 놈이 어디에 있단 말인가?" 여호야다는 당당하게 맞선다. "우리의 사제들아. 그 젊은이를 여왕 앞으로 데리고 오라! 못된 여인이여, 잘 보시오, 우리의 왕이오." 여왕이 반역이라며 아브너를 찾는다. "아브너, 이 상처받은 여왕을 위해 복수해 다오." 여호야다가 아브너에게 말한다. "위대한 장군이여, 당신의 왕을 보시오, 여호세바의 보살핌으로 살아계셨다. 네가 다윗 자손의 적이 될 수는 없지 않은가?" 아브너가 요아스에게 경의를 표하고는 아탈야에게 말한다. "당신의 박해를 더 이상 두려워하지 않소. 유다가 승리하여 일어서리라." 아탈야는 마탄에게 명령한다. "이게 어떻게 된 일인가? 내 경호원들, 신하들은 어디에 있는가? 마탄, 너의 신께 기도하라. 이 반역자들의 머리에 분노가 떨어지기를." "우리의 신은 더 이상 우리의 말을 듣지 않습니다. 히브리인들의 신께서 결국 지배하시게 되었습니다." 마탄은 자신의 배교 행위에 대해 자책한다. "나를 위한 자비가 남아 있겠는가?" 아탈야가 절망한다. "오늘 나는 죽게 되는구나. 어머니 이제벨의 위대한 혼으로 내 가슴을 채우게 하라. 죽어서도 나는 망하지 않으리!" [5장] 여호야다와 여호세바가 이제 모든 두려움이 사라졌다며 기뻐한다. 모두들 하느님을 찬양한다. "주님께 영광! 모두 주님을 찬양하라!"

감상하기

1막 1장. 이스라엘인들의 합창, "떠오르는 세상에 여호와께서 왕관을 씌우셨네." CD2/3

Young Virgins	젊은 처녀들
The rising world Jehovah crown'd	떠오르는 세상에 여호와께서 왕관을 씌우셨네
With bright magnificence around!	온통 빛나는 장대함으로
He hung the radiant orbs on high,	밝은 태양을 하늘 높이 매달고
And pour'd the sunbeams through the sky;	하늘을 가로지르며 햇살을 쏟아내시네.
He lent the flow'rs their lovely glow,	그분은 꽃들이 사랑스럽게 피도록 하셨고
And breath'd the fragrance they bestow;	꽃의 향기를 들이키셨네
The plains with verdant charms array'd,	들판을 푸르게 단장하시고
And beautify'd with green the glade.	숲속의 곳곳을 청록으로 아름답게 만드시네.

Israelites	이스라엘인들
O mortals, if around us here	인간들이여, 우리를 둘러싼
So wond'rous all his works appear,	그분의 모든 창조물이 놀랍지 않은가.
Ah think with awe, ye sons of men,	경이롭게 생각하라, 너희 사람의 아들들아
How wond'rous is their author then!	만물의 창조주께서 얼마나 놀라우신 지를!

이 곡은 먼저 이스라엘 여인들의 합창으로 시작한다. 합창이라고는 하지만 여성 성부들이 우리가 애국가를 부르듯이 같은 선율을 노래한다. 미끄러지듯이 내려가는 베이스 반주에 성악 선율도 함께 미끄러진다. 여성 합창은 위의 가사 전체를 먼저 노래한다. 자연스럽게 흐르는 선율이 거침이 없다. 이스라엘인들이 합창에 가세하면서 반주 음악은 거의 그대로 가지만 이번에는 합창답게 여러 성부가 찬송가 방식으로 노래한다. 자세히 들어보면 앞에 나왔던 선율이 그대로 나오는데 이번에는 그 선율을 여러 성부로 꾸며가면서 진행한다. 전체적으로 반복이 많게 들리면서도 계속 새로운 맛을 추가하는 듯한 느낌이다. 경건함보다는 행복함과 경이로움에 초점을 맞춘 곡으로 보인다. 영어 감탄사인 '아!'(Ah!)가 나오는 부분은 경이로움에 대한 감탄, 그 자체다. 비 온 뒤 햇살이 파고드는 숲 속에서 느끼는 찬란함에 대한 감탄을 연상하기 바란다. 자연 예찬은 곧 창조주 주님에 대한 찬미임을 말해주는 곡이다.

1막 3장. 하인들과 시돈 사제들의 합창, "우리 신들의 선택된 축복을 내리시네." CD2/4

The gods, who chosen blessings shed	우리 신들의 선택된 축복을 내리시네
On majesty's anointed head,	임금의 기름 부은 머리 위로
For thee their care will still employ,	너를 위한 신들의 보살핌이 여전하고
And brighten all thy fears to joy.	너의 모든 두려움을 기쁨으로 밝혀주시리.

아탈야가 악몽에서 깨어나면서 무서움에 떨자 그녀의 하인들과 시돈의 사제들이 여왕을 위로하는 곡이다. 이 곡은 처음부터 끝까지 일관되게 찬송가 방식을 적용한 흔치 않은 합창곡이다. 영국인들은 이런 음악에 익숙하다. 헨델이 독일과 이탈리아에서 배운 것과는 달리 영국의 교회 음악은 찬송가 방식이 강조되었다. 이런 점에서 헨델은 유럽의 다양한 양식을 혼합한 작곡가로 평가 받으며, 바로 이점이 다른 바로크 작곡가와 차별된다. 바알신을 숭배하는 아탈야와 시돈의 사제들이 부르는 우상숭배의 노래이기 때문에 단순하게 처리하려고 한 의도로 볼 수 있다. 경쾌한 6/8박자를 두 개 합한 12/8박자 곡으로 아탈야를 안심시키기 위해서인지는 몰라도 선율은 거의 민속음악에 가까운 가벼운 음악이다.

2막 2장. 아탈야의 아리아, "나의 복수심이 나를 깨우네." CD2/5

My vengeance awakes me,	나의 복수심이 나를 깨우네
Compassion forsakes me,	동정심이 나를 버리네
All softness and mercy away!	모든 너그러움과 자비는 가라
My foes with confusion	혼란스러운 나의 적들은

Shall find their illusion	그들의 환영을 보게되리
And tremble before me today.	오늘 내 앞에서 떨게 되리.
My vengeance awakes me.	나의 복수심이 나를 깨우네.
(da capo)	(앞의 반복)

아탈야는 요아스가 숨어사는 성전으로 찾아가 여호세바와 요아스를 심문하지만 심증만 있을 뿐 확실한 증거는 확보하지 못한다. 이에 화난 아탈야가 노래하는 분노의 아리아이다. 화난 감정을 위해 빠른 템포로 전주가 시작한다. 이어지는 아탈야의 노래도 반주만큼이나 격한 감정을 드러낸다. 곡이 진행되면서 그녀의 감정은 점점 더욱 분노로 차오르고 있음을 알 수 있다. 꼬마 요아스에게 한 방 당한 것을 생각하면 그럴 만도 하다. 곡의 중간 부분은 네 번째 행부터 시작한다. 다카포 아리아의 중간에 해당하는 이 부분의 가사 "떨게 되리"(tremble)에서 반주와 함께 아탈야가 분노로 떠는 모습이 보인다. 그녀의 분노만큼 이들에게 복수할 생각인 것이다.

감상 추천곡

1막 1장 여호세바와 이스라엘인들은 자신들을 억압하는 폭군 아탈야를 물리쳐달라고 기원하는 독창과 합창, "폭군들이 불경한 무리들 속에서"(No. 4. Tyrants would in impious throngs)를 노래한다. 여호세바가 먼저 선창을 한 다음 합창이 합세한다. 헨델의 오라토리오에서 이렇게 독창과 합창이 함께하는 곡은 드물지 않다. 곡마다 다소 차이를 보이는 것은 독창의 역할이다. <여호수아>에서 본 몇몇 곡들은 여호수아가 선창만 하고는 없어지지만 이 곡에서 여호세바는 합창과 처음부터 끝까지 함께한다. 오라토리오에서 여호야다 사제의 부인으로 나오는 만큼 합창단을 이끌 정도의 위치에 있음을 말해준다. 여호야다가 이끄는 독창과 합창, "주님이시여, 우리가 경배하는"(No. 9. O Lord, whom we adore)은 앞의 곡과는 달리 여호야다가 자신의 아리아 전체를 노래하고 뒤에 합창이 여호야다 아리아의 뒷부분을 반복하며 마친다. 신음하는 자기들에게 자비를 베풀어달라는 고통 속의 음악인 만큼 선율이 그렇게 듣기에 편안하지는 않다. 그만큼 힘든 것이다. 뒤에서 합창이 받으며 그들의 신음소리는 민족의 고통으로 묘사된다. 1막 3장에 처음 등장하는 아탈야는 악몽을 꾸었다. 잠에서 깨어나며 노래하는 아콤파냐토는 아리아는 아니지만 악령의 소리 같은 오보에 독주가 매력적이다. 떨리는 현악기의 반주에 노래하는 아탈야의 심경이 불안함을 매우 훌륭하게 표현하고 있다. 1막4장에서 위기에 처한 여호야다는 다시 한번 합창단을 이끈다. "암흑의 폭군을 우리는 경멸하네"(No. 24. Gloomy tyrants, we disdain)는 여호야다의 독창과 합창을 연결해 놓은 것과 같다. 합창은 여호야다의 분노에 찬 노래와는 관계없이 "할렐루야"를 노래한다. 상황이 어려운 만큼, 화려하기보다는 다소 무거운 분위기의 할렐루야를 노래한다. 헨델의 할렐루야 중에 가장 어두운 곡에 속한다.

2막은 사제와 레위인들 그리고 이스라엘인들의 합창, "우리가 믿는 전능하신 권능"(No. 25. The mighty pow'r in whom we trust)으로 시작한다. 이 곡은 길지만 멋진 전주로 시작한다. 주로 현악기가 이끄는 전주에서 전형적인 바로크 음악의 선율을 들을 수 있다. 전주에 이어 합창이 먼저 찬송가 방식으로 웅장하게 시작한다. 합창이 끝나면서 여호야다 사제가 자기만의 가사를 아리아처럼 노래한다. 마지막으로 합창이 처음과 비슷한 분위기로 곡을 마무리한다. 이어지는 여호세바의 아리아 "온 땅에 사랑스럽게 꽃이 피고"(No. 26. Through the land so lovely blooming)가 이어진다. 앞의 합창곡과 마찬가지로 주님이 주신 자연에 대한 예찬이 주된 내용이다. 7살의 어린 왕 요아스와 여호세바의 이중창, "정신이 나가고, 쓰러져 나는 죽네"(No. 33. My spirits fail, I faint, I die)는 두 소프라노(여성과 소년)의 이중창이라는 특별함이 있다. 아탈야의 집요한 심문이 끝난 후에 아탈야가 나가자마자 여호세바는 놀란 가슴을 쓰러 내리며 절망스러워한다. 느린 빠르기로 간신히 노래하는 여호세바와는 달리 요아스의 응답은 그래도 여리게나마 힘을 느끼게 한다. 여호세바는 요아스의 주님에 대한 굳은 믿음에 용기를 얻었는지 다소 빠른 빠르기로 바뀌면서 자기도 하느님의 자비에 대한 희망을 품으며 끝맺는다. 보통 이중창은 둘이 동시에, 또는 거의 비슷한 시점에 끝나지만 이 이중창에서는 여호세바가 마지막 노래를 부르는 동안 요아스는 침묵한다. 2막 3장에 또 하나의 이중창이 나온다. 이번에는 여호세바와 여호야다 부부의 이중창이다. "걱정 말고 다시 한번 웃어보오"(No. 35. Cease thy anguish, smile once more)는 여호야다가 먼저 시작한다. 3박자의 가벼운 리듬으로 혼자 노래한 다음 여호세바가 남편의 선율을 가사만 바꾸어 그대로 반복한다. 나머지는 둘이 서로 짧은 선율을 주고받거나 함께 노래하며 끝에 가서 둘은 완전하게 어울리며 동시에 끝난다. 이 곡은 가장 전형적인 이중창 구조를 잘 보여준다. 2막은 이스라엘 여인들과 사제들, 레위인들의 합창, "구름이 걷히기 시작하네"(No.

37. The clouded scene begins to clear)로 끝맺는다. 아탈야의 멸망을 기대하며 노래하는 합창으로 중간에 "죄인은 멸망하게 되어있지"(The guilty is doomed to fall) 부분이 크게 강조된다. '멸망'(fall)이라는 단어에서 계속 음이 떨어진다거나 전체 문장을 노래할 때 저음을 주로 사용하는 것은 가사의 뜻을 음악적으로 표현하기 위함이다. 장엄한 합창은 아니지만 반주의 역동적인 움직임이 부드럽게 펼쳐지는 인상적인 곡이다.

3막 1장은 이스라엘인들이 모여서 하느님께 기도를 바치는 장면이다. 여기서 여호야다 사제와 합창이 노래하는 "예루살렘이여 이제 더 이상"(No. 41. Jerusalem, thou shalt no more)을 노래한다. 여호야다의 독창이 주를 이루고 합창단은 짧게 응답하다 끝부분에서 멋지게 마무리한다. 3막 4장 여호야다가 이끄는 이스라엘인들이 요아스를 임금으로 세우며 노래하는 합창, "곳곳에 환호성이 울리게 하라"(No. 47. Around let acclamations ring)는 먼저 합창단이 찬송가 방식으로 마치 환호성을 지르는 듯한 강력한 부분으로 시작한다. 이어서 여호야다의 독창 노래와 합창이 주고받으며 진행한다. 이 때 합창단은 "진정한 교회를 축복하라, 그리고 왕을 지켜주소서" 라는 가사만 반복한다. 여기서 교회라는 단어는 다소 의문점을 갖게 한다. 구약 시대에는 교회가 없었기 때문이다. 이 곡을 통해 당시 영국인들은 자기네들을 구약시대의 이스라엘인들처럼 생각했음을 알 수 있다. 즉 자기네 교회와 왕을 보호해달라는 말이다. 여호야다와 여호세바의 마지막 이중창, "기쁨이 조용하게 이어지며 나타나네"(No. 55. Joys, in gentle trains appearing)는 가벼운 민요 풍의 노래로 바로크 음악에 익숙한 사람들에게는 다소 특이하게 들릴 수도 있다. 거의 하이든이나 모차르트와 같은 고전주의 작곡가들에게서 느낄 수 있는 선율의 맛을 그대로 들려준다. 선율의 짜임새가 매우 규칙적이라는 느낌을 받게 될 텐데 바로 이점이 고전주의 음악의 특징인 것이다. 민요 같은 선율도 바로크 보다는 고전주의 음악에 잘 어울린다. 이런 점에서 헨델을 미래지향적인 작곡가로 평가하는 것이다. 오라토리오의 끝 곡은 합창, "그분의 경이로운 이름에 영광을 바치라"(No. 57. Give glory to His awful name)로 마무리된다. 다른 오라토리오에 비하면 규모 면에서 다소 왜소하다는 느낌이 들 정도로 짧은 곡이지만 웅장함은 빠지지 않는다.

오라토리오 끝난 후에

아탈야 이야기는 성경에서 불과 1장 정도를 차지하지만 프랑스 고전주의 문학의 최고 작가로 꼽히는 라신의 원작에 힘입어 오라토리오의 극적인 구성은 그런대로 탄탄하다고 볼 수 있다. 물론 짧은 이야기를 5막짜리 연극으로 만들었으니 라신이 상당 부분 작가적 상상력을 발휘한 결과일 것이다. 그 상상력을 자극시킨 인물은 아탈야였다. 자기 손자와 손녀들을 몰살시킨 할머니의 운명이 얼마나 비극적인가? 오라토리오의 대본 작가는 그런대로 5막짜리 연극을 3막으로 잘 정리해 놓은 셈이다. 한 가지 문제로 남는 것은 이 오라토리오에서 누가 주인공인가라는 점이다. 성악가 배정을 보면 아탈야와 여호세바가 모두 소프라노이다. 둘의 역할은 전체 오라토리오에 걸쳐 상당한 부분을 차지한다. 아리아 수만으로는 우열을 가리기 어려우나 여호세바 쪽이 다소 앞선다. 이중창의 수에 있어서도 아탈야를 당연히 능가

한다. 아무도 아탈야와는 이중창을 부르지 않는다. 성격의 강렬함 정도와 관계없이 여호세바가 여자 주인공인 셈이다. 그래서 소프라노와 알토의 커플이 만들어진다. 테너가 노래하는 마탄은 성경에서 짧게 '바알의 사제'로 이름만 언급된다. 라신은 마탄을 야훼 믿음에서 개종한 바알 사제로 설정하고 있다. 개종한 인물이니 그의 사악함은 어쩌면 아탈야보다 더 할지도 모른다. 오라토리오에서도 마탄은 아탈야 다음으로 이스라엘인들을 괴롭힌다. 반면에 아브너는 성경에는 없는 인물이다. 아브너는 라신이 자신의 연극에서 만들어 낸 인물이고 오라토리오의 대본가는 그 인물을 그대로 가져온 것이다. 오라토리오에서 아브너는 아탈야 밑에 있으면서도 여호야다와 여호세바에게 지속적으로 정보를 제공한다. 이렇게 보면 못된 테너 마탄과 착한 베이스 아브너의 음역이 서로 바뀐 느낌이 든다.

오라토리오 <아탈야>는 그 어떤 오라토리오보다도 합창이 중요한 역할을 한다. 이 작품 이전에 영어 오라토리오로는 <에스테르>와 <드보라>가 전부였다. 그리고 헨델은 아직 이탈리아 오페라 작곡에 푹 빠져 있을 때였다. 이런 상황에서 헨델은 오라토리오는 합창이 큰 역할을 해야 한다고 믿고 있었던 것 같다. 긴 합창곡을 제외하고도 짧게 액션에 참여하거나 극적 상황에 대해 설명하는 예가 많이 나온다. 더욱이 독창과 합창을 함께 한 곡에서 활용하는 방법은 여기서 처음 도입한 것으로 후에 <여호수아>등의 많은 오라토리오에서 사용된 그의 오라토로오만이 지닌 특징 중에 하나이다. <아탈야>를 듣고 나면 헨델은 이미 이때부터 영어 오라토리오에 대한 가능성을 알고 있었을 것이라는 점을 짐작케 한다.

제5부: 바빌론 유배

북쪽의 이스라엘 왕국은 날로 강력해지는 아시리아(앗수르) 제국의 팽창을 두렵게 보고 있었다. 기원전 732년, 아시리아의 왕 티글랏 필에세르가 이스라엘 왕국의 북쪽과 동쪽 일부를 점령하고 이스라엘인들을 자기 영토의 하보르 강 유역으로 강제 이주시켰다.(2열왕 15:29) 이 사건을 시작으로 아시리아로부터 계속 시달리던 이스라엘 왕국은 기원전 720년에 아시리아의 사르곤 2세에 의해 완전히 멸망하게 된다. 아시리아는 더 큰 규모로 이스라엘인들을 유배시켰을 뿐만 아니라 다른 민족들을 이스라엘 영토로 이주시켜 이 지역을 여러 민족이 함께 생활하게 만들었다.(2열왕 17:24) 이 때 북 이스라엘의 수도가 사마리아였고 다른 도시보다 사마리아에는 여러 민족이 섞여 살게 되었다. 한편 남쪽의 유다 왕국은 그들의 형제 나라보다 더 버티기는 했으나 기원전 587년에 이번에는 아시리아를 멸망시키고 새롭게 등장한 신생 바빌론의 침략으로 솔로몬이 지은 성전이 파괴되는 참혹한 사건을 목격하게 된다. 최근 자주 언급되는 디아스포라라는 말은 원래 이 유대인들이 타 지역으로 뿔뿔이 흩어져 살게 된 일을 일컫는 단어로 사용되었다.

이 유배에 대한 경험은 이스라엘인들에게는 엄청난 트라우마(정신적 외상)를 입힌 사건이었다. 유배의 방식이 어떠했는지 자세히 알 수는 없으나 이산 가족도 있었을 것이라고 한다. 이 사건을 목격한 예언자 예레미야는 그의 예언서에 그들의 심정을 절절하게 표현하고 있다. 이 충격적 사건은 아이러니컬하게도 지금 구약 성경의 상당부분을 완성하는 계기가 되었다고 한다. 모세 오경과 여호수아기, 판관기(사사기), 열왕기는 모두 이 당시에 편집된 것으로 학자들은 보고 있다. 엄청난 비극적 사건을 겪으며 그들은 자신들의 과거를 돌아다보고 자신들의 야훼 신앙을 더욱 굳건히 하는 계기가 되었을 것이다. 학자들은 이 때 부터 유대교가 종교로서 형태를 갖추기 시작했다고 말한다. 가장 낮은 곳에서 가장 멀리 생각하는 게 아닌가 싶다.

유배당한 이스라엘인들은 기원전 538년 페르시아의 키루스 대왕이 바빌론을 정복하면서 풀려나게 되었다. 이스라엘은 수세기에 걸쳐 아시리아, 바빌론, 페르시아의 지배를 받았으며 이후에도 강력한 이웃이 나타날 때마다 그들의 손에 목숨을 맡겨야하는 신세가 되었다. 분열 왕국의 최후는 이스라엘의 민족적 비극의 시작이었다. 헨델은 바빌론 유배 당시의 수산나와 그 후의 에스테르, 두 여인의 이야기, 그리고 키루스 대왕이 바빌론을 정복하는 내용을 담은 벨사차르(벨사살) 이야기를 오라토리오 만들었다.

수산나 (Susanna)

1747년 2월 10일 오라토리오 <수산나>의 초연 현장에 있었던 한 귀족부인은 이 작품에 대해 “가벼운 오페라 양식”으로 작곡되었다며 다소 유보적인 평을 한다. 헨델의 열정적인 팬이었던 이 부인은 이 오라토리오의 실패 가능성에 대해 염려한 것이다. 그러나 <수산나>는 성공했고 이후로도 헨델이 자주 리바이벌했던 작품이었다. 흥미 있는 것은 1747년경에는 헨델의 오라토리오가 어떤 음악인지에 대한 일반인들의 생각이 정착되었음을 말해 준다는 점이다. 이탈리아 오페라를 포기한지 6년 만에 헨델은 청중들에게 영어 오라토리오의 장르적 성격을 분명하게 만들어 놓았음을 알게 된다. 그 귀족부인은 <수산나>에서 자기가 생각한 헨델의 오라토리오와 다른 점을 발견한 것이고 그것을 “가벼운 오페라 양식”이라 표현한 것이다. 스스로를 음악의 초보자라고 자세를 낮춘 이 부인의 판단은 정확한 것이었다. 그런데 앞에서 들어본 것처럼 헨델의 오라토리오 중에는 오페라 같은 곡들이 여럿 있다. 그럼에도 불구하고 그 부인이 다른 오라토리오와의 차별성을 지적한 것은 단어 ‘가벼운’(light)에 있다. 위에서 다룬 오라토리오 중에 <요셉과 그의 형제들>과 <삼손>은 충분히 오페라적인 면모를 지닌 작품이었다. 그러면 그녀가 말한 ‘가벼운’이라는 것은 무엇을 두고 말한 것일까? 물론 추측만 가능하지만 몇 가지 제시할 필요는 있다. 우선 소재가 매우 가정적인 이슈라는 점이다. 대본의 내용이 민족이나 국가의 미래, 또는 전쟁 영웅의 등장과는 거리가 멀다. 그렇다 보니 합창의 역할도 크게 축소되어 있다. 줄거리의 핵심도 두 노인네의 추잡한 음욕의 희생자가 될 뻔 했던 한 여인의 이야기인 것이다. 수산나를 구한 다니엘도 예언자적인 면모를 갖추었지만 영웅적으로 처리되지는 않았다. 성경의 원래 내용도, 오라토리오의 주제도 여인의 정조에 초점이 맞춰져 있다. 여인의 정조가 중요하지 않다는 것이 아니라 다른 성경의 주제에 비하면 너무나도 인간적인 오페라 속의 문제를 다룬 것이다.

'가벼운'의 또 다른 의미로 음악적인 면을 지적할 수 있다. 큰 역할을 못하는 합창에 더해 아리아들도 매우 오페라적이다. 이탈리아 오페라의 상투적인 다카포 아리아가 어떤 오라토리오보다도 빈번하게 나온다. 또한 영국 오페라의 가벼운 분위기를 만드는 데에 결정적인 역할을 하는 전원극 풍의 음악과 배경 설정을 들 수 있다. 이 오라토리오에서는 유별나게 자연에 대한 이야기가 자주 나온다. 물론 중요한 사건이 벌어진 곳도 수산나 집의 거대한 정원이었다. 그렇다보니 영국 오페라 풍의 가벼운 아리아들도 다수 발견된다. 그리고 무엇보다도 두 원로를 처리한 방법은 거의 코미디에 가깝다. 이런 점들이 그 '초보' 귀족부인으로 하여금 <수산나>를 "가벼운 오페라 양식"이란 결론을 내리게 한 것이다. 종종 경험하는 일이지만 일반 음악애호가의 평가를 듣다보면 그 표현과 단어 선택에 있어서 전문성이 떨어질지는 몰라도 자신이 보았던 음악회에 대한 정확한 평가를 하고 있다는 생각을 하게 된다. 초보 음악 애호가들이여! 자신감을 갖고 음악회를 가도 좋다. 그리고 당당히 음악회에 대한 평가를 내리기 바란다.

오라토리오 시작 전에

다니엘서에 단편 형식으로 삽입되어 있는 수산나 에피소드는 그 종교적 가치를 거의 인정 받지 못한다. 일반인이 보기에도 다니엘서는 다른 예언서와 사뭇 다르다. 대부분의 예언서는 이스라엘 멸망에 대한 지속적인 경고 메시지를 담고 있으나 다니엘서는 요셉처럼 타국에서 활약하는 다니엘에 대한 이야기가 주를 이룬다. 다니엘은 요셉처럼 바빌론 왕 네부카드네자르의 꿈을 풀이하며 그의 인정을 받는다. 그런가하면 7장부터는 다니엘의 환시에 대한 내용과 미래 왕국의 흥망성쇠를 비유적으로 표현한다. 학자들은 이런 점에 착안하여 다니엘서는 대략 기원전 160년경에 완성된 묵시 문학의 일종으로 본다. 그 중에서 수산나 에피소드는 히브리어 원전에 빠져있다는 이유로 기독교와 유대교는 정경에서 제외시킨다. 성경을 라틴어로 번역한 히에로니무스는 정경에 포함시켰으나 히브리 경전에는 없다는 단서를 달았다고 한다. 영국 교회 역시 이 부분을 성경의 일부분으로 인정하지 않는다. 정경으로서의 위상은 매우 약하지만 흥미롭게도 서양의 화가들이 가장 즐겨 그린 구약 성경의 장면을 담고 있다. 두 원로가 수산나의 목욕 현장을 엿보는 장면이 화가들에게 인기를 끌었던 이유는 성경 내용을 담으면서도 여성 누드를 그릴 수 있는 기회를 제공하기 때문이다. 같은 이유로 우리야의 부인 밧 세바가 목욕하는 모습도 자주 그림의 소재로 활용된다. 그런데 밧 세바는 다윗이라는 성왕의 이야기가 연관되어 있어서 그런지는 몰라도 수산나 만큼 인기 있는 소재는 아니었다.

헨델의 오라토리오 <수산나>는 바빌론에 유배된 이스라엘이 하느님께 구원해 달라는 기도로 시작한다. 마치 큰 고통을 받는 것처럼 묘사되고 있으나 성경에 의하면 수산나의 남편 요야킴은 유다인이면서도 "아주 부유한 사람으로서 넓은 정원"을 갖고 있던 인물이었다. 유배된 이스라엘인들 중에도 바빌론에서 잘 적응하여 부와 명예를 누리던 사람들도 있었음을 짐작케 한다. 후에 키루스 대왕이 이들을 해방시켜줄 때 수산나와 그의 가족은 예루살렘으로 돌아가지 않았으리라는 생각이 든다.

가톨릭과 기독교의 성경

이집트의 알렉산드리아에서 히브리어 성경이 처음으로 외국어인 그리스어로 번역되었다. 기원전 3세기에 시작하여 기원전 132년에 완성된 이 그리스어 성경을 보통 '70인역'이라 한다. 이는 단순한 번역 이상의 의미를 지닌다. 당시 그리스어는 헬레니즘 문화의 영향을 받은 모든 곳에서 공용어였으므로 이제 히브리어 성경이 국제적으로 통용될 수 있는 기반이 마련된 계기가 되었다. 이 때 만들어진 70인역과 또 다른 언어의 성경들을 바탕으로 히에로니무스 성인이 4세기에 라틴어 성경, 즉 '불가타' 성경을 완성하고 이것이 현재의 가톨릭 성경의 기초가 되었다. 반면 16세기 가톨릭으로부터 분리된 기독교는 라틴어 성경을 부정하고 다시 70인역 시대로 돌아가 그 당시 히브리어가 아니라 처음부터 그리스어로 남겨진 부분들을 성경에서 제외시키게 된다. 그 결과 가톨릭과 기독교가 인정하는 성경에 차이가 생긴 것이다. 간단히 요약하면, 기독교에서 제외시킨 내용은 가톨릭 성경의 역사서에 포함된 토빗기와 유딧기, 마카베오 상, 하권, 시서와 지혜서의 지혜서와 집회서, 예언서 중에 바룩서를 제외시켰으며 다니엘서 중에서 그리스어로만 남겨진 부분도 성경으로 인정하지 않았다. 그래서 기독교 성경에는 다니엘서의 그리스어로만 전해오는 수산나의 내용을 찾아 볼 수 없는 것이다. 헨델의 오라토리오 중에서는 <수산나>와 <유다 마카베오>, <알렉산드로스 발라스>의 내용이 기독교에서 제외시킨 내용을 바탕으로 만들어졌다. 헨델이 사용한 킹제임스 버전 성경에는 이 내용들이 부록으로 첨가되어 있었다고 한다.

등장인물과 줄거리

수산나(소프라노)
요야킴(수산나의 남편, 알토)
힐키아(수산나의 아버지, 베이스)
다니엘(소프라노)
원로 1(테너)
원로 2(베이스)

1막

[1장] "오, 주님이시여, 이스라엘이 언제까지 노예 생활의 고통으로 신음해야 합니까?" 바빌론에 유배된 이스라엘인들은 하느님께 노예의 사슬을 풀어달라고 기도한다. 요야킴과 수산나는 서로에 대한 깊은 사랑으로 어려운 시간을 견디고 있다. 수산나의 아버지 힐키아는 성심으로 주님을 믿으며 훌륭하게 성장한 수산나를 대견스럽게 생각한다. 요야킴은 수산나와의 첫 만남을 회상하고 수산나는 요야킴에게 사랑으로 화답한다. 힐키아는 두 젊은이의 진정한 사랑에 감동한다. 수산나는 모든 것을 아버지의 보살핌 덕으로 돌린다. 요야킴은 잠시 다른 마을에 다녀와야 한다고 알리고 수산나는 잠시라도 떨어져 있어야한다는 생각에 슬퍼한다. [2장] 수산나가 멀리 떠난 남편이 무사히 돌아오기를 기원한다. "만약 나쁜 일이 생긴다면 모든 위험이 저에게만 떨어지게 하소서. 영광의 왕관에 고개 숙여, 오로지 위대한 주님께 바랍니다. 만약 제가 명을 못 채우고 죽어야 하는 것이 당신의 뜻이라면 저의 갈구하는 영혼이 원하는 것은 죄짓지 않고 죽는 것입니다." [3장] 원로 1은 괴로워한다. "폭군 같은 사랑이여! 내가 너의 잔인한 창이 나를 향하고 있

는 것을 안다. 이 나이에도 이 불타오르는 고통을 피할 길이 없구나. 사랑이 모든 것을 정복하는구나. 아! 그렇구나! 70번의 겨울이 지나갔건만 나의 심장은 아직도 타오르네. 오! 사랑스런 여인들 중에 가장 아름다운 그대여, 그대의 아름다움을 드러내 다오. 그 천상의 얼굴을 경배하고 그대 품 안에서 죽게 해다오. 이 끝나지 않는 고통이 그대의 마음을 움직여 나에게 사랑으로 보답해 주었으면." [4장] 원로 2가 고민에 빠져있다. "나이가 들었다고 여인들과 재미 보는 일을 포기하는 것이 옳은 일이란 말인가?" 원로 1이 들어온다. "오, 친구여! 그렇게 고민하는 모습을 보니 무슨 어려운 사건이라도 생긴 모양이군. 말해보게 무슨 일인지." "그게 만약 사랑이라면, 너는 무슨 약으로 치료하겠는가?" "아이고! 약이 없지. 나도 그 고통을 참고 있는 중이라네. 그 아름다운 수산나의 눈이 나에게 꽂히면, 그녀의 황홀한 모습이 내 마음을 가득 채운다네. 너도 그녀의 매력 때문에 나처럼 고통받고 있는가?" 원로 2가 인정한다. "맞아! 마치 마술에 걸린 것 같아. 내 피를 타오르게 하고 나이를 잊게 만든다네. 사랑, 열정적인 사랑만이 이 가슴을 차지하고 있네. 천년동안 폭풍우를 견디어 낸 참나무가 나처럼 번개를 맞아 갑자기 불이 붙는 것과 같아." "수산나를 만나면 그녀의 연인이 죽어가고 있다고 전해주게. 내 이름은 조용히 알려주고 나의 열정은 보여주되 나의 수치는 숨겨주게나." "이보게, 포플러 나무로 둘러싸인 곳에 그녀가 앉아 있을 거야. 몰래 숨어서 보다가 그녀를 덮쳐서 우리의 열병을 고쳐보게나." 원로 1이 잠시 생각해 본다. "무장하라는 나팔 소리가 울리는데 군인이 머뭇거리고 있겠는가? 요정이 자기의 아름다움을 드러내는데 누가 그 충동을 따르지 않겠는가? 나이와 권위는 소용 없어. 그런데 내 귀에 천둥소리처럼 울리네. '그 못된 짓을 멈추어라!' 사랑이 나의 마음이 두려워하는 것을 방해하네."

2막

[1장] 멀리 떠나온 요야킴이 수산나를 그리워한다. "수산나가 이 품에 안기지 않는 한 만족이란 없으리." [2장] 한편 수산나는 더위를 식히기 위해 정원의 연못으로 시녀와 함께 간다. 수산나는 남편에 대한 그리움을 시녀에게 말해주고 시녀는 수산나를 위로하려고 애쓴다. 시녀는 자기의 애인을 죽음으로 떠나보낸 아픔을 말한다. 수산나가 눈물 흘리는 시녀를 위로하며 그녀의 슬픈 추억을 떠올리게 했다며 자책한다. 수산나는 분위기를 바꾸려고 시녀에게 목욕을 위한 향신료를 가져오라고 하자 시녀가 나간다. [3장] 혼자 남은 수산나에게 두 원로가 모습을 드러낸다. "왜 그러세요? 어쩌자고 이곳을 침범한단 말입니까?" 원로 1이 먼저 입을 연다. "봄의 얼굴처럼 피어오르는 그대여, 나의 간청을 들어주오. 아름다운 여인이여, 한번만 웃어주면 나의 근심은 사라지리라." 원로 2도 나선다. "우리가 얼마나 괴로워했는지 아는가? 오랫동안 기다렸던 사랑의 달콤함을 드러낼 때가 되었소." "아니, 당신들이 과연 우리의 법률을 보호한다고 떠들어 대는 분들인가요? 존경받는 분들께서 행동을 조심하셔야죠. 누가 보고 있을지 몰라요!" 원로 2가 다가선다. "급류가 숲과 도시들 전체를 휩쓸고 가는데 그 어떤 것이 그 힘을 이겨 내리오. 나의 열정이 그처럼 강하다오. 그 어떤 것이 막아서도 내 목적을 이루기 위해 산산조각을 낼 거

야. 그러니 아름다운 여인이여, 내 간청을 들어주오." "못된 늑대들, 순수한 저를 먹이 삼아 고귀한 신념을 망치려 한단 말인가? 이러신다면 온 세상의 저주를 받게 될 것이오." 원로 2가 더 강하게 나간다. "어리석은 여인이여! 우리가 그럴 듯하게 이야기를 꾸며내면 네가 고통을 받게 될 걸?" 수산나가 강하게 반발한다. "저리 가세요, 어서! 소용없는 짓을 멈추세요." 원로 1이 진정시키려 애쓴다. "잠깐, 잠깐만 있어 다오. 상사병에 걸린 내 말을 들어다오." 원로 2는 계속 강경하다. "내가 강제로 나의 고통을 해소할 수 있는데 간청하지는 않겠네." 수산나가 계속 거부하자 원로 2가 사람들을 부른다. "이보시오! 누구 없소? 어서들 와 보시오!" [4장] 원로 2가 수산나에게 누명을 씌운다. "내가 이 여인이 어떤 젊은이와 포옹하는 것을 막자 그 놈이 달아났소. 이 여인의 간통을 목격하였소." 수산나가 체념한 듯하다. "죄 없는 피를 흘리시겠다면 그리 하시지요. 죽음이 두렵지 않아요. 저는 죄가 없으니... 저의 목숨이 다 되었다면 정의로운 하느님! 뜻대로 하소서." 원로 2가 수산나의 말을 막는다. "눈에는 깨끗해 보이지만 실상은 그렇지 않은 여인이요!" 바빌론 사람들이 그녀를 법정에 세우자고 한다. [5장] "나의 착한 수산가가 부정을 저질렀다고? 그럴 리가 있나." 요야킴이 수산나 소식을 듣자 부인이 위험해 처했음을 직감하고 서둘러 떠난다.

3막

[1장] 바빌론 사람들이 법정에서 수산나가 유죄라고 외친다. 수산나는 다가오는 죽음 앞에서도 흐트러지지 않는다.

"죄 없으니 그 무엇도 두렵지 않네. 이 빛나는 거처, 천사들의 집, 주님의 거처가 나를 환영하네." 원로 1이 수산나의 처지를 애처롭게 생각한다. "그대의 무덤 주위에 내 눈물이 흐르리. 이 마음은 더 이상 기쁨을 알지 못하리." 수산나는 요야킴이 이 소식을 들으면 얼마나 슬퍼하겠느냐며 가슴아파한다. "요야킴에게 원로들의 불경스런 욕망이 피를 불렀다고 전해다오." 원로 2가 선언한다. "판결은 끝났소! 바로 사형을 집행할 것이오." 이 때 다니엘이 나선다. "죄 없는 이의 피가 외치는 소리가 하늘에 다다랐다." 원로 1이 놀란다. "큰 소리로 판결을 나무라는 이 목소리가 누구란 말인가?" "바보 같은 원로들! 당신들이 꾸며낸 이야기를 믿으란 말이오? 판결을 되돌리고 무고한 수산나를 풀어주시오." 원로2가 나선다. "건방진 꼬마 같은 놈! 어린 네 놈이 여기서 지시하려고 하느냐?" "나이가 모든 것을 해결해 주는 것은 아니오. 신성한 지혜는 종종 피어오르는 젊은이에 의해 나오지요." 판사가 다니엘에게 기회를 주자 다니엘은 두 원로를 잠시 떼어놓아 달라고 부탁한다. "한 사람이 다른 사람의 질문을 듣지 못하게 해 주십시오. 진실이라면 그들의 말이 다르지 않을 것입니다." 이스라엘 사람들이 다니엘이 진실을 밝혀주기를 기원한다. 다니엘이 원로 1에게 묻는다. "이 간교한 원로여, 착한 수산나가 부정을 저질렀다는데 그들이 숨어서 사랑을 나눈 곳이 어떤 나무 밑이었는가?" "푸른 유향나무 아래였소." 다니엘이 이번에는 원로 2에게 같은 질문을 묻는다. "이스라엘이 아니라 가나안의 후손인 당신께 묻겠소." 원로 2가 대답한다. "저 멀리 서쪽을 바라보는데, 떡갈나무가 하늘을 찌르듯 서 있었오. 그 큰 그늘 아래에서 수산나가 간통하는 것을 보았오." 다니엘이 선언한다. "수산나여! 당신은 이제 자유요! 당신의 명예는 티 없는 눈보다도 더 깨끗하오." 이 때 요야킴이 힐키아와 함께 들어온다. [2장] 요야킴은 수산나의 순결함을 높이 칭송하고 힐키아도 수산나를 자랑스럽게 여긴다. "너의 목소리를 높여 환희를 노래하여 경청하는 하늘을 찌르리라. 불경스런 희망은 스스로 멸망하고 미덕은 보상받으리." 잠시나마 고통의 시간을 보낸 수산나가 지나간 일을 떠올리며 노래한다. "고마우신 하느님께서 저의 기도를 들어주시니 이 모든 것 당신 덕분입니다. 박해자들은 고통에 빠지고 죄 없는 이는 풀려났습니다." 요야킴과 수산나가 서로의 영원한 사랑을 다시 한번 확인한다.

감상하기

1막 1장. 수산나와 요야킴의 이중창, "그대가 가까이 있으면." CD2/6

Joacim	요아킴
When thou art nigh,	그대가 가까이 있으면
My pulse beats high,	나의 심장은 크게 두근거리고
And raptures swell my breast.	환희로 내 가슴이 부풀어 오르네
Susanna	수산나
Search, search my mind,	찾아보세요, 제 마음을 찾아보세요.
And there you'll find	그러면 보게 되실 거예요.
Your lovely form impress'd.	당신의 연인이 감격해 하고 있어요.
Both	함께
With joy in their wings the young moments shall fly,	젊은 시절은 기쁨의 날개를 달고 날아가며

And chase ev'ry cloud that would darken the sky.	하늘을 어둡게 하는 모든 구름을 몰아내리.
If thou art but present my cares to beguile,	당신이 있어주기만 해도 나의 근심거리는 사라지고
Oppression is soften'd, and bondage will smile.	고난은 약해지고 억압은 미소 지으리.

오라토리오 시작 부분에 포함된 이 이중창은 전형적인 사랑의 이중창이다. 요야킴이 먼저 선율을 노래하면 수산나가 다른 가사이지만 같은 선율을 그대로 따라한다. 다음에는 둘이 어울리는 음으로 함께 동시에 노래한다. 이렇게 해서 한 부분이 끝나면 그 다음 부분도 같은 방식으로 진행된다. 둘이 훌륭하게 조화를 이루는 것으로 보아 서로에 대한 지극한 사랑을 느낄 수 있다. 이 이중창에서 길게 콜라라투라로 노래하는 단어들은 '날아가며'(fly)와 '몰아내리'(chase), 그리고 미소 지으리(smile)이다. '날다'와 '몰다'와 같은 의미는 원래 종종 길게 노래하는 경우가 많으나 '미소 짓다'를 콜로라투라로 강조하는 예는 그리 많지 않다. 오랫동안 미소 지으며 행복한 삶을 누리고 싶은 희망의 표현으로 볼 수 있다. 가사의 분위기로 볼 때 신혼 부부 같은 느낌을 준다.

3막 2장. 수산나와 요야킴의 이중창, "나의 순결한 수산나를 칭송하는." CD2/7

Joacim	요야킴
To my chaste Susanna's praise	나의 순결한 수산나를 칭송하는
I'll the swelling note prolong.	벅찬 노래를 길게 부르리.
Susanna	수산나
While my grateful voice I raise,	내가 감사의 목소리를 높일 때

Thy dear name shall grace the song.	당신의 사랑스런 이름이 그 노래를 축복하리.
Joacim Echo, catch the tender strains,	요아킴 에코여, 부드러운 선율을 따라가 보렴.
Susanna On thy wings, the music bear,	수산나 음악이 그대의 날개를 향하네.
Both 'Til it reach the distant plains, Dying, in the void of air.	함께 노래가 먼 들판에 다다를 때까지 공기 속으로 사라지며.

마지막 합창 직전에 나오는 요아킴과 수산나의 이중창이다. 앞의 이중창과 마찬가지로 일반적인 이중창 구조를 보이며 이번에도 요아킴이 먼저 시작하고 이어서 수산나가 따라간다. 이후 둘은 함께 노래하며 둘의 변함없는 사랑을 확인한다. 앞에서는 어려움을 겪기 이전이고 이 이중창은 고난을 극복한 후의 부부 모습을 보여준다. 요아킴은 수산나를 높게 칭송하고 싶은 마음이 간절함을 알 수 있다. 요아킴의 첫 부분에서 '벅찬'(swelling)이 길게 꾸며져 강조되며 '길게'(prolong)에 해당하는 곳에서 선율은 멈추고 한 음을 말 그대로 길게 끌고 있다. 남녀 주인공의 이중창이 마지막 합창 직전에 나오는 예는 헨델의 오페라에서 자주 볼 수 있다. <수산나>가 오페라와 유사하다는 또 하나의 증거이다.

감상 추천곡

1막의 첫 곡은 합창, "주님이시여, 언제까지 이스라엘은 신음해야합니까?"(No. 2. How long, O Lord, shall Israel groan)이다. 이 곡은 고집저음의 좋은 예이다. 보통 고집저음은 베이스 선율이 아래로 내려가는 것이 일반적이다. 이 곡의 저음은 반음씩 내려가는 전형적인 탄식의 저음이다. 재미있는 것은 곡의 중간에 내려가기만 하던 베이스음이 갑자기 방향을 바꿔 올라가기 시작한다. 유배의 고통스러움을 노래하는 가사의 첫 부분은 절망적으로 내려가고 "여호와여, 당신 백성의 신음을 들으시어, 억압자들의 사슬을 풀어주소서"라는 가사가 나오는 부분부터 베이스음이 희망을 갖고 올라간다. 그러다가 처음의 가사로 돌아오며 베이스는 다시 내려가기 시작한다. 절망-희망-절망의 구조로 되어 있는 합창곡이다. 희망 부분에서 선율의 분위기는 바뀌지만 전반적으로 앞 부분과 유사하게 진행한다. 단지 내려가기만 하던 베이스음이 올라가면서 희망의 느낌을 전달한다. 사실 올라가는 고집저음은 매우 드문 일로 헨델이 얼마나 관습으로부터 자유로운 작곡가인지 짐작케 한다. 요야킴의 아리아, "어미 새가 먹이를 찾아"(No. 18. The parent bird in search of food)는 사업관계로 출장을 떠나는 요야킴이 홀로 남게 되는 수산나를 둥지 속의 어린 새로 비유하여 노래한다. 앞에서 설명한 대로 이 오라토리오의 전원극적 특징, 즉 기회만 있으면 자연을 배경으로 노래한다. 아무리 그래도 성인인 수산나를 먹이나 기다리는 아기 새로 비유한 것이 좀 심하다는 생각도 든다. 1막 1장의 가사를 살펴보면 출장으로 인한 잠시의 이별이 마치 사지로 떠나는 장수와의 이별처럼 느껴질 정도로 다소 오버하는 것이 사실이다. 그렇다보니 요야킴도 오버하고 다음 아리아를 보면 알겠지만 수산나도 오버한다.

1막 2장 혼자가 된 수산나는 매우 절망적인 아리아, "영광의 왕좌에 머리 숙여"(No. 21. Bending to the throne of glory)는 자신이 죽게 된다면 죄 없이 죽을 수 있게 해달라는 비장함이 녹아 있는 곡이다. 수산나의 첫 선율을 들어보라. '주님께' 고개를 숙이면서도 죽음을 각오하는 비장함이 잘 드러난다. 1막 3장에 드디어 우리의 원로들이 나타난다. 먼저 테너인 첫 번째 원로가 아리아, "너 푸르른 언덕과 향기로운 계곡이여"(No. 23. Ye vedrant hills, ye balmy vales)를 노래한다. 3박자의 리듬으로 살며시 다가가듯 부드럽게 노래한다. 선율도 매력적이다. 헨델의 작품에서 자주 접하지 못하는 1절, 2절 등의 절이 있는 유절 형식이다. 수산나에 대한 사랑이 진심처럼 느껴진다. 1막 4장, 두 번째 원로가 아리아로 자신의 정체를 드러낸다. "수천 년 동안 버틴 참나무가"(No. 25. The oak, that for a thousand years)는 강렬하게 타오르는 듯한 전주로 시작한다. 선율이 원로 1과 비교하면 훨씬 거칠다. 중간에 욕정으로 타오르는 자신의 심정을 노래하며 '불꽃'(flames)이란 단어에서 긴 콜로라투라를 노래한다. 홀로 남은 원로 1이 이번에는 다소 우스꽝스런 노래를 부른다. 아리아, "트럼펫 소리가 무장하라 울리는데"(No. 27. When the trumpet sounds to arms)는 젊은 유부녀를 사랑하는 자신을 전장에 나가는 병사와 비유하여 노래한다. "트럼펫 소리가 무장하라 울리는데 머뭇거리는 병사는 가만히 있을 것인가?" 어쩌겠다는 것인지 모르겠다. 나이만 들었지 철없는 노인네다.

2막 1장 요야킴은 멀리 떠나 있으면서 아리아 "멋진 유프라테스의 푸르른 강가에서"(No. 30. On fair Euphrates' verdant side)는 수산나와 바빌론의 강가에서 함께 즐거운 시간을 보낸 추억을 떠올리는 곡이다. 요야킴은 유배 생활에 확실히 적응한 인물인 것 같다. 일각에서 예레미야가 지었다는 시편 137번의 시온을 생각하며 바빌론 강가에서 눈물 흘리는 것과는 확실한 차이가 있다. 2막 2장에서 수산나는 더위를 피해 정원의 시냇가에서 시원함을 만끽하는 아리아, "크리스탈 같은 물줄기가 속삭이며 흐르네"(No. 32. Crystal streams in murmurs flowing)를 노래한다. 전주에 나오는 현악기의 소리는 시냇물이 속삭이며 흐르는 모습을 묘사한다. 함께 정원에 나온 하녀는 "너 연분홍의 장미가 향기로운지 물어볼까나"(No. 34. Ask if you damask rose be sweet)는 이 곡에서 들을 수 있는 대표적인 민요 스타일의 아리아이다. 우선 유절형식으로 되어 있고 선율도 매우 단순하고 규칙적이다. 화려한 콜로라투라도 없는 소박한 선율을 들을 수 있다. 하녀가 노래하기 때문에 민요 같은 선율이 더 잘 어울린다. 2막 3장에서 수산나는 하녀를 내보내고 혼자가 되자 두 원로가 나타난다. 갑작스런 등장에 놀란 수산나에게 첫 번째 원로가 먼저 아리아를 부른다. "봄의 얼굴처럼 피어나는"(No. 38. Blooming as the face of spring)은 역시 3박자의 춤곡처럼 들린다. 소스라치게 놀란 수산나에게 춤추듯이 노래하는 광경을 상상해보면 웃음을 참기 어렵다. 헨델이 확실히 장난치고 있다는 생각이 든다. 이 아리아의 중간에는 다소 억압적인 선율로 시작하지만 곧바로 거의 애원하는 분위기로 바뀐다. "한번만 웃어주면 내 근심이 사라질 거야." 웃어주기만 하면 된단다. 뒤이어 원로 2가 아리아 "자기 길을 휩쓸고 가는 급류가"(No. 40. The torrent that sweeps in its course)를 거칠게 노래한다. 전주부터 심상치 않다. 급류가 몰아치듯이 달려드는 전주 음악의 힘을 빌려 원로 2는 거의 폭력에 가까운 아리아를 노래한다. 이어지는 삼중창은 앞에서 본 그림의 장면을 음악적으로 묘사한 것이다. 지금까지의 설명에서 보았듯이 헨델은 연약한 원로 1을 테너로, 그리고 험악한 원로2를 베이스로 배정한 이유를 알게 된다. 삼중창이 시작하자마자 수산나는 매우 단호하게 거부하는 선율을 짧게 노래하고 곧바로 원로 1은 애원하듯이 조심스럽게 노래한다. 반면에 원로 2는 앞의 아리아처럼 사나운 선율로 윽박지르려고 한다. 세 명의 등장인물에게 각기 매우 특징적인 선율을 줌으로써 장면 묘사의 효과를 극대화시키고 있다. 뒤의 그림 중에 반 다이크의 작품이 헨델의 삼중창과 잘 어울리는 것 같다.

2막 4장에서 수산나는 모든 것을 포기하지만 자신의 순결함을 강조하는 아리아, "죄 없는 피를 당신이 원하신다면"(No. 44. If guiltless blood be your intent)을 노래한다. 이 아리아는 다카포 아리아이어서 중간부분이 끝나면 앞부분으로 돌아가야 한다. 그런데 바로 수산나가 앞부분으로 돌아가려고 할 때 원로 2가 끼어들며 음악형식을 망친다. 이 정도면 '다카포형식 방해죄'로도 고소할 수 있을 것이다. 그러나 그의 방해에도 불구하고 수산나는 자신의 다카포 형식을 완료한다. "정의로운 하느님이시여, 당신 뜻대로 하소서." 수산나는 매우 강한 여인이다. 2막의 끝은 합창, "요야킴이여, 그대 부인의 정절은"(No. 49. O Joacim, thy wedded truth)으로 마무리한다. 경건한 느낌의 찬송가 방식으로 시작한 다음 돌림노래 방식으로 이어진다. 화려하거나 장엄하지는 않지만 두 방식을 자유자재로 오가는 그의 솜씨를 맛볼 수 있다.

3막 1장, 다니엘이 두 원로를 떼어놓고 심문하겠다고 하자 이스라엘인들이 합창, “공평한 하느님, 당신의 손길은 멈추는 법이 없습니다”(No. 60. Impartial Heav’n, whose hand shall never cease)를 노래한다. 느린 빠르기로 기도하듯이 시작한 후에 중간부터 템포가 빨라지면서 어린 다니엘로 하여금 진실을 밝혀주기를 바란다. 3막 2장, 수산나는 자신의 결백함이 밝혀진 다음, 고통스러웠던 기억을 아리아, “죄악으로 떨면서 나의 멸망을 말했네”(No. 69. Guilt trembling spoke my doom)로 노래한다. 반주의 긴박함과 크게 움직이는 바이올린 전주는 아직도 그녀가 마음의 평정을 찾지 못하고 있음을 말해준다. 마지막 합창곡, “절개 있는 아내는 운명의 어려움도 부드럽게 하리”(No. 72. A virtuous wife shall soften fortune’s frown)는 다른 오라토리오의 마지막 합창곡에 비하면 소박하다. 오랜만에 트럼펫이 울리며 화려함을 더하기는 하지만 그 규모면에서나 음악적인 면에서나 다른 마지막 합창곡과는 비교가 된다. 오라토리오의 내용 자체가 큰 규모의 마무리를 요구하지 않았기 때문에 헨델은 이에 걸맞게 합창의 무게를 조절했던 것으로 보인다. 이 곡의 시작 선율도 우리가 바로 따라 부를 수 있을 정도로 간단하고 소박하다.

오라토리오 끝난 후에

<수산나>는 전체적으로 성경의 줄거리를 따르고 있다. 단지 짧은 이야기를 3막의 드라마로 만들려다 보니 여기저기 크게 확장되었다. 특히 남편과 아버지는 이름만 나오는 정도로 거의 역할이 없는 반면에 오라토리오에서는 중요한 인물로 나온다. 남편은 수산나와 남녀 주인공을 이루기 때문에 당연히 중요하게 취급될 수밖에 없다. 가장 흥미로운 변

화는 앞서 설명한 대로 두 원로의 성격을 구분해 놓았다는 점이다. 마음이 연약한 원로 1을 테너로, 그리고 정반대의 난폭함을 보이는 원로2를 베이스로 지정하여 둘의 성격 차이를 확실하게 드러낸다. 헨델 시대에는 큰 인기를 누렸던 <수산나>가 그 이후에는 별다른 호응을 얻지 못한 것은 헨델 오라토리오의 상징처럼 된 합창이 적었기 때문일 것이다. 실제로 군중이 등장하는 장면은 3막 뿐이니 합창을 널리 활용하기 어렵다.

성경에서 여성들의 역할은 매우 미미하다. 심지어 요즘 기준으로 볼 때 성차별도 무척 심했던 것 같다. 헨델은 그 성경 속에서 여성 주인공 네 명을 찾아냈다. 에스테르와 수산나, 그리고 드보라와 아탈야이다. 이 책에서 다루는 15곡의 작품 중에 4 편이 여성을 주인공으로 하고 있으니 그 비율이 무려 20퍼센트를 넘는다. 드보라와 아탈야는 성별만 여성이었지 남성으로 바꾸어도 드라마 전개에 있어서 크게 달라지지 않는다. 그들은 그만큼 남성들의 세계 속에서 살았던 것이고 그들의 일도 남성들의 일이었다. 에스테르와 수산나는 그런 점에서 여성들만의 세계가 강조되는 내용을 지니고 있다. 뒤에서 보게 될 오라토리오 <에스테르>는 그래도 수산나보다는 남성적 주제가 포함된다. 에스테르가 목숨을 걸고 왕 앞에 나선 것은 자신의 개인적인 문제가 아니라 민족의 구원을 위한 일이었다. 그런 면에서 보면 <수산나>는 과거 서양인들이 지녔던 여성상을 잘 보여주는 측면이 있다. 요조숙녀, 현모양처는 동양적 생각이기도 했지만 서양에서도 여성의 덕목으로 손꼽았다. 오라토리오 <수산나>는 헨델에게는 오랜만에 당시 기준으로 '여성의 세계'를 다룰 수 있는 기회를 준 것이다. 이 오라토리오에서 작곡가는 유별나게 오페라를 연상시키는 오라토리오를 만들었다. 그에게 오페라는 여성이었을까? 남성들의 성적 대상으로 취급되는 수산나를 보면서 헨델은 분명 오페라를 연상했을 것이다. 오페라야 말로 남성들에 의해 고통받고, 차별받고, 희생하는 여성들로 가득하기 때문이다. 그런 면에서 보면 성경의 수산나 이야기는 전형적인 오페라 소재와 흡사한 면이 있으며 헨델은 그에 맞게 오페라 같은 오라토리오를 만든 것이다. 헨델의 오페라가 어떤 작품인지 궁금한 독자는 이 <수산나>를 들어보면 된다.

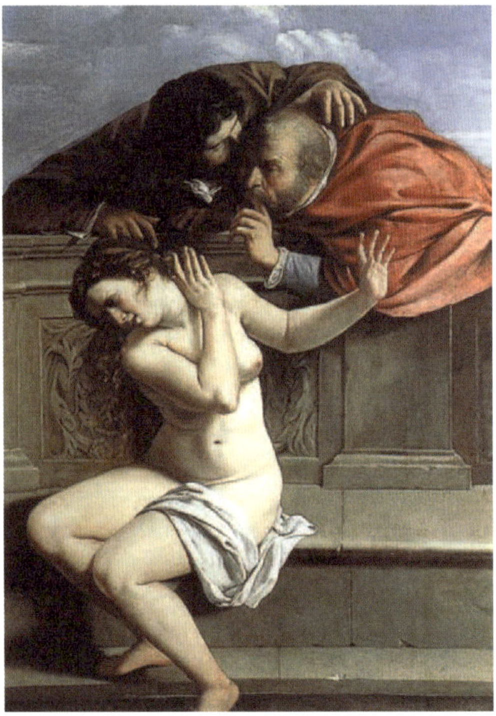

(옆) 17세기 이탈리아 여류화가 아르테미시아 젠틸레스키의 〈수산나와 원로들〉, (위) 17세기 네덜란드 화가 반 다이크의 〈수산나와 원로들〉. 성경에 의하면 두 원로와 수산나의 부분은 원로들이 수산나를 엿보는 장면과 자신들의 모습을 드러내며 수산나에게 동침을 요구하는 장면으로 나눌 수 있다. 화가들은 이 두 장면을 모두 그렸으나 대부분은 두 원로와 수산나가 서로 대면하는 장면을 더 즐겨 그렸다. 이 경우 두 원로와 수산나와의 관계가 여러 방식으로 설정된다. 우선 두 원로가 동등한 역할을 하는 것처럼 묘사되는 경우와 둘을 주동자와 공범자로 구분하는 경우가 있다. 또 둘이 수산나에게 동침요구를 하면서 금품(돈 주머니, 또는 보석)을 제공하기도 하고 무작정 힘으로 제압하려는 폭력성을 드러내기도 한다. 우리가 보는 두 그림은 폭력성은 어느 정도 자제된 예들이다. 반면에 두 그림의 공통점은 두 원로의 역할을 구별하고 있다는 점이다. 성경에서는 두 원로는 똑같은 정도의 죄를 지었다.

누가 먼저 나섰거나 누가 먼저 소리를 질렀다고 나와 있지 않다. 그래서 항상 '두 원로'라고 나온다. 물론 이들은 나중에 다니엘에게 심문을 받을 때 처음으로 구별되어 나온다. 젠틸레스키의 그림을 보면 두 원로 중에 뒤에 있는 검은 머리 원로가 조용히 하라는 제스처를 취하는 원로에게 다음 행동 또는 말을 지시하고 있다. 법률적인 문제는 잘 모르지만 주범으로 보이는 뒤 원로가 더 큰 벌을 받을 것 같다. 반 다이크의 그림은 두 원로가 거의 같은 역할을 하는 것처럼 보인다. 그런데 두 원로의 손의 위치를 자세히 보기 바란다. 왼쪽의 젊어 보이는 원로는 오른 손으로 수산나의 수건을 잡아당기고 수산나는 이를 막으려 한다. 그리고 그의 왼손 손가락은 위를 가리키고 있다. 인상착의를 볼 때도 음흉스럽게 보인다. 반면에 흰 수염의 원로는 오른 손밖에 보이지 않는다. 그 손의 중지(3번째 손가락)가 수산나의 어깨를 살짝 건드리고 있는 것처럼 보인다. 손대면 안 될 걸 만지는 것 같은 태도다. 젠틸레스키와 반 다이크의 두 원로 모두 그림만으로 스토리를 유추해 말풍선을 달아 줄 수 있을 것이다. 헨델의 오라토리오에서 이들은 노래도 하고 액션에 가담하는 살아 있는 인물로 나온다. 그림처럼 어느 한 순간을 포착하는 것과는 다른 상황인 것이다. 성경을 그대로 옮긴다면 둘은 항상 이중창을 노래해야한다. 그것도 둘이 같은 선율을 노래해야 할 것이다. 그러나 헨델과 대본가는 둘의 역할과 성격을 완전히 구분한다. 어떻게 구분하는지 음악으로 확인하시기 바란다. 오라토리오 〈수산나〉의 2막 3장의 삼중창은 바로 이 그림들의 장면을 묘사하고 있다.

벨사차르 (Belshazzar)

오라토리오 <벨사차르(벨사살)>의 작업과정은 헨델의 몇몇 편지를 통해 자세히 알 수 있다. 1744년 7월 19일 헨델은 대본가 찰스 제넨스에게 <벨사차르>의 첫째 막을 받았다며 곧바로 작곡에 착수했다고 알린다. 한 달 후인 8월 21일, 헨델은 두 번째 막의 대본을 받았다며 나머지 막도 빨리 보내주기를 부탁한다. 9월 13일, 헨델은 마지막 막의 대본을 재촉하는 편지를 다시 보낸다. 3막의 대본을 받고 며칠 정도가 지난 후로 여겨지는 10월 2일 편지에서 헨델은 훌륭한 대본이지만 너무 길다는 불평을 한다. 이후 어떻게 조정이 되었는지는 알 수 없으나 10월 23일 초고가 완성된다. 오라토리오 한 곡에 3개월을 보낸 것은 헨델에게는 드문 일이었다. 아마도 제넨스의 작업이 늦어졌기 때문인 것 같다. 이 편지들을 통해 헨델이 지속적으로 신경을 쓰는 부분이 전체 길이였다. 1막을 받은 후에 만족스러워하며 나머지 막도 짧게 해달라는 부탁을 한다. 그러나 3막을 받은 후에는 너무 길다는 불만이 나온 것이다. 전체 대본이 없는 상태에서 헨델은 각각의 곡에 대한 시간 배분을 염두에 두었던 것으로 보인다. 전체 대본을 손에 쥔 상태라면 작업 도중에 확인하며 시간을 조절할 수 있으나 나머지 대본을 모르는 상태에서는 제대로 작업하기가 쉽지 않았을 것이다. 헨델은 2막까지 작업을 완성했을 때 3막이 짧을 것으로 예상하고 있었고 그에 맞게 1막과 2막을 음악적으로 풍부하게 만들었으나 막상 3막을 받아보니 더 많은 음악이 필요한 것을 알게 되었고 이 문제를 제기한 것이다. 헨델은 마지막 편지에서 제넨스에게 런던을 방문하면 길이 조정 문제를 함께 의논하자고 한다. 둘 사이에 긴밀한 작업을 통해 현재의 오라토리오가 완성되었음을 짐작케 한다. 얼마나 많은 논의가 서로 오갔는지는 알 수 없지만 둘은 또 한 편의 명품 오라토리오를 만들어 냈다. 위대한 오페라 뒤에는 거의 항상 그에 못지않은 대본가가 있다. 역사적으로 나열해 보면 바로크 초기의 몬테베르디와 스트리지오, 모차르트와 다 폰테, 베르디와 보이토, 바그너와 바그너(일인이역), 푸치니와 일리카, 리하르트 슈트라우스와 호프만이 떠오른다. 오페라는 아니지만 이 리스트에 헨델과 제넨스도 추가해야할 것 같다.

렘브란트의 〈벨사차르의 향연〉. 벨사차르가 예루살렘 성전에서 가져온 기물로 잔치를 벌이고 있다가 갑자기 나타난 손이 벽에 쓰는 글자를 놀라움으로 바라보고 있다. 벨사차르 외에도 왼쪽에 두 남녀와 오른쪽 등을 보이는 여인도 글씨를 본다. 벨사차르의 자세가 매우 역동적이다. 이 장면을 그린 다른 그림들 중에는 벨사차르의 앞쪽에서 일이 벌어지고 있는 경우도 있다. 그러나 렘브란트는 뒤를 돌아다보는 자세를 취하게 함으로써 왕이 모르고 있다가 갑자기 보게 되는 장면을 연출한다. 성경에는 구체적으로 언급되어 있지 않지만 뒤에서 이 일이 벌어졌음을 암시하는 내용은 없다. 따라서 이는 순전히 화가 렘브란트의 해석이라 판단된다. 사실 우리도 우리 뒤에서 일어나는 일을 알게 될 때 훨씬 무섭다. 렘브란트도 이 점을 이용한 것 같다. 왕의 두려움이 무척 컸을 것이며 성경 내용대로 "허리의 뼈마디들이 풀리고 무릎이 서로 부딪쳤"을 것이다.(다니 5:6) 왼쪽 앞쪽의 여인과 뒤에 희미하게 보이는 피리 부는 소녀는 이 상황을 모르고 있는 것으로 보아 방금 전에 손가락을 목격한 것 같다. 앉은 위치로 볼 때 왼쪽의 수염 난 남성이 먼저 목격하고 그 다음에 여인(왕비라고도 함)이 보고 벨사차르가 크게 놀라며 손을 들어 올리자 마지막으로 오른쪽 여인이 왕의 급작스런 손짓을 피하려다 잔을 뒤엎으며 놀라는 상황이 아닐까? 성경에 의하면 바빌론 군사들은 "향로와 쟁반"도 가져갔다고 한다.(2 열왕 25:15) 그 쟁반이 벨사차르 왕이 오른 손으로 짚고 있는 것이고 오른쪽 여인이 들고 있는 잔도 그 때 가져온 것이리라. 성전의 기물로 술을 마시고 잔치를 벌였으니 이런 기괴한 일이 벌어진 것이다. 렘브란트는 유대인 친구의 도움으로 히브리어 글자를 그릴 수 있었다고 한다. 이번 기회에 히브리어 알파벳을 배워보자. 오른쪽 위부터 아래로 읽는다. "M, N, (묵음)," 같은 세 글자를 반복한 다음에 "T, Q, L", 계속해서 "U, P, R", 끝으로 "S, Y, N." 이제 우리말로 발음해보자 "므네, 므네, 트켈, 우 파르신." 우리 성경에서는 중간 "우"를 "그리고"로 번역한다.(다니 5:25-26) 오라토리오 〈벨사차르〉에서 이 장면은 2막 2장에 매우 극적으로 묘사된다. 벨사차르와 합창이 자유롭게 주고받는 명장면이다.

오라토리오 시작 전에

오라토리오 <벨사차르>의 이야기가 진행되는 기원전 540년 경의 중동의 정치적 상황을 살펴보자. 현재의 이란을 중심으로 건립된 메디아 왕국은 기원전 612년에 신생 바빌론과 연합하여 아시리아를 무너뜨린다. 성경에 보면 예언자들은 이 메디아 왕국이 바빌론으로부터 자기들을 해방시켜 주기를 희망했었다.(이사 13:17, 예레 51:11) 자신들의 북 왕국을 멸망시킨 아시리아를 보기 좋게 물리친 메디아에 희망을 걸었던 것은 충분히 이해가 된다. 그들의 희망과 달리 메디아와 바빌론은 사돈국가가 되었고 두 국가는 힘의 균형 속에 유지되었다. 메디아와 함께 아시리아를 정복한 바빌론의 왕은 신생 바빌론의 초대 왕이었던 네보폴라사르였으며 그의 아들인 네부카드네자르(느부갓네살) 2세가 바로 예루살렘을 파괴하고 이스라엘인들을 바빌론으로 끌고 간 장본인이었다. 다니엘서 첫 부분에 다니엘이 바로 바빌론으로 오게 된 이스라엘인들 중에 한명으로 나온다.(다니 1:6) 다니엘뿐만 아니라 왕족과 학자들 지식인 계층을 중점적으로 유배시킨 것으로 알려져 있다.

성경에 의하면 벨사차르는 네부카드네자르의 아들이며 바빌론 멸망 당시 왕이었던 것으로 그려진다.(다니 5:1-2) 그러나 이는 역사적 사실과는 다르다. 키루스(고레스) 대왕이 바빌론 성을 정복할 때 바빌론의 왕은 나보니두스(556-539)였다. 나보니두스는 556년에 왕위에 오르는데 왕족 출신이 아니었다. 그리고 우리 오라토리오의 주인공인 벨사차르는 네부카드네자르가 아니라 나보니두스의 아들이었다. 나보니두스는 바빌론 성 함락 당시 아라비아 사막의 오아시스였던 테마(Tayma)에 머물러 있었다는 설과 바빌론 성에 있었다는 설이 있는데 그가 상당 기간 바빌론을 그의 아들 벨사차르에게 맡겨 놓은 것은 사실이라고 한다. 따라서 성경은 네부카드네자르와 나보니두스를 동일 인물처럼 기술하고 있다. 그래서 벨사차르가 네부카드네자르의 아들이며 바빌론의 왕이라고 잘못 전하고 있는 것이다. 그래도 바빌론을 실질적으로 다스렸던 인물은 벨사차르였고 그런 점에서 그를 왕으로 표현한 것은 크게 잘못된 설명은 아니다. 그런데 성경을 자세히 읽어보면 성경의 저자들도 벨사차르가 왕이 아니라는 점을 알고 있음을 짐작케 하는 대목이 나온다. 벨사차르는 벽에 쓰인 이상한 글씨를 해독하면 다니엘을 "이 나라에서 셋째 가는 통치차로 삼겠다"고 한다.(다니 5:16) 만약 벨사차르가 진정 왕이었다면 파라오(바로)가 요셉에게 했듯이 셋째가 아니라 둘째가는 통치자 자리를 제안했을 것이다. 이런 점들을 감안하면 다니엘서의 집필자가 네부카드네자르와 나보니두스를 혼동했던 것이 분명해 보인다. 오라토리오 <벨사차르>는 어머니 니토크리스가 아들 벨사차르와 왕국의 미래를 걱정하는 장면으로 시작한다.

등장인물과 줄거리

벨사차르(바빌론 왕, 테너)
니토크리스(벨사차르의 어머니, 소프라노)
키루스(페르시아 왕, 알토)
다니엘(예언자, 알토)
고브리아스(아시리아 귀족, 베이스)

1막

[1장] 니토크리스는 나라의 흥망성쇠가 얼마나 덧없는 일인지 생각한다. “가장 높은 데에 계신 하느님만이 영원히 변하지 않으리. 누가 감히 당신의 힘을 의심하리오. 당신 뜻이 곧 우리의 운명이니.” 니토크리스는 망해가는 바빌론의 운명을 걱정하고 있다. 이 때 다니엘이 들어오자 나라를 구할 길이 있는지 묻는다. “여왕님, 쓸모없이 탄식하지 마십시오. 하느님의 뜻에 모든 것이 달려 있습니다. 바빌론이 지은 죄로 자신의 운명을 재촉하고 있습니다.” [2장] 바빌론 성이 보이는 곳까지 키루스의 페르시아(바사) 군대가 다가와 있다. 페르시아 군대를 내려다보던 바빌론인들이 페르시아 군대를 향해 공격해보라고 놀려댄다. 바빌론인들은 자신들의 성이 완벽한 방어체제를 갖추고 있다고 자랑한다. 고브리아스는 유프라테스 강이 흐르는 바빌론 성의 견고함을 잘 알고 있다. 그러나 키루스는 생각이 다르다. “바로 저자들이 안전하다고 믿는 것이야말로 자기들의 멸망을 가져오게 될 거요. 고브리아스, 나는 이 못된 왕을 처벌하고 말 것이오.” 고브리아스는 바빌론 왕에 의해 살해된 자기 아들을 생각하며 복수를 다짐한다. 키루스가 그를 위로한다. “눈물을 거두시오. 하느님께서 꿈에서 알려주신 대로 하면 저들을 무찌를 수 있을 것이오. 내가 유프라테스 강둑에 서 있었는데 하늘에서 목소리가 들려왔어. ‘말라버려라’ 하자 바로 강물이 사라졌지. 놀라서 서 있는데 ‘키루스야, 가서 정복하라. 내가 너를 일으켜 세워 갈 길을 알려줄 것이며 나를 위한 도시를 세워라. 그리고 아무것도 요구하지 말고 나의 포로들을 해방시켜주어라.’(이사 44:27)라고 하셨지.” 키

루스가 고브리아스와 작전을 세운다. 키루스는 유프라테스 강의 물길을 돌릴 생각이다. 고브리아스는 그래도 강력한 성문을 부수기 어려울 것이라 충고한다. “지금이 세삭 축제 기간이라고 했던가? 바빌론인들이 밤새도록 술에 취해 있다며?” “그렇습니다. 그들의 종교에 의하면 이 축제 동안 그들은 술에 취해 있습니다.” 키루스는 바빌론인들이 취해있을 때 쳐들어가면 그들은 쉽게 무너질 거라 예상한다. “우리는 할 수 있어. 폭군을 치러 가는데 무엇이 문제란 말인가? 게다가 나는 모든 일을 하느님의 말씀에 따라 행할 것이오.” [3장] 다니엘이 집에서 이사야와 예레미야 예언서를 펼쳐놓고 있다. “기뻐하라, 나의 동족들이여. 때가 다가오고 있다. 그토록 기다렸던 때에 대해서 여기 이렇게 예언되어 있지 않은가! ‘너희가 나를 찾으면 나를 만나게 될 것이다. 온 마음으로 나를 구하면, 내가 너희를 만나 주겠다. 그러면 내가 너희 운명을 되돌려 주어, 내가 너희를 쫓아 보낸 모든 민족들과 모든 지역에서 너희를 모아 오겠다. 내가 너희를 유배 보냈던 이곳으로 너희를 다시 데리고 오겠다.’(예레 29:13-14) 맞아! 키루스가 태어나기도 전에, 그 옛날에 위대한 여호와께서 예언자를 통해 이런 말씀을 남기게 하신 거야.” 다니엘이 이번에는 이사야서 말씀을 읽어 본다. “그가 나의 뜻을 모두 성취시키며 예루살렘을 두고 ‘그것은 재건되고 성전은 그 기초가 세워지리라.’”(이사 44:28)

[4장] 벨사차르가 궁에서 축제를 벌이고 있다. “포도주를 따르라! 근심걱정 버리고 마시자. 모두 세삭 신께 찬양 노래 불러라.” 니토크리스가 아들에게 흥청망청 놀 때가 아니라고 경고한다. “어머니! 이건 우리의 관습, 아니 법입니

다.” 벨사차르가 이스라엘인 포로들을 노려본다. “보세요. 이 이스라엘인 포로들이 우리 아래에 있잖아요. 여봐라! 그 잔들을 가져와라! 예루살렘 성전에서 가져온 그 비싼 잔들을 가져와라! 그 멋진 잔으로 우리의 축제를 빛내보자. 마시면서 우리의 신들께 경배드리자!” 니토크리스가 막아선다. 이스라엘인들이 놀란다. “안됩니다. 왕이시여, 그 명을 거두어 주십시오. 왕 중에 왕이신 위대한 여호와의 거룩한 기물을 불경하게 사용하시면 안 됩니다. 불경을 저지른 사람에게는 죽음만 있을 뿐입니다.” 니토크리스가 이스라엘인들의 말을 들으라고 간청한다. “저리 가세요! 나의 어머니가 이스라엘인들의 미신을 믿으신단 말입니까?” “제발, 내 목숨보다 아끼는 내 아들아! 그러면 안 된다. 여호아의 이름을 더럽히면 그 분의 복수만 있을 뿐이다.” “어머니! 아들에 맞서서 이 포로 노예들 편에 서시겠단 말입니까? 우리 신께서 어떻게 해 주셨는지 모르세요?” “아! 내 아들이 멸망으로 달려가는 것을 봐야 한단 말인가!” “멸망이 아니라 기쁨으로 날아가는 겁니다. 자 모두를 다시 이 행복한 밤으로 초대하노라.” 이스라엘인들은 벨사차르의 멸망을 예감한다. “이 모든 것이 스스로 자초한 일이리라. 그의 저주받은 머리에 천둥벼락이 내리리라.”

2막

[1장] 성 주변을 흐르던 유프라테스 강이 거의 말랐다. 키루스는 길이 생겼다며 지금 침입하면 술에 취해 잠든 적들은 힘도 못쓰고 당하게 될 거라며 공격을 명한다. 페르시아와 메디아 군인들이 외친다. “무기를 들어라! 하느님과 키

루스 왕께서 앞장서신다." [2장] 바빌론 신들의 우상으로 장식된 연회장에서 벨사차르와 부인들, 첩들, 귀족들이 이스라엘인들의 성전에서 가져온 잔으로 술을 마시며 자기들의 신들을 찬양하는 노래를 부른다. "술과 금, 흥겨운 음악으로 찬양하나이다. 세삭이여, 이 밤은 당신의 것입니다. 이 멋진 술을 주신 분." 벨사차르가 흥에 겨워 술을 권한다. "한 잔 더! 얼마나 감칠 맛 나는 술이란 말인가? 그래 그 유명한 유다의 신은 어디에 계신가? 잃어버린 위엄을 다시 주장해 보시라지. 상처 입은 명예를 되찾으셨는지....어!" 벨사차르가 갑자기 뭔가를 보고는 놀란다. 손이 나타나 벽에 글씨를 쓴다. 벨사차르는 잔을 떨어트리고 온 몸이 부들부들 떨린다. 함께 있던 바빌론 사람들이 왕의 모습을 보고 놀란다. "전하께서 쓰러지셨서! 갑자기 무슨 일이란 말인가? 전하! 말씀 좀 해주세요." "저...기...를 봐!" 손이 글을 다 쓰고는 사라진다. 바빌론인들이 이 광경을 보고는 경악한다. "저것 봐! 이제 사라졌어! 어쩌면 우리나라의 멸망이 적혀 있는지 몰라!" 벨사차르가 온 나라의 현자들과 마술사, 점성가들을 불러 오라고 명한다. 그러나 현자들도 그 글자를 해독하지 못한다. 바빌론인들은 공포에 떤다. 니토크리스가 나선다. "이스라엘인 포로 중에 다니엘이라는 사람이 있는데 부왕께서 벨트사차르라고 이름지어준 사람이오. 그를 부르시오." 다니엘이 들어와 왕 앞에 섰다. "네가 다니엘인가? 이 글자들의 뜻을 밝혀 줄 수 있는가? 그렇게만 한다면 그대에게 자주색 옷을 입히고 금 목걸이를 목에 걸어 주고 이 나라에서 셋째 가는 통치자로 삼겠다."(다니 5:16) 다니엘은 모든 선물을 거절하고는 글자를 해독한다. "임금님께서는 하늘의 주님을 거슬러 자신을 들어 높이셨습니다. 주님의 집에 있던 기물들을 임금님 앞에 가져오게 하시어, 대신들과 왕비와 후궁들과 함께 그것으로 술을 드셨습니다. 그리고 은과 금, 청동과 쇠, 나무와 돌로 된 신들, 보지도 못하고 듣지도 못하며 알지도 못하는 신들을 찬양하셨습니다. 그러면서 임금님의 목숨을 손에 잡고 계시며 임금님의 모든 길을 쥐고 계신 하느님을 찬양하지 않으셨습니다. 그리하여 하느님께서 손을 보내셔서 저 글자를 쓰게 하신 것입니다. 그렇게 쓰여진 글자는 '므네, 므네, 트켈, 파르신'입니다. 그 뜻은 이렇습니다. '므네'는 하느님께서 임금님 나라의 날수를 헤아리시어 이 나라를 끝내셨다는 뜻입니다. '트켈'은 임금님을 저울에 달아 보니 무게가 모자랐다는 뜻입니다. '프레스'는 임금님의 나라가 둘로 갈라져서, 메디아인들과 페르시아인들에게 주어졌다는 뜻입니다."(다니 5:23-28) 다니엘의 말을 들은 니토크리스는 벨사차르에게 참회하라고 간청한다. [3장] 키루스의 군대가 바빌론 성 안으로 진입하는 데에 성공한다. 키루스는 주님께 감사드리고 고브리아스에게 곧바로 궁으로 진격하라고 한다. "길을 막는 자는 모두 죽여라. 그러나 나머지 백성은 해치지 마라. 폭군만 죽이면 우리의 목적은 달성하는 것이다." 군인들이 왕의 자비로움을 칭송한다.

3막

[1장] 니토크리스는 벨사차르가 참회하여 구원받기를 기원하지만 다니엘은 소용없는 일인임을 알고 있다. 이 때 아리오크가 들어오자 니토크리스는 왕이 어떻게 되었는지 묻

는다. “여왕님께서 자리를 뜨시자, 임금님께서는 잠시 향연을 멈출 생각을 하셨습니다만 그 간교한 신하들이 임금님을 부추겼고 다시 술잔이 돌았습니다. 임금님께서는 술에 취해 두려움도 잊고 계셨습니다. 그 때 성문 쪽에서 엄청난 소리가 들려왔고 임금님께서 무슨 일인지 알아보라고 신하들을 보냈습니다. 그 때 저도 나와 이리로 왔습니다.” 이 때 연락병이 들어와 키루스 왕이 성 안으로 들어왔다며 바빌론이 망했다고 알린다. 니토크리스가 놀란다. “키루스가! 그럴리가!” “사실입니다. 성문이 열리고 수많은 군사들이 들어왔습니다.” 이 말을 듣고 있던 이스라엘인들이 환호한다. “벨 신이 꺾인다. 느보 신이 고꾸라진다.(이사 46:1) 오 주님, 당신 좋으실 대로 하소서.” [2장] 벨사차르와 신하들이 칼을 들고 싸울 태세다. “세삭 신이시여, 감사합니다. 잃어버린 용기를 되찾았습니다. 키루스야, 오너라! 모든 준비가 끝났다!” 전투가 벌어지고 벨사차르와 신하들이 쓰러진다. [3장] 고브리아스는 원수를 갚았다며 감격해하고 키루스가 고브리아스에게 명한다. “고브리아스, 가서 여왕을 찾아보세. 그리고 자네가 말한 그 위대한 이스라엘인을 안전하게 나에게 데리고 오게나.” 고브리아스가 니토크리스와 다니엘과 함께 들어온다. 니토크리스는 무릎을 꿇고 키루스에게 항복하며 백성을 살려달라고 간청한다. “일어서시오, 여왕님. 아무 걱정 마십시오. 당신 백성은 모두 안전합니다. 계속 여왕님으로 계셔 주십시오. 그리고 저를 아들처럼 생각하십시오. 그리고 존경하는 예언자시여, 내가 당신과 당신 민족을 위해 할 일이 무엇이오?” “승리의 왕자님, 이스라엘의 신, 하늘과 땅의 주님께서 당신이 태어나기 훨씬 전에 당신 이름을 예언하셨습니다. 예언서를 보십시오. 나리께서 이미 이루신 일들이 모두 적혀 있습니다. 그리고 나머지도 이루어지리라 믿습니다." "좋소. 내가 이스라엘의 신을 위한 도시를 재건하겠소. 아무 조건 없이 그대 백성들을 풀어 주리다. 주님께서 나에게 도시 재건을 명하셨으니 그대로 하겠소. 돌아가서 예루살렘을 다시 건설하시오, 아! 성전의 기초도 세우시오. 모든 찬양은 주님의 것이오." 다니엘과 니토크리스가 주님께 기도드린다. "저희는 영원히 주님을 찬양하리. 모든 살아 있는 것들은 영원히 주님의 거룩한 이름에 감사의 마음을 바치리라. 아멘!"

감상하기

1막 4장. 이스라엘인들의 합창, "물리소서 임금님, 당신의 경솔한 명령을" CD2/8

Recall, O king, thy rash command!	물리소서, 임금님, 당신의 경솔한 명령을
Nor prostitute with impious hand	불경한 손으로 더럽히시면 안됩니다.
To uses vile the holy things	거룩한 기물을 아무렇게나 쓰시겠다니
Of great Jehovah, king of kings.	위대한 여호와, 왕 중의 왕께 속한 물건을.
Thy grandsire trembled at his name,	당신 조상이 그분 이름 앞에 떨었습니다.
And doom'd to death who durst blaspheme;	불경을 저지른 이들을 죽음으로 멸망시켰나이다.
For he, like us, his pow'r had tried,	그분을 위해 우리처럼 그분의 힘을 보이셨네

Confess'd him just in all his ways,	인정하소서 그분께서 하시는 모든 일이 정당함을
Confess'd him able to abase	인정하소서 그분께서 꺾어버리심을
The sons of men that walk in pride.	오만하게 걷는 인간의 자식들을

성전 기물을 술잔과 접시로 쓰려고 가져오라는 벨사차르의 명을 들은 이스라엘인들이 왕에게 명을 물려달라는 청원의 합창곡이다. 정확하게 말하면 협박성 청원을 하고 있다. 작곡가는 이 곡을 통해 청원과 협박을 동시에 달성해야 한다. 이 곡의 시작은 악기반주 없이 바로 아카펠라 합창으로 시작한다. 악기의 소리가 배제된 사람들의 목소리만으로 청원을 시작한다. 여기까지는 간청의 느낌이 강하다. 그러나 첫 세 행을 합창단만으로 노래한 다음 넷째 행에 이르렀을 때, 정확하게 말하면 '여호와'라는 단어에서 장엄하게 악기 소리가 합세한다. 그 효과가 매우 엄숙해서 겁이 날 정도다. 끝 부분에서 잠시 돌림노래 방식을 사용하기는 하지만 전체적으로 찬송가 방식이 주도하여 그들의 하나된 목소리가 강조된다. '경외'라는 단어가 어울리는 음악을 고른다면 이 합창곡이 가장 먼저 떠오를 것이다.

2막 2장. 바빌론인들의 합창, "우리 왕국의 수호신이시여." CD2/9

Ye tutelar gods of our empire, look down,	우리 왕국의 수호신이시여, 굽어보소서
And see what rich trophies your victory crown.	당신의 승리로 얼마나 귀한 상을 받았는지
Let our bounteous gifts, which our gratitude raise,	이 관대한 선물에 우리의 감사를 바치나이다.

Wine, gold, merry notes, pay our tributes of praise.	포도주, 금, 멋진 음악으로 우리 찬양의 공물을 바치나이다.
Sesach, this night is chiefly thine,	세삭이여, 오늘밤은 당신만을 위한 밤!
Kind donor of the sparkling wine!	이 포도주를 선사한 친절하신 분.

벨사차르가 차려놓은 향연이 흥겹게 벌어진다. 바빌론인들은 경쾌한 선율을 함께 노래하며 즐거워한다. 단순한 민요선율처럼 시작하는 노래는 우리도 곧바로 따라 부를 수 있을 정도로 쉽다. 중간 중간에 전체 성부가 같은 선율을 노래하여 통합의 힘이 느껴지기는 하지만 현학적인 면이 결핍되어 있다. 사실 술과 돈을 외치면서 현학적이면 오히려 이상할 것이다. 6/8박자의 이 부분이 끝나면 좀더 빠른 빠르기로 바뀌면서 마지막 두 행을 노래한다. 여기서 세삭(Sesach 또는 Sesac)은 구약 성경의 예레미야서(25:26, 51:41)에만 나온다. 바빌론을 뜻하는 암호라고 하지만 오라토리오 <벨사차르>에서는 마치 바빌론의 신처럼 묘사된다. 음악이 빨라지면서 이들의 술기운이 한 단계 올라갔을 것으로 추정된다. 이들의 합창과 위에서 들은 이스라엘인들의 합창은 격이 다르다. 물론 둘 다 멋진 합창이다. 헨델의 놀라운 점은 두 상반된 무리의 합창을 만들면서 다른 방식으로 훌륭한 작품을 남겼다는 것이다. 엄숙하고 경건하게 멋질 수 있고 촌스럽고 천박하게 멋질 수 있다. 마치 코미디와 비극의 주인공을 모두 훌륭히 소화시키는 배우를 보는 듯하다.

2막 2장. 벨사차르의 아리아, "큰 잔이 당신을 찬양하게 하소서." CD2/10

Let the deep bowl thy praise confess,	큰 잔이 당신을 찬양하게 하소서.
Thy gifts the gracious giver bless!	이 선물을 주신 인자로운 분은 축복받으리!
Thy gifts, of all the gods bestow,	모든 신들 중에 이 선물을 보내신 분.
Improve by use, and sweeter grow.	마실수록 좋아지고 더 달콤해지네
Another bowl! 'Tis gen'rous wine,	한잔 더! 감칠 맛 나는 이 포도주!
Exalts the human to divine.	인간을 신성하게 높여주네.

이 곡은 한 마디로 음주 아리아이다. 가벼운 느낌의 6/8 박자 리듬으로 시작하는 전주의 흥겨움이 벨사차르의 마음을 보여준다. "한잔 더"를 외칠 때를 들어보면 벨사차르가 술에 취해있음을 알 수 있다. 곧 이어 "인간을 신성하게 높여주네"를 노래할 때 벨사차르는 낮은 음에서 자신이 노래할 수 있는 가장 높은 음으로 수직 상승한다. 그만큼 그의 기분이 좋다는 뜻이다.

감상 추천곡

1막 1장 다니엘은 나라의 미래를 걱정하는 니토크리스에게 나라의 운명이 다 되었다고 말한다. 아리아 "그리 헛되이 탄식하지 마소서, 왕후님"(No. 5. Lament not thus, O Queen, in vain!)은 편안한 바이올린 전주로 시작하다가 다니엘이 노래를 시작하면서 갑자기 멈추는 느낌을 준다. 다시 시작하며 전주의 선율을 다니엘이 부르면 본격적인 아리아가 진행된다. 1막 2장의 첫 곡은 합창 "보라, 페르시아의 영웅께서 만들었네"(No. 6. Behold, by Persia's hero made)는 페르시아와 대치해 있는 바빌론인들이 자신들 성벽의 견고함을 자랑하며 페르시아 군대에게 공격하려면 해보라고 놀리는 곡이다. 경쾌한 리듬으로 합창이 시작하고 중간에 합창단이 갑자기 멈추면서 "지루한 시간이여!"(A tediuos time!)를 노래할 때 선율은 아래로 천천히 미끄러지듯 내려가는데 그 효과가 정말 '지루하게' 느껴진다. 가사의 분위기를 매우 간단하면서 효과적으로 표현해 내는 헨델의 능력이 놀랍다. 이 가사는 계속해서 같은 선율을 노래함으로써 그 선율과 가사의 의미가 하나임을 보여준다. 바빌론 사람들이 축제를 벌이며 술에 취하자 키루스와 고브리아스는 공격을 준비한다. 고브리아스의 아리아, "보라, 괴물같은 인간의 탈을 쓴 짐승이"(No. 14. Behold the monstrous human beast)는 전형적인 베이스 아리아이다. 전주부터 선율악기와 반주 악기가 같은 선율을 연주함으로써 강한 이미지를 전달한다. 이어서 노래하는 고브리아스는 "취하다"(wallowing)와 "(땅바닥에) 기어다니다"(groveling)를 강조하며 술에 취해 있을 바빌론 사람들의 추한 모습을 떠올린다. 1막 3장에서 다니엘은 이사야와 예레미야 예언서를 보며 때가 되었다고 생각한다. 다니엘은 1막 3장 시작부터 아리아-아콤파냐토-아리아를 연속적으로 부르며 예언서의 내용을 노래한다. 여기서 첫 번째 아리아와 세 번째 아리아는 매우 다르게 작곡되었음을 알수 있다. 첫 번째 아리아는 정상적인 아리아 가사를 갖고 있으며 운율과 각운 구조가 아리아에 알맞게 조절되어 있다. 이 가사는 대본가가 만든 것이다. 문제는 세 번째 아리아, "주님께서 당신의 기름부음받은이에게 말씀하시니"(No. 21.

Thus saith the Lord to Cyrus, his anointed)는 대본가가 작사한 것이 아니라 성경 말씀을 그대로 가사로 사용한 것이다.(이사 45:1-6) 그래서 이 곡을 처음 들을 때 선율이 중심을 못 잡고 이리저리로 흐르는 산만한 곡으로 생각하기 쉽다. 가사 자체가 아리아에 맞게 만들어진 것이 아니기 때문에 이런 가사로 아리아를 쓰라는 것은 신문 기사를 그대로 노래로 만들라는 것과 같다. 작곡가 입장에서는 매우 난감한 임무가 주어진 셈이다. 그런데 막상 이 아리아를 자세히 들어보면 억지스러움이 없지 않으나 멋진 선율을 만들려고 나름대로 고군분투하는 헨델의 모습이 떠오른다. 가사의 내용을 음미하며 들어보면 선율이 그때그때 마구잡이로 변하는 것 같으면서도 가사의 내용을 절묘하게 맞추고 있다는 생각이 든다.

1막 4장을 시작하며 벨사차르는 향연을 베풀며 권주가를 부른다. 아리아 "축제의 기쁨과 승리의 치세"(No. 23. Let festal joy triumphant reign)는 벨사차르가 처음 등장하면서 노래하는 곡이다. 처음부터 벨사차르는 술로 시작하여 술로 최후를 맞이한다. 목관악기 오보에가 추가된 비교적 긴 전주 후에 벨사차르의 힘차고 흥겨운 노래가 시작된다. 신경쓰이는 일들을 멀리 날려버리고 마시자는 내용이 주제이다. 이때 '날려버리고'에 해당하는 영어 단어 '플라이'(fly)에서 그는 무려 9마디 동안 콜로라투라를 노래한다. 정말 '멀-리' 날려버리고 싶은 그의 심정을 짐작케 한다. 아들의 경솔하고 불경스러운 행동에 근심스런 어머니, 니토크리스의 아리아, "잎이 무성한 들판의 자랑거리가"(No. 25. The leafy honours of the field)를 노래한다. 전체적으로 콜로라투라 선율이 빈번하게 등장하여 한편으로는 화려한 맛을 주기도 하지만 가사의 내용은 아들에게 주는 훈계라고 할 수 있다. 벨사차르가 어머니의 뜻을 무시하자 아들과 어머니의 불화가 시작된다. 불화 또는 갈등의 이중창, "내 목숨보다 아끼는 아들아, 삼가라"(No. 29. O dearer than my life, forbear)는 헨델의 이중창 중에서 가장 뛰어난 곡에 속한다. 처음에는 정상적인 이중창처럼 시작한다. 멋진 현악기의 전주가 시작하고 그 선율을 니토크리스가 먼저 노래하며 아들을 타이른다. 잠시 참고 있던 아들이 어머니의 노래가 끝나자마자 어머니의 선율을 부르는 듯 하더니 점점 자기만의 선율로 바뀐다. 그러면서 서로 같은 단어 '기억하다'(remember)를 자기 식대로 반복한다. 어머니는 아들에게 여호와의 무서운 힘을 기억하라는 뜻이고 아들은 그런 신께서 이들을 노예로 만들었음을 기억하라는 뜻이다. 둘 다 일리가 있다. 이 단어가 나오는 부분에서의 둘의 조화는 음악적인 조화이지 가사 내용상의 조화는 아니다. 그것도 둘이 함께 노래하며 어울리는 것이 아니라 서로 번갈아가며 자기 주장을 하는 것처럼 들린다. 이후 이들의 이중창은 완전히 다른 길을 간다. 다카포 형식인 이 곡의 중간 부분에서 템포가 갑자기 느려지며 어머니는 아들의 멸망을 지켜봐야하는 고통을 노래하고 아들은 멋진 밤을 위해 사람들을 더 초대하고 즐기겠다고 한다. 이 중간 부분 끝에서 벨사차르가 먼저 앞부분의 선율을 반복하며 앞으로 돌아간다. 음악으로나 가사의 내용으로나 벨사차르는 어머니를 일관되게 무시한다. 이 갈등의 이중창이 멋지다고 모자간의 불화가 미화되는 것은 아니니 독자들은 오해하지 않기를 바란다.

2막의 핵심은 앞의 그림에서 봤던 손이 나타나 벽에 글씨를 쓰는 장면이다. 2막 2장에서 위에서 들은 벨사차르의 '음주 아리아' 이후에 곧바로 벨사차르는 유다의 신을 경멸하는 말을 하자 손이 나타나 글씨를 쓰기 시작한다. 이 부분을 헨델은 바이올린이 짧게 끊어 연주하는 선율로 표현한다. 이를 본 벨사차르가 기겁을 하자 함께 향연장에 있던 바빌론인들이 합창으로 레치타티보를 노래하며 놀라움을 표시한다. 전체적으로 아리아나 합창곡이라고 할 만한 음악은 없으나 벨사차르의 독창과 합창단의 레치타티보가 매우 극적으로 어울려 훌륭한 장면을 만들어 낸다. 이 음악을 들으며 렘브란트의 그림을 감상하기를 바란다. 이후 놀란 왕은 왕국의 현자들을 불러 모은다. 이 때 현자들의 등장을 알리는 기악음악(No. 39. Symphony)이 나온다. 현자들이 글씨를 해독하지 못하자 바빌론인들이 두려움에 싸여 합창, "아! 어쩌나! 두렵고, 절망적인 재난이여!"(No. 41. Oh, misery! Oh! terror, hopeless grief!)를 노래한다. 앞에서 흥겹게 노래하던 이들이 이번에는 매우 심각한 분위기로 합창한다. 이들의 합창을 듣다보면 이들이 얼마나 큰 혼란에 빠져있는지 짐작할 수 있다. 합창단이 서로 잘 어울리지 못하고 여기저기서 공포에 싸여 횡설수설하는 느낌을 받는다. 물론 그럼에도 끝에 가서는 전체적으로 함께 노래하며 간신히 곡을 마친다.

3막 3장에서 키루스는 적장의 어머니인 니토크리스를 처음 만난다. 패자의 어머니와 승자의 이중창, "위대한 승리자여, 당신 앞에 고개 숙입니다"(No. 60. Great victor, at your feet I bow)를 노래한다. 니토크리스가 먼저 절제된 감정으로 노래하지만 그녀의 마음에는 죽은 아들에 대한 생각에 슬픔이 느껴진다. 니토크리스에 이어 키루스가 자신의 가사를 노래하며 최대한 관용을 베풀며 동시에 자신을 아들처럼 생각해도 좋다는 제안을 한다. 전체 선율을 각자 노래한 다음 헨델은 둘의 가사를 절묘하게 섞어서 마치 둘이 서로 대화하는 것처럼 이중창을 꾸민다. 니토크리스와 키루스의 가사를 나오는 순서대로 나열해 보면 다음과 같다. "위대한 승리자여, 당신 앞에 고개 숙입니다." "마음을 진정시키세요." "더 이상 황후가 아닙니다." "계속 황후로 계셔주세요." "이제 당신의 노예입니다." "그래도 어머니이십니다.." "내 백성을 살려주세요." "당신 백성들은 안전합니다. 원하기만 한다면." "저의 두려움을 용서하세요." "두려움과 슬픔은 바람에 실려 보내세요." "죽은 아들 때문에." "이 키루스가 아들이 되어드리겠습니다." 다시 말하면 처음에는 앞의 가사 중에 니토크리스와 키루스가 각자 혼자 노래한 것을 이처럼 주고받는 대화로 만든 것이다. 어쩌면 헨델은 연극처럼 자연스런 대화체의 이중창을 원했는지 모른다. 그러나 그런 이중창은 당시 오페라 또는 오라토리오 관습에서는 허용되지 않는 방식이었다. 관습을 받아들이면서 동시에 자신이 원하는 연극적인 대화를 성취하기 위한 노력의 결과로 보인다. 마지막 합창, "우리의 왕, 주님이시여, 당신을 찬미하나이다."(No. 64. I will magnify Thee, O God my king)는 다니엘이 먼저 선창을 한다. 이후 소프라노 독창이 합세하여 이중창처럼 진행하고 합창은 "아멘"만 노래한다. 마지막 합창치고는 매우 소박한 편이다. 악기 편성도 일상적인 현악기에 관악기로는 오보에만 가세한다. 어쩌면 헨델은 "할렐루야"와 "아멘"의 분위기를 구분하고 있는지 모른다. 할렐루야는 보다 화려하고 장엄하게, 아멘은 엄숙하고 경건하게 처리하고 있다는 생각이 든다.

오라토리오 끝난 후에

등장인물 중에 벨사차르와 다니엘, 키루스는 성경의 인물이 그대로 나오고 대본가는 벨사차르의 어머니 역으로 니토크리스를 그리고 키루스를 도와 바빌론 성을 공략하는 고브리아스를 등장시킨다. 드라마 측면에서 어머니 역은 굳이 필요 없으나 그럴 경우 여성 역이 전무하기 때문에 소프라노 역을 위해 추가한 것으로 보이며 니토크리스는 아들과는 달리 이스라엘인들 편에 선다. 또한 성경에 의하면 벽에 쓰인 글자 해독을 위해 다니엘을 추천한 인물이 왕후였다고 하니 성경에서 크게 벗어난 것은 아니다.(다니 5:10-12) 다소 복잡한 인물은 고브리아스로 대본 설명에 의하면 한때 키루스에게 반란을 일으킨 적이 있는 아시리아의 귀족으로 나온다. 1막 2장에 의하면 고브리아스는 자신의 아들을 죽인 바빌론의 왕에게 복수하기 위해 키루스를 돕는 것으로 나오며 그는 바빌론 성에 대해 잘 알고 있다. 아마도 아시리아 출신 귀족으로 바빌론에 머물고 있다가 자기 아들이 벨사차르에 의해 살해되었던 것으로 보인다. 헨델의 일반적인 커플인 소프라노와 알토의 짝을 볼 때 니토크리스와 키루스가 어울린다. 그래서 둘이 이중창도 부른다. 그러나 이들의 역할은 테너인 벨사차르에 비하면 상대적으로 축소되어 있다. 오라토리오 <삼손>의 주인공처럼 <벨사차르>에서도 테너가 매우 중요하게 취급받는다.

오라토리오 <벨사차르>는 <사울>처럼 성경의 내용과 작가의 상상력이 적절한 조화를 이루고 있다. 1막에서 다니엘과 니토크리스의 대화는 성경과 상관없는 완전한 창작품이라면 바빌론 성 정복을 준비하는 키루스의 모습은 상당 부분 성경의 내용에 기초한다. 특히 1막 3장에서 다니엘이 이사야와 예레미야의 예언서를 읽는 대목이 나온다. 대본 그대로라면 다니엘이 바빌론 성에 유배가 있던 이전 시기에 두 예언서가 완성되어 있었다는 것인데 논란이 있기는 하지만 이사야서의 55장까지는 바빌론 유배의 마지막 시기 이전에 완성되었고 예레미야 예언자는 예루살렘 성전의 파괴 직후까지 활동했던 것으로 추정하고 있다. 실제로 다니엘서의 9장에 의하면 다니엘이 예레미야서를 보며 유배 기간이 언제까지인지를 계산해 보았다는 대목이 있다. 대본가 제넨스는 이 대목에서 힌트를 얻은 것같다. 제넨스는 그 외에도 다니엘이 글자를 해독하는 내용과 키루스가 이스라엘인들을 해방시켜주는 내용 등은 성경과 상당히 유사하다. 특히 이런 부분들을 가사가 잘 전달되는 아콤파냐토로 처리하고 있음을 볼 때 제넨스는 오라토리오를 오페라와는 달리 하룻밤의 볼거리 이상으로 여겼던 것으로 생각된다.

<벨사차르>의 대본가인 찰스 제넨스는 상당히 재능있는 작가였다. <사울>에서도 프로타고니스트 다윗보다는 사울의 심리 묘사와 그의 비극적 최후가 인상깊게 그려졌다면 <벨사차르>에서도 키루스보다는 벨사차르의 모습이 머리속에 남는다. 드라마에서 종종 우리는 악한이 더 극적인 모습을 보이는 경우를 접한다. 이 당시까지 악한의 모습이 강하게 드러나는 오페라는 드물다. 권선징악이 주제였던 당시 관습에서는 악한은 당연히 몰락의 길을 걷고 그에 대한 일말의 동

정심이나 비극적 설정을 허용하지 않는다. 그러나 <사울>과 <벨사차르>는 악한의 비극이 극적으로 어필한다. 모차르트 <돈 죠반니>의 바람둥이 주인공은 선한 사람이 아니다. 그러나 주인공의 비극적 종말이 극의 중심에 있다. 물론 헨델은 모차르트만큼 일방적으로 악한을 중심에 놓지는 않았지만 50년 가까이 먼저 만들어진 음악극이라고 보면 헨델과 제넨스도 상당히 앞서간 사람들이라고 할 수 있다. 이 오라토리오를 끝으로 제넨스는 더 이상 오라토리오 대본을 만들지 않는다. 헨델에게는 큰 손실이었을 것이다.

에스테르 (Esther)

헨델의 첫 영어 오라토리오 <에스테르>는 1732년 런던에서 이탈리아 오페라 시즌 중간에 갑작스레 준비되어 무대에 오르게 되었다. 그 이유는 헨델이 1718년에 작곡했던 <에스테르>의 해적판이 4월 20일에 공연되리라는 사실을 알게 되면서 이 공연의 성공을 막기 위해 새롭게 개정한 <에스테르>를 급하게 준비한 것이다. 당시는 이런 일이 공공연히 일어났던 것으로 보인다. 이 외에도 헨델의 또 다른 영어 작품이 그의 극장 근처에서 헨델과 관계없이 무대에 오르기도 했다. 헨델은 개정된 <에스테르>에 대해 원작에 새로 추가한 내용을 담았다고 선전했다. 5월 2일에 무대에 오른 <에스테르>는 3막으로 구성되어 당시 이탈리아 오페라와 외형은 비슷했다. 그런데 이 개정판이 당시에는 상당한 성공을 거두었음에도 불구하고 요즘은 개정되기 이전 판으로 연주하는 것이 보통이다. 1732년 런던 초연의 개정판 <에스테르>는 3막으로 만들기 위해 원작에 많은 수의 기존 곡들을 첨가하여 짜깁기 성격이 강했다. 원작은 6장면으로 구성된 단막 작품이었으니 얼마나 많은 곡을 추가했는지 짐작할 것이다.

원작은 1718년 캐넌스에 위치한 챈도스 공작에 고용되어 있을 때 작곡한 것으로 공작의 궁에서 동원 가능한 음악가들을 위해 작곡했기 때문에 매우 소박한 규모의 곡이었다. 그리고 이 당시에는 <에스테르>라는 제목이 아니라 <하만과 모르도카이>라고 했으며 오라토리오가 아니라 '마스크'라고 불렀다. 마스크는 일종의 작은 규모의 영어 오페라라고 보면 된다. 이로부터 14년 후(1732)에 헨델은 자신의 생일인 2월 23일 런던의 한 식당에서 <에스테르>를 공연하였다. 어쩌면 이 공연을 본 사람들의 입소문으로 인해 곡이 알려졌고 해적판이 나오게 되었는지 모른다. 헨델이 갑자기 자신의 생일에 <에스테르>의 악보에 싸인 먼지를 털어낸 이유는 무엇일까? 아마도 헨델도 당시 지속적으로 거론된 영어 오페라 운동에 신경이 쓰였는지 모른다. 1718년 캐넌스에서 작곡된 <하만과 모르도카이> 외에도 역시 작은 규모의 영어 오페라인 <아치스와 갈라테아>도 1732년 시즌 마지막 작품으로 런던 청중들에게 선보인다. 두 영어 작품은 이탈리아 성악가와 영국 성악가가 함께 등장하여 일부 아리아는 이탈리아어로도 불렀다고 한다. 이런 이상한 상황 속에서도 두 영어 작품은 대성공을 거두었다. 헨델의 영어 오라토리오는 이듬해에 <드보라> 그리고 그 다음 해에 <아탈야>로 이어지지만 더 이상 계속되지 않고 5년 이상 지난 후에 재개된다.

오라토리오 시작 전에

성경에 의하면 에스테르 에피소드는 크세르크세스 대왕 통치 제2년(에스 1①) 또는 제3년(에스 3)에 수사 왕성에서 있었던 일로 기록되어 있다. 오라토리오에서 크세르크세스를 아하수에로라 부른다. 크세르크세스(Xerxes)는 아하수에로의 그리스어 표기 방식이라고 한다. 영어 번역에서는 보통 아하수에로를 택하고 우리는 크세르크세스라고 부른다. 아하수에로는 페르시아의 왕으로 여러 설이 있지만 현재는 아르타크세르크세스 2세를 뜻하는 것으로 본다. 아르타크세르크세스 2세는 기원전 405년경부터 358년까지 왕위에 있었으며 많은 건축물에 돈을 들였으며 그 중에는 수사 성을 재

(위)17세기말에서 18세기 초에 활동한 프랑스 화가 앙트완느 코이펠의 〈실신하는 에스테르〉, (아래) 17세기 네덜란드 화가 얀 빅토르스의 〈아하수에로 왕 앞의 에스테르와 하만〉. 에스테르 이야기는 서양 화가들이 즐겨 그린 주제 중에 하나이다. 주로 에스테르가 왕을 만나는 장면과 에스테르의 만찬에 초대받은 왕과 하만의 모습, 그밖에도 모르도카이와 에스테르 등 다양한 소재를 이 이야기에서 가져왔다. 첫 번째 그림은 에스테르가 왕 앞에서 실신하는 모습을 그린 것이며 오른쪽에 문서를 들고 있는 이가 하만으로 추정된다. 하만은 왕의 이름을 빌려 페르시아 각 주의 유대인들을 몰살하라는 칙령을 보내는데 아마도 그 칙령을 들고 있는 것 같다. 왕의 호출도 없이 왕 앞에 나서는 자는 누구든 처벌을 받게 되었음에도 불구하고 에스테르는 목숨을 걸고 민족을 위해 왕 앞에 나섰고 그를 보자 실신한다. 물론 불쌍하게 보이려고 일부러 실신하는 척했을 수도 있으나 삼일 동안 단식을 한 상태였기 때문에 또 너무 겁이 난 상태라서 졸도를 했을 것이다. 성경에 의하면 창백한 에스테르의 모습이 더욱 아름다웠다고 한다. 그림에서도 에스테르의 얼굴은 다른 사람들에 비해 백지처럼 하얗게 묘사되었다. 왕이 오른손에 들고 있는 것은 왕홀이며 이를 내밀면 용서를 뜻한다고 한다. 이 장면을 그린 다른 그림에서도 거의 이 왕홀은 생략하지 않는다. 오라토리오 〈에스테르〉 5장에서 왕 앞에서 실신한 에스테르는 정신을 차리며 왕과 이중창을 부른다.

두 번째 그림은 렘브란트의 제자인 네덜란드 화가 빅토르스의 그림으로 배경의 상당 부분을 검게 처리하여 어둡기는 하지만 세 명의 등장인물이 말하고자 하는 바는 분명하게 묘사하고 있다. 에스테르는 왕 쪽으로 몸을 기울고 왕도 미세하게 에스테르 쪽으로 기울여 둘의 친근함이 강조되며 반면에 하만은 그 둘로부터 몸을 피하듯 뒤로 기운다. 세 명의 손을 보자. 에스테르의 손은 하만을 가리키며 그를 범인으로 지목하고 왕은 그런 왕비를 진정시키듯 가만히 그녀의 손목 부분에 자기 손을 올려놓는다. 하만의 두 손은 놀란 표정과 어울리게 오른손은 위를 향하고 왼손은 아래를 비스듬히 향한다. 이 그림의 백미는 왕의 표정이다. 그가 하만을 쳐다보는 눈초리가 예사롭지 않다. 배신감으로 몰려오는 분노를 입을 꽉 다문 채 왕답게 절제하면서도 하만을 노려본다. 에스테르의 눈 부분 등 미완성된 그림처럼 보이기는 하지만 세 명의 대면을 훌륭하게 묘사하고 있다. 빅토르스와 그의 스승 렘브란트, 그리고 그 외의 네덜란드 화가들이 특히 에스테르 이야기를 자주 그렸다고 한다. 당시 네덜란드에는 많은 성공한 유대인들이 살고 있었다. 에스테르 이야기는 유대교의 축제인 푸림절의 유래를 담고 있기 때문에 유대인들이 특별히 아끼는 소재였을 것이다. 오라토리오 〈에스테르〉에서 이 장면은 6장에 나오며 에스테르가 손가락질하는 모습을 그림보다는 더욱 격렬하게 노래한다.

건하는 것도 포함되었다. 여기서 우리는 어째서 키루스 대왕이 이스라엘인들을 해방시켜주었음에도 불구하고 그 중 일부가 계속해서 페르시아에 남아 있었는지 의문을 갖게 된다. 일반적으로 네부카드네자르에 의해 바빌론 등지로 끌려간 이스라엘인들은 지식인 계층이었을 것이라고 한다. 이들은 바빌론의 위대한 문명을 직접 경험하면서 상당수는 그 문화에 적응이 되어 예루살렘으로 돌아가지 않았을 것으로 본다. 사실 바빌론과 그 뒤를 이은 페르시아 제국은 이스라엘에 비하면 비교할 수 없을 정도로 훨씬 앞선 문명이었을 것이다.

에스테르기에서 유대인(jew)이라는 단어가 처음 나온다고 한다. 보통 현대적 의미의 유대교의 시작을 이 시기로 보는 것은 각 지역으로 이주한 유대인들이 그곳에서 영구 정착하며 자신들의 신앙적 정체성을 찾으면서 유대교가 형성되었다고 보기 때문이다. 에스테르기를 읽다 보면 이미 이 당시부터 유대교가 다른 민족의 종교와 다르다는 점이 자주 부각된다. 하만이 모르도카이와 틀어진 것은 자기에게 절을 하지 않았기 때문이다.(에스 3:2) 하만은 이를 핑계로 모르도카이 뿐만 아니라 그의 민족을 몰살하겠다고 작심하고 왕에게 다음과 같은 말을 한다. "임금님 왕국의 모든 주에는 민족들 사이에 흩어져 있으면서도 저희들끼리만 떨어져 사는 민족이 하나 있습니다. 그들의 법은 다른 모든 민족들의 법과는 다를 뿐만아니라, 임금님의 법마저도 그들은 지키지 않습니다."(에스 3:8) 이미 유대인들은 타 민족과 확연히 구별되는 종교적 관습을 따르고 있었던 것이다.

에스테르기는 아하수에로(크세르크세스)가 큰 산치를 벌

이는 장면으로 시작한다. 왕은 축제 분위기를 띄울 생각으로 와스티 왕비를 불렀으나 왕비는 거절하고 임금 앞에 나서지 않았다. 이를 불경한 죄로 인식한 대신들은 와스티 왕비를 폐위시키고 새로 왕비를 맞을 것을 권한다. 임금이 선택한 새로운 왕비가 바로 에스테르였다. 부모가 없었던 에스테르는 친척인 모르도카이가 보살폈고 훌륭한 여인으로 성장한 것이다. 모르도카이는 유대인이었으며 에스테르에게는 궁에 들어가 유대인이라는 사실을 말하지 말라고 이른다. 궁궐 대문의 문지기였던 모르도카이는 우연히 임금에 대한 역모를 발견하고는 임금에게 이를 고하여 반역자들이 처형당한다. 당시 아하수에로는 아각 사람 하만을 중용하였으며 그에게 모든 일을 맡겼다. 문제는 이렇게 높은 지위에 있는 하만에게는 모두 절을 하며 인사하게끔 어명이 내려졌으나 모르도카이가 이를 거부한 것이다. 이에 분노한 하만은 유대인들을 모두 죽이겠다는 인종말살 정책을 시행한다. 오라토리오 <에스테르>는 이 장면부터 시작한다.

등장인물과 줄거리

에스테르(페르시아 왕비, 소프라노)
아하수에로(페르시아 왕, 테너)
모르도카이(에스테르의 보호자, 테너)
하만(왕의 측근, 베이스)

[이 오라토리오는 막 구분 없이 6개의 장면으로 만들어졌다.]

[1장] 하만이 그의 부하 합도나에게 유대인들을 몰살하라고 명하지만 합도나는 유대인들을 살려주자며 말린다. “내

명을 따르라. 임금님께서 나에게 모든 권한을 주지 않으셨는가? 내가 이스라엘의 신을 두려워할 줄 아느냐?" 페르시아의 군사들이 유대인들을 처형할 생각에 흥분해 있다. [2장] 이런 사실을 모르는 이스라엘인들은 에스테르가 왕비가 된 것을 기뻐하고 있다. 한 이스라엘 여인이 노래한다. "흥겨운 소리로 주님을 찬양하라. 너의 하프로 찬미가를 반주하라." 이번에는 이스라엘 남자가 나선다. "무릎을 꿇고 찬미가를 불러라. 시온이 다시 한 번 그 머리를 들어 올리리라." [3장] 하만의 명을 알게 된 이스라엘 사제가 절망한다. "얼마나 우리의 죄악이 주님을 분노케 하였는가? 하만이 칙령을 보냈다, 이스라엘의 모든 자손을 한 번에 몰살하라고." 사제는 학살당할 유대 민족을 생각하며 고통스러워한다. 이스라엘인들이 슬픔에 잠긴다. "이스라엘의 자손들아 애도하라. 너희는 결코 너희 나라로 돌아가지 못하리." [4장] 에스테르가 모르도카이의 근심어린 표정에 마음이 편치 않다. "왜 귀하신 머리에 슬픔의 재를 뿌리셨나요? 그리고 그 누추한 자루옷은 왜 입으셨어요? 무슨 일인지 말해주세요." "우리 모두가 같은 운명에 놓였습니다. 제 목숨을 노리던 하만이 모든 유대인을 죽이라는 칙령을 내렸습니다. 눈물어린 모습으로 임금님께 가주세요." "부름을 받지 않고 임금께 나아가는 것은 법으로 죽음을 당하게 되어 있잖아요." "정의로운 왕비님, 위험을 두려워하지 마십쇼. 사랑이 그 분의 분노를 사그라지게 할 겁니다. 위대한 여호와의 부르심을 따르세요. 우리 민족의 안전이 위협을 받고 있습니다. 왕관보다 차라리 죽음이 낫습니다." 에스테르가 결단을 내린다. "임금님 앞에 서겠습니다. 임금님, 당신의 왕홀을 내려주세요. 주님, 당신 종의 기도를 들으소서. 반드시 피를 흘려야 한다면 저의 목숨만 가져가시고 당신께서 선택하신 사람들을 살려주세요."

[5장] 아하수에로 왕이 누군가 들어오는 것을 본다. "누구든 이 무례한 짓을 한 놈은 죽음이다! ...어! 에스테르가 아닌가! 법을 어겼으나 사랑으로 용서하오." 에스테르가 잠시 실신한다. "당신의 그 아름다운 얼굴이 어찌 이렇게 창백하오? 에스테르, 일어나시오, 에스테르! 나의 명령이오, 일어나시오. 이 왕홀을 보시오. 용서의 표징이오." 정신이 든 에스테르를 아하수에로가 위로한다. "일어나시오. 나의 영혼이여!" "제 말 좀 들어 주세요, 그렇지 않으면 저는 죽습니다." "그래, 왕비, 말해보오, 내가 어찌 거절할 수 있겠소." "동방의 위대한 임금님! 제가 마련한 연회에 와 주십시오. 하만과 임금님을 위한 자리입니다." "내 사랑이 초대하는데 어찌 가만히 있으리. 가겠소, 나의 왕비, 기꺼이 당신 말을 들으리다." 이스라엘인들이 기뻐한다. "덕망과 진실, 순결함이 그녀의 진정한 보호자이리. 자비로운 하느님께서 그녀의 기도를 들어주시리. 그 분이 오시네, 우리의 슬픔을 끝내주시기 위해. 땅이 흔들리고, 높은 산이 흔들리네. 야곱이여, 당신의 주님을 맞이하라." [6장] 아하수에로가 하만과 함께 에스테르의 연회에 참석한다. "자, 왕비, 당신이 원하는 것을 말해 보오. 왕국의 반을 원한다며 그것은 당신의 것이오."(에스 5:3) "자비로운 임금님, 저의 민족을 살려주세요. 그들을 죽이는 것은 저를 치시는 것입니다. 그 칙령은 저와 모르도카이를 노리고 있습니다. 임금님을 해치려는 반역자를 밝혀낸 자가 누군지 아시지 않습니까?" "그래, 그에

게 빚진 바 있지. 그런데 왕비, 누가 감히 상을 받아야 마땅한 사람의 목숨을 노린단 말이오?" "하만의 미움 때문이예요." "내가 말한다. 하만의 눈은 결코 더 이상 이 황금 햇빛을 보지 못하리라." 하만이 당황한다. "왕비님, 저에게 얼굴을 돌리지 마십시오. 무릎을 꿇고 빕니다. 제발." "이 교만한 혀를 그만 놀리시오. 못된 놈! 더 이상 너를 두려워하지 않으리. 권력을 쥐었을 때는 폭군 행세하더니, 절망에 빠지니 떨고 있구나!" 아하수에로는 신하를 불러 하만을 체포하라 명한다. "그리고 모르도카이를 위해 내 어의를 가져오고 그의 머리에 왕관을 씌우라. 그리고 성읍을 돌며 왕을 구한 사람이라고 알려라."(에스 6:8-9) 하만은 자신의 몰락이 다가왔음을 깨닫는다. 이스라엘인들이 기뻐한다. "주님께서 우리의 적을 치셨네. 영원히 당신의 거룩한 이름은 축복받으소서. 레바논산은 전나무를 포기하고 삼나무와 소나무를 내려 보내라. 주께서 그의 민족을 돌려보내주시니 주님의 성전을 지으리."

감상하기

1장. 이스라엘인의 아리아, "하프를 흥겨운 노래에 맞춰라." CD2/11

Tune your harps to cheerful strains,	하프를 흥겨운 노래에 맞춰라.
Moulder idols into dust!	우상을 먼지로 만들어라.
Great Jehovah lives and reigns,	위대한 여호와께서 살아계시고 지배하신다.
We in great Jehovah trust.	우리는 위대한 여호와를 믿는다.
Tune your harps. . . da capo	하프를 흥겨운...(반복)

이 곡을 노래하는 이를 대본에는 특정 이름 없이 “첫 번째 이스라엘인”이라고만 되어 있다. 줄을 뜯는 현악기의 반주 소리는 하프 소리를 흉내 내는 것이고 이 반주에 오보에 독주가 주제 선율을 노래한다. 3박자의 매우 소박한 선율이다. 형식적으로는 다카포 아리아이지만 이탈리아 오페라의 다카포 아리아가 지니는 화려함이나 기교적인 측면은 찾아 볼 수 없다. 콜로라투라 선율이라고는 곡 중간에 나오는 가사 ‘선율’(strains)에 붙은 여섯 음이 전부이다. 나머지는 거의 한 음에 한 음절을 노래하여 단순함의 극치를 보여주고 있다. 어쩌면 이 곡을 노래해야하는 챈도스 공작의 성악가들을 감안한 곡일 수도 있다. 헨델 뿐만 아니라 당시의 작곡가들은 성악가에 맞춤형 아리아를 작곡하곤 했다. 그렇게 하기 위해서 작곡가는 각 성악가의 장점과 단점을 충분히 파악하고 있어야 했다. 그래서 나중에 재공연할 때 성악가가 바뀌면 아리아를 바꾸는 경우도 흔했다. 이런 관행은 모차르트 때까지도 지속되었다.

5장. 에스테르와 아하수에로의 이중창, “떠나는 내 영혼을.” CD2/12

Esther	에스테르
Who calls my parting soul from death?	떠나는 내 영혼을 누가 죽음으로부터 불러내는가?
Ahasuerus	아하수에로
Awake, my soul, my life, my breath!	깨어나시오, 나의 영혼, 나의 생명, 나의 숨!
Esther	에스테르

Hear my suit, or else I die.	제 간청을 들어주세요, 아니면 저는 죽어요.
Ahasuerus Ask, my queen, can I deny?	아하수에로 말해보오, 나의 왕비, 내 어찌 거절 하리오?

자기 민족을 구하러 목숨을 걸고 왕을 찾아간 에스테르는 삼일 간 단식도 하고 겁도 났는지 왕 앞에서 실신한다. 위의 아리아처럼 3박자의 리듬이 조용하게 힘없이 쓰러지듯 흐른다. 전주에 이어 에스테르가 먼저 노래한다. 이 이중창은 가사 구조 자체가 서로 이야기를 주고받는 형식으로 되어 있어서 음악도 이를 따른다. 에스테르가 노래한 다음, 왕은 "깨어나시오"부터 노래하고 왕이 노래를 마치면 그 때부터 에스테르와 왕은 각자의 가사를 함께 노래하며 끝맺는다. 앞의 아리아만큼 소박한 이중창이다. 여기서도 콜로라투라 선율은 보이지 않는다. 그러나 가사의 표현만큼은 화려한 이중창에 전혀 뒤지지 않는다. 특히 왕이 "말해보오" 부분은 그 억양과 선율이 너무 자연스럽게 어울려 노래가 아닌 말하는 것처럼 들린다.

5장. 이스라엘인들의 합창, "오시네, 우리의 슬픔을 없애려 그분이 오시네." CD2/13

He comes, He comes to end our woes,	오시네, 우리의 슬픔을 없애려 그분이 오시네.
And pour His vengeance on our foes.	그분의 앙갚음을 우리 적들에게 쏟으시네.

Earth trembles, lofty mountains nod!	땅이 떨고, 높은 산이 흔들리네.
Jacob, arise to meet thy God!	야곱이여, 일어나 당신 주님 맞이하소서.
He comes, He comes to end our woes,	오시네, 우리의 슬픔을 없애려 그분이 오시네.
And pour His vengeance on our foes.	그분의 앙갚음을 우리 적들에게 쏟으시네.

에스테르가 왕을 자기 집으로 초대하는 데에 성공하자 이스라엘인들은 희망에 부풀어 주님께서 하만에게 복수해 주시기를 기원하는 합창을 노래한다. 가사를 보면 그 자체로 세 부분으로 나누어짐을 알 수 있다. 첫 두 행이 뒤에서 반복하여 "땅이 떨고"부터 시작하는 중간부분과 구분된다. 빠른 템포에 호른까지 가세하여 제법 힘찬 전주가 연주된다. 합창은 찬송가 방식으로 "그분이 오시네"(He comes)를 반복하고 곧바로 나머지 부분을 짧기는 하지만 돌림노래 방식으로 노래한다. 이 부분이 끝나면 "땅이 떨고, 높은 산이 흔들리"는 무시무시한 중간 부분이 시작한다. 헨델은 "떨고"(trembles)에서 음들을 떨게 만들어 효과를 살리고 있다. 그 다음 야곱을 부르는 대목에서는 힘차게 몰아가며 '잠들어 있는' 야곱을 깨운다. 헨델의 몰아가는 힘을 만끽할 수 있는 합창곡이다.

감상 추천곡

1장의 마지막 곡인 합창, "우리가 이스라엘의 신을 두려하겠는가?"(No. 5. Shall we the God of Israel's fear?)는 페르시아군인들이 노래한다. 전주도 없이 바로 전체 합창이 시작하여 강력한 느낌을 준다. 페르시아 군인들이 하만의 명을 수행하여 유대인들을 몰살시키겠다는 노래이다. 중간에 전체 합창이 흩어지는 부분이 있지만 전체적으로 찬송가 방식이 주도한다. 특히 "뿌리와 가지를 뽑아버리리"(Pluck root and branch)라는 구절을 자주 반복함으로써 이 합창의 주제가 유대인들의 인종 말살임을 강조한다. 2장의 제1 이스라엘 여인의 아리아, "흥겨운 소리로 주님을 찬양하라"(No. 9. Praise the Lord with cheerful noise)는 멋진 하프 전주가 길게 나오는 다카포 아리아이지만 다른 곡과 마찬가지로 소박함을 유지하고 있다. 그래도 이 오라토리오에서는 가장 기교적인 노래에 속할 것이다. 곧이어 제2 이스라엘인의 아리아, "찬양 노래를 불러라"(No. 11. Sing songs of praise)가 이어진다. 길게 펼쳐지는 현악기의 전주에 이어 노래가 시작한다. 앞의 아리아와 마찬가지로 다카포 아리아이기는 하지만 역시 간소한 편이다. 3장의 분위기는 흥겹던 2장과 대조를 이룬다. 이스라엘인들이 하만의 칙령 소식을 듣고 슬퍼하는 합창, "너희 이스라엘 자손들아 통곡하라"(No. 14. Ye sons of Israel mourn)는 느린 템포로 시작하며 단어 "통곡하라"(mourn)를 특별히 강조한다.

4장, 모르도카이의 아리아, "두려워 마시오, 정의로운 왕비여, 위험을"(No. 17. Dread not, righteous queen, the danger)은 이 오라토리오에서 가장 뛰어난 노래일 것이다. 왕 앞에 나서기를 두려워 말라며 에스테르를 격려하는 아리아이다. 비장한 분위기의 전주로 시작하지만 모르도카이의 선율은 그 비장함에 부드러움을 겸비하고 있다. 중간 부분의 "왕좌보다 죽음이 낫다"는 가사에서 '죽음'(death)이라는 단어를 세

번 연속적으로 강조하며 에스테르를 격려한다. 5장, 아하수에로의 아리아, “아름다운 왕비여, 눈을 뜨시오”(No. 23. O beauteous queen, unclose those eyes)는 위에서 감상한 이중창에서 바로 이어진다. 저음 관악기인 바순이 오보에 대신에 사용되었으며 경쾌한 3박자에 다소 촌스러운 느낌마저 들 정도로 목가적인 분위기를 만든다. 왕치고는 상당히 소박하다. 이 곡도 다카포 아리아이지만 중간 부분이 비교적 짧게 되어 있다. 정신을 차린 에스테르가 왕과 하만을 집으로 초대하고 왕이 흔쾌히 승낙하는 아리아, “사랑이 초대하는데 어찌 가만히 있으리오?”(No. 25. How can I stay when love invites?)를 노래한다. 앞의 아리아에 비하면 템포가 빨라지며 흥겨움이 여기저기 묻어난다. 살아난 에스테르를 본 왕이 얼마나 기뻐하는지, 즉 얼마나 왕비를 사랑하는지 알 수 있다. 이렇게 같은 등장인물이 아리아를 연달아 노래하는 경우는 많지 않다. 그러나 이 오라토리오에서 왕은 4장에서 처음 나오기 때문에 가능한 많은 아리아를 불러야 숫자를 맞출 수 있다. 이스라엘인들의 합창, “덕망, 진실, 순결함이”(No. 27. Virtue, truth and innocence), 역시 3박자의 경쾌함이 전체적인 분위기를 지배하며 처음에는 돌림노래 방식이 주도하지만 이후에는 찬송가 방식을 주로 사용한다.

마지막 6장이 시작하자마자 에스테르는 이 모든 것이 하만의 소행임을 밝히자 왕은 하만을 처형하라고 명한다. 하만의 아리아, “여왕님, 얼굴을 돌리지 마소서”(No. 31. Turn not, O queen, thy face away)를 노래하며 용서를 빈다. 점찍듯이 울리는 단조의 화음에 하만의 심정이 절절하게 표현된다. 하만의 노래가 끝나자마자 에스테르는 “교활한 입, 더 이상 네 말을 듣지 않으리"(No. 32. Flatt'ring tongue, no more I hear thee)라고 소리치며 아리아를 시작한다. 전주도 기다리지 못하고 분노를 토하는 에스테르의 마음을 매우 극적으로 표현한다. 에스테르가 소리를 지른 다음 비로소 전주가 시작된다. 꽤 긴 전주가 흘렀음에도 에스테르의 선율에서 아직 분노를 느낄 수 있다. 선율이 심하게 뛴다. 자신의 멸망을 피할 수 없음을 깨달은 하만은 아리아, "네가 어찌 그 높은 데서 떨어지게 되는가!"(No. 34. How art thou fall'n from thy hight)를 노래한다. 현악기의 전주와 함께 나오는 오보에 독주가 매우 진지한 분위기를 만든다. 하만의 선율도 그 진지함에 조금도 뒤떨어지지 않는다. 하만이 진심으로 뉘우쳤다는 생각이 들어 불쌍하게 여겨지기까지 하다. 오라토리오의 마무리는 합창과 독창자들이 번갈아가며 노래하는 상당히 긴 곡이다. 균형적인 측면에서 보면 지나치게 길다고 할 수도 있다. 먼저 합창이 시작하여 자기들의 가사 전체를 노래한 다음, 알토 독창, 그리고 다시 합창이 받는다. 이런 식으로 에스테르와 모르도카이의 이중창 다음에 합창, 그리고 두 명의 베이스의 이중창에 이어 마지막 합창으로 끝맺는다. 이 때 반복되는 합창 부분은 항상 같은 노래를 불러 마치 후렴과 같은 역할을 한다.

오라토리오 끝난 후에

<에스테르>는 그 탄생 배경부터가 소박했다. 한 귀족의 궁에서 소화시킬 수 있을 정도의 음악적 수준과 규모를 감안한 작품이다. 독창자의 구성을 보아도 거의 항상 나오는 알토가 빠져 있다. 그런가하면 아리아를 노래하는 소프라노

만 둘이 있고 베이스는 4명까지 나올 수 있다. 물론 그 당시에는 같은 성악가가 그 모든 베이스를 도맡아 노래했을 가능성이 있다. 최소한의 독창자를 염두에 둔 배역 결정이라고 하겠다. 합창의 역할이 적지는 않지만 음악적으로는 장엄하거나 화려함을 찾아보기 힘들다. 이 모든 것이 <에스테르>를 헨델의 오라토리오 중에 가장 연주하기 쉬운 곡으로 만들었다. 위에서도 자주 나온 말이지만 아리아들도 화려함 보다는 간소함을 추구한다. 다카포 아리아가 상당히 많이 나오기는 하지만 거의 모든 다카포 곡들이 축소된 중간 부분을 갖고 있어서 이탈리아 오페라에서 들을 수 있는 다카포 아리아와는 거리가 멀다. <에스테르>와 같은 시기에 작곡된 <아치스와 갈라테아>도 음악적으로 비슷한 수준에 맞춰져 있다. 그리고 공교롭게도 이 곡에도 알토가 빠져 있다. 이는 당시 챈도스 궁에 알토 독창자가 없었음을 증명한다. <아치스와 갈라테아>는 보통 "전원 오페라"라고 부르는데 이야기가 주로 자연 속에서 진행되기 때문에 붙여진 이름이다. 그런데 헨델이 1732년에 <아치스와 갈라테아>를 재공연할 때 <에스테르>와 마찬가지로 무대 의상이나 무대 장치, 연기 등을 생략한 방식으로 공연했다. 반면에 일 년 전에 영국 작곡가 토마스 아른은 헨델의 이 곡을 완전히 오페라처럼 공연하여 성공을 거둔 바 있다. 헨델은 이 공연에 자극을 받아 자신이 직접 재공연을 하기로 결정한 것이다. 그러면 같은 작품을 무대에서 오페라처럼 할 수도 있고 오라토리오처럼 노래할 수도 있다는 말이 된다. 이런 이유로 해서 헨델에게 오라토리오란 무엇인가라는 질문이 발생한다. 이 두 곡의 대본 성격은 완전히 다르다. <에스테르>

는 성경 이야기이고 <아치스와 갈라테아>는 신화 이야기이다. 이후에도 헨델은 영어로 된 오페라/오라토리오 <헤르쿨레스>를 작곡한다. 이 작품은 대본의 성격 등을 볼 때 실질적으로 오페라로서의 모든 조건을 갖추었음에도 불구하고 헨델은 1745년에 초연할 때 오라토리오처럼 무대 연기 없이 연주회 방식으로 공연한다.

헨델의 생각을 읽어내기가 쉽지는 않다. 가장 무책임한 주장은 헨델이 장르 구분에 별 신경을 쓰지 않았으리라는 것이다. 그런데 이는 가능성이 희박하다. 항상 신문에 공연 광고를 내고 티켓을 판매하는 입장에서 청중들에게 정확한 정보를 제공하는 것은 기본이었을 것이다. 오페라 관중은 음악만 들으러 가는 것이 아니라 무대 장치와 성악가의 연기에도 관심을 갖는다. 특히 무대 장치는 눈요깃거리로 중요한 역할을 담당했었다. 그러니 오페라와 오라토리오의 관객은 다른 기대를 갖고 극장을 찾았다. 이런 상황에서 헨델은 자신의 작품이 오페라인지 오라토리오인지를 분명히 구분했어야 할 것이다. 헨델이 자신의 작품을 취급하는 데서 얻을 수 있는 힌트는 노래하는 언어에 따라 구분했으리라는 점이다. 간단히 말해서 헨델은 영어로 노래하는 작품을 오페라라고 불러본 적이 없다. 반면에 이탈리아어로 된 작품은 항상 오페라라고 불렀다. 따라서 대본이 종교적이든 세속적이든 상관없이 영어로 된 것을 오라토리오라고 한 것이다. 이는 일반적인 오라토리오의 정의와는 사뭇 다르다.

헨델 오라토리오 음반 고르기

헨델 오라토리오는 오로지 한 음반만이 유일하게 시판되고 있는 〈요셉과 그의 형제들〉이 있는가하면 수십 개의 음반을 자랑하는 〈메시아〉와 같은 작품도 있다. 요즘 유통되는 대부분의 헨델 음반은 고악기를 사용하는 것이 일반적이다. 고악기의 음색은 우리가 듣는 클래식 음악의 악기와 다소 차이가 있다. 대체적으로 소리가 가벼운 느낌을 주는데 이는 악기 자체의 차이도 있지만 연주 기법의 차이도 크다. 상식적으로 유명 레이블의 음반이 안전하지만 그 종류는 제한적이다. 〈메시아〉를 비롯하여, 〈이집트의 이스라엘인〉, 〈솔로몬〉, 〈유다 마카베오〉, 〈벨사차르〉 정도를 제외하면 나머지는 마이너 레이블을 통해서만 접할 수 있다. 이 책에 포함된 음반들은 거의 전적으로 마이너 레이블의 것들을 채택하고 있는데(372쪽의 음반목록 참조), 잘 알려지지 않은 레이블이지만 연주와 녹음은 최상에 속한다. 마이너 레이블의 단점은 음반 매장에서 쉽게 접하기 어렵다는 점이다. 거의 항상 주문하고 기다려야 하는 인내가 필요하다.

음반 선택을 할 때 고려해야할 사항들을 살펴본다. 우선 전곡이 다 포함되었는지의 여부이다. 헨델의 오라토리오는 보통 두세 장의 CD에 수록되는 것이 일반적이다. 혹시 한 장으로 되어 있으면 일부만 포함한 '하이라이트' 음반일 가능성이 높다. 초보자에게는 이런 음반도 충분하지만 이 책에서 추천하는 곡들이 빠져있을 수 있다. 또 영어 대본이 포함되어 있는지도 확인해야 한다. 그 다음의 고려 사항은 역시 연주자들의 면면이다. 바로크 음악은 전문성이 매우 중요하게 작용하기 때문에 성악가와 연주자, 합창단, 지휘자가 그 분야에 얼마나 일가견이 있는지 확인할 필요가 있다. 그 중에서 지휘자가 가장 중요하다. 헨델이나 바로크 음악을 전문으로 하는 지휘자라면 일단 안심할 수 있다. 성악가도 물론 중요하지만 바로크 음악 전문 성악가들은 우리들에게 익숙하지 않은 이름들이 많기 때문에 초보자들이 판단하기에 쉽지 않다. 따라서 이름이 낯설다고 하여 주저할 필요는 없다.

제6부: 마카베오에서 예수 부활까지

페르시아의 키루스(고레스) 대왕에 의해 풀려난 이스라엘 인들이 귀환하면서 예루살렘에 잔류해 있던 사람과 갈등이 있기는 했으나 성전을 재건하면서 새로운 시대를 열어가고 있었다. 거대한 제국을 형성했던 페르시아도 서쪽에서 무서운 기세로 일어난 마케도니아의 알렉산더(알렉산드로스) 대왕에 의해 기원전 331년에 패망한다. 마카베오기 상권 첫 절에 나오는 알렉산드로스는 바로 이 대왕을 뜻한다. 32살의 나이에 급작스럽게 사망한 알렉산더 대왕은 후계자가 없었고 그를 보좌하던 그리스 출신 장수 톨로메오는 이집트의 총독으로 임명되었고 얼마 후 스스로를 파라오(바로)라 칭하며 페르시아의 일부였던 이집트를 차지하여 이후 300년 왕국을 이어갔다. 한편 알렉산더 대왕이 죽은 후 역시 대왕의 장수였던 셀레우코스는 바빌론의 총독으로 임명된다. 기원전 305년에 셀레우코스는 스스로 왕이 되면서 셀레우코스 왕국을 세운다. 다행히 당시 페르시아에 합병되어 있었던 이스라엘은 이집트의 톨로메오 영향력 안에 놓이게 되었고 톨로메오와 그의 후손들은 유대인들의 종교와 관습을 존중했다고 한다. 그런 분위기 속에서 기원전 2세기 경 이집트의 알렉산드리아에서 유대인들이 히브리 성경을 그리스어로 번역한 소위 '70인 역' 성경이 완성된다. 이집트와는 달리 이스라엘을 괴롭혔던 셀레우코스 왕국의 안티오코스 4세가 이스라엘을 점령하면서 유대인들은 위기에 처했고 이들을 구해낸 인물들이 마카베오 집안이었고 그들에 의해서 이스라엘의 하스모니아 왕국이 세워진다. 그러나 기원전 64년에 하스모니아 왕국은 로마 제국의 장수 폼페이에 의해 멸망하고 이스라엘은 로마의 속국으로 전락한다. 기원전 40년 로마 의회는 헤로데를 유대인들의 왕으로 세우면서 그의 통치가 30년 이상 이어진다. 이 헤로데 왕의 아들 헤로데 아켈로스(아켈라오)가 동방박사를 맞이한 이스라엘의 왕이고 그의 아들 헤로데 안티파스는 예수가 처형당할 때의 이스라엘 왕이었다. 헨델은 하스모니아 왕국의 원조격인 유다 마카베오와 집안의 막내 요나탄 마카베오의 이야기를 각각 오라토리오로 만들었으며 예수 탄생의 예언부터 부활까지 다룬 명작 <메시아>를 남겼다.

유다 마카베오 (Judas Maccabaeus)

1745년 9월 21일, 스코틀랜드의 프레스톤팬스에서 스튜어트 집안의 찰스 왕자가 이끄는 자코바이트파와 영국군의 코프 장군이 맞붙었다. 찰스 왕자의 장군은 우회 진로를 택해 습지를 통과한 후 아침 안개에 숨어 영국군을 공격해서 큰 성공을 거두었다. 기세를 몰아 더비까지 진출했던 찰스 왕자는 12월 말에 스코틀랜드로 물러간다. 더비는 런던에서 북쪽으로 불과 300킬로미터 떨어진 도시였으니 런던 시민은 큰 위협을 느꼈을 것이다. 이듬해 4월 16일 찰스 왕자는 다시 군대를 이끌고 영국을 침략한다. 이번에는 밤새 행군하여 새벽에 영국군을 칠 생각이었으나 새벽이 되기 전에 적진에 도착하지 못하고 말았다. 지친 병사들을 데리고 후방으로 물러간 찰스 왕자의 군대를 영국의 컴버랜드 윌리엄 공작이 엄청난 양의 포탄을 쏟아 부었고 이를 견디지 못한 찰스 왕자는 프랑스로 피신한다. 윌리엄 공작은 패잔병들뿐만 아니라 그들에게 협조했다고 판단된 모든 주민들을 성경의 판관기(사사기)처럼 살해했다. 그의 별명, '컴버랜드의 도살자'는 이때 일을 두고 만들어졌다. 이렇게 해서 수년간 영국 왕위를 차지하려했던 찰스의 야망은 종지부를 찍었고 반란군을 진압한 윌리엄 공작은 영웅 대접을 받았다. 윌리엄 공작은 바로 당시 영국 왕이었던 조지 2세의 아들이었으며 약관 25세였다. 젊은 영웅의 등장이었다. 윌리엄은 여기서 멈추지 않고 대륙으로 진출하여 프랑스와 플랑드르의 전쟁에도 개입하였으며 1748년 평화협정을 이끌어 낸 후 조국으로 돌아온다.

앞에 <여호수아>에서 보았던 "보라, 정복의 영웅이 오신다"(See the conquering hero)는 젊은 오트니엘을 위한 합창이었지만 이 곡이 <유다 마카베오>에 재사용되면서 런던의 청중들은 윌리엄 컴버랜드 공작과 노래 속의 영웅을 동일시했다. 헨델은 윌리엄 공작의 승리로 들떠있던 1746년 여름에 <유다 마카베오>를 작곡하고 그 이듬해 사순시기에 초연한다. 이때 오라토리오 대본은 '컴버랜드 공작'에게 헌정되었고 오라토리오는 분위기를 타고 큰 성공을 거두었다. 헨델은 이에 고무되어 1747년 여름에 <알렉산드로스 발라스>와 <여호수아>를 작곡하여 다음 시즌을 준비한다. 이 세 작품을 보통 헨델의 '전쟁 오라토리오'라 부른다. 대본의 주된 내용이 전쟁을 중심으로 벌어지기 때문이다. <유다 마카베오>의 성공과는 달리 이듬해의 신작 전쟁 오라토리오 두 편에 대한 반응은 그리 좋지 않았다. 이후 헨델은 자신의 오라토리오 시즌에 <유다 마카베오>를 거의 매년 포함시켰으나 나머지 두 편은 재공연을 거의 하지 않았다. "보라, 정복의 영웅이 오신다"가 언제부터 <유다 마카베오>로 옮겨졌는지 확실치는 않다. 분명한 것은 헨델이 이 곡을 너무 아낀 나머지 <여호수아>와 함께 사장될 것을 우려해서 인기 작품인 <유다 마카베오>에 가사와 음악을 그대로 유지한 채 삽입한 것이다. 굴러들어온 돌이 이 오라토리오에서 가장 유명한 곡이 되었다는 것은 아이러니이다. 지금도 많은 문헌이 이 곡을 <유다 마카베오>에서 유래한 것으로 전하고 있으며 19세기의 베토벤도 그렇게 생각하고 첼로와 피아노를 위한 <유다 마카베오의 주제에 의한 변주곡>을 이 선율을 주제로 작곡하였다.

오라토리오 시작 전에

우리의 주인공 유다 마카베오는 마타티아스라는 이름으로 알려진 유다인 사제의 아들이다. 마타티아스는 유대교를 박해한 안티오코스 에피파네스(4세)에 대항하여 봉기를 일으킨 민족적 지도자이다. 마타티아스의 봉기 배경에는 그리스의 헬레니즘 문명에 영향을 받은 유대인들과 그 영향으로부터 자신들의 전통을 유지하려는 계파 사이의 갈등이 표출된 것으로 볼 수 있다. 알렉산더 대왕이 유럽 전역을 침략하며 곳곳에 그리스식의 문명을 전파하였고 당시로는 가장 발전한 문명이었던 헬레니즘은 많은 사람들의 동경의 대상이었다. 150년 이상 중동은 헬레니즘 문화 지배에 놓여있었고, 하나의 지방 정부에 불과한 이스라엘은 당연히 이 새로운 흐름을 받아들일 수밖에 없었을 것이다. 더욱이 두 헬레니즘 왕국인 남쪽의 이집트와 북쪽의 셀레우코스 사이에 샌드위치된 이스라엘로서는 헬레니즘의 영향을 피해가기 어려웠을 것이다. 가장 상징적인 헬레니즘의 영향은 김나지움이다. 마카베오기 상권(1:14-15)에 의하면 "그리하여 그들은 이민족들의 풍습에 따라 예루살렘에 경기장을 세우고, 할례받은 흔적을 없애고 거룩한 계약을 저버렸다"고 한다. 여기서 경기장은 김나지움을 뜻한다. 그리스어로 '나체'라는 뜻을 지닌 김노스(gymnos)에서 유래된 김나지움에서는 원래 남성들이 나체로 운동을 즐기는 곳이었다. 김나지움은 운동장으로 출발하였지만 나중에는 일종의 사교장이면서도 교육 공간이었다고 한다. 고대 그리스의 철학자 플라톤과 아리스토텔레스도 개별적인 김나지움을 창설하여 운동과 교육의 복합 공간을 운영했다고 한다. 따라서 김나지움은 성공을 원하는 엘리트들에게는 피할 수 없는 곳이었고 이곳에서 할례를 받은 자와 그렇지 않은 자가 쉽게 구분되었기 때문에 '거룩한 계약을 저버'린 유대인들이 상당히 많았을 것이다. 이런 상황에서 마타티아스처럼 유대교의 전통을 지키려는 사람들의 위기감이 극에 도달했으리라는 점은 쉽게 상상이 된다.

이런 계기를 만든 이는 기원전 175년에 왕위에 오른 셀레우코스 왕국의 안티오코스 4세였다. 안티오코스는 이스라엘의 종교 지도자로 야손(Jason)을 대사제에 임명한 바 있으며(2마카 4:7), 그 후임으로 메넬라오스가 대사제직에 오른다.(2마카 4:24) 야손과 메넬라오스는 안티오코스의 환심을 사기 위해 경쟁했으며 예루살렘에 그리스식 생활 방식을 적극 도입하였고 심지어 이교 예식을 강요하기까지 했다. 예루살렘의 성전을 올림포스의 제우스 신전으로 만들고 디오니소스 축제를 지냈으며 자기 아들에게 할례를 베풀었다는 죄목으로 부모들이 끌려와 처형당하기까지 했다.(1마카 1:4-63과 2마카 6:1-11)

마나니아스와 그의 아들들은 모데인이라는 곳에 머물고 있었는데 정부 관리들이 나와 왕명이라며 이교 행위를 강요하자 마타티아스는 그 관리들을 살해한다.(1마카 2:15-26) 이 사건으로 마타티아스를 따르는 무리들이 생겨났고 이들은 정부군을 피해 산으로 숨어들어가서 일종의 게릴라전을 펼친다. 마타티아스는 이 일이 있은 후 1년 후인 기원전 166년에 사망하며 둘째 아들 유다 마카베오를 지도자로 세운다. 유다 마카베오는 매우 성공적인 장수였다. 당시 사마리아를 감독하던 시리아의 장군 아폴로니우스(1마카 3:10-12)를 물리치고 그 외에도 벳 호른 전투, 엠마오 전투, 이 두메아 전투에서 셀레우코스 대군을 연달아 물리치며 드디어 그들에 의해 더럽혀진 예루살렘 성전을 정화하는 의식을 거행했고 이 날을 기념하기 위해 유대인들은 그들의 가장 큰 축제인 하누카 축일을 지정해 오늘날까지 이어오고 있으니 유다 마카베오가 이스라엘인들에게 지니는 의미는 각별할 것이다. 마카베오의 지도하에 승승장구하는 이스라엘인들을 그린 오라토리오 <유다 마카베오>는 마타티아스의 죽음을 슬퍼하는 장면부터 시작한다.

등장인물과 줄거리

유다 마카베오(테너)
시몬(유다의 형, 베이스)
이스라엘 여인(소프라노)
이스라엘 남자(메조소프라노)
에우폴레모스(로마의 유대인 대사, 알토)

[이 오라토리오는 극적인 진행이 있으면서도 장면이 구체적으로 구분되어 있지 않다. 원래 없는 장면 구분을 독자들의 이해를 돕기 위해 추가하였다.]

1막

[1장] 이스라엘인들이 마타티아스의 죽음을 애도한다. "옷을 찢고, 누추한 자루 옷을 입고, 재를 머리에 뿌려라. 아! 이제 우리는 어디로 도망가야 하는가? 오! 예루살렘이여, 그대의 늠름한 탑이 연기 자욱한 폐허가 되었구나." 이스라엘인들이 기도한다. "오! 아버지! 당신의 전지전능한 힘을 하늘과 땅과 바다가 찬미하나이다. 당신의 기쁨인 유다

인들의 마음이 하나로 뭉쳤나이다. 저희에게 용맹한 지도자를 보내주소서." [2장] 시몬이 하느님께서 기도를 들으시어 유다 마카베오를 지도자로 정해주셨다고 알리며 이스라엘인들을 무장시킨다. "무장하라! 너희의 민족과 종교, 율법을 보호하기 위해. 전지전능하신 여호와께서 너희들의 손을 강력하게 해 주실 것이다." [3장] 유다가 나선다. "위대한 여호수아께서 싸웠을 때 그 놀라운 기적들이 있었네. 그의 말에 복종하여 태양이 멈추어 섰지. 왕들을 멸망시킬 때까지 당신의 힘과 나의 영혼을 앞세워 우리보다 훨씬 큰 적과 대적하리." 이스라엘인들은 자기들의 자유를 쟁취하기 위해 용기를 낸다. "오직 자유, 자유만이 태양에게 새로운 아름다움을 가져다주리. 자유여, 당신이 떠난 후로 우리에게는 탄식만 있을 뿐이오." [4장] 유다가 아버지 생각에 잠긴다. "아버지께서 유언하셨지. '우리 민족이 비참하게 고통 받는 것을 보아라. 마음 단단히 먹어라, 나의 아들들아, 자유 아니면 죽음이다'라고 말씀하셨어. 보십시요! 이제 아버님의 아들들이 일어나 복수하겠습니다." 이스라엘인들이 전생을 준비한 후 기도한다. "오! 주님, 당신을 부릅니다. 들어주소서. 정복하기로 결심했습니다. 아니면 영광스럽게 쓰러지겠습니다."

2막

[1장] 이스라엘인들이 승리에 환호한다. "위대한 영웅, 유다여! 사람들이 어떻게 아폴로니우스와 사마리아인들을 무찔렀는지, 그리고 시리아의 장수 세론과 그의 수많은 군대가 어떻게 유다 앞에서 쓰러졌는지 말하리라." 이스라엘

인들이 말한다. "거인처럼 가슴 받이 갑옷을 입고 무기를 허리에 차고 그는 사자처럼 활약하였으니 먹이를 보고 으르렁거리는 힘센 사자 같았다."(1 마카 3:3-4) 사람들이 외친다. "만세, 유다, 행복한 땅이여! 그의 손에 우리의 구원이 달렸네." 마카베오는 사람들을 진정시킨다. "내 형제들의 도움이 컸소. 그러나 하늘을 보시오. 오직 하느님께 이 모든 영광과 찬양을 받치겠소. 우리 조상들이 한 때 미디안에서 말하지 않았는가, '신과 기드온의 칼'이라고. 주님을 위해 이스라엘은 싸웠고 경이로운 구원이 이루어졌었지." [2장] 전령이 급하게 들어온다. "유다여! 또 다른 전쟁이 다가 오고 있습니다. 이집트 해변에서 안티오코스 왕이 오고 있습니다. 그가 맹장 고르기아스에게 이스라엘을 멸망시키고 성전의 모든 잔재를 없애버리라고 했답니다." 이스라엘인들이 갑자기 두려워하기 시작한다. 시몬이 분위기를 바꾸려고 노력한다. "멸망이란 말은 하지도 마라. 주님께 기도하자. 그 분의 철퇴로부터 축복이 내려지리라. 주님께서는 기적을 일으키시어 그분의 영광을 드러내리라." [3장] 유다가 이스라엘인들에게 무장할 것을 명한다. "나팔을 울려라. 용감한 자들만 모여 나를 따르라." 이스라엘인들이 답한다. "우리의 율법과 종교, 자유를 위해 죽을 각오가 되어있습니다." 시몬이 합세한다. "나는 성전을 지킬 테니, 유다는 전쟁터를 맡으시오. 거룩한 시온(예루살렘)이 더렵혀지기 전에 빠른 행동이 필요하오." 이스라엘인들이 다짐한다. "올림포스의 주피터를 내치자. 상아 관을 쓴 바쿠스 신을 경배하지 않으리. 결코 우리는 우상에 절을 하지 않으리. 그렇지만 언제까지고 이스라엘의 주님을 숭배하리. 오직 우리의 주님뿐이네."

3막

[1장] 이스라엘인들이 성전 정화를 위한 의식을 진행한다. "하늘에 계신 아버지, 당신의 영원한 권좌로부터 축복의 눈으로 내려다보소서. 빛의 축제를 장엄하게 거행하오니 이 제단은 승리의 노래로 바쳐지리라."(1마카 48-54) [2장] 카파르살라마에서 급히 달려온 전령이 소식을 알린다. "리시아스가 코끼리를 앞세워 엄청난 군대를 이끌고 왔습니다. 금과 청동으로 된 수많은 방패가 벌판에 번개를 치듯 빛나고 있었습니다.(1마카 6:35-39) 그러나 침착한 유다가 맞서 싸웠고 니카노르와 그의 군대를 모두 무찔렀습니다." [3장] 두 번째 전령이 들어와 유다의 귀환을 알린다. 이스라엘인들이 승리하고 돌아오는 유다 마카베오를 환영한다. 유다는 환영 음악에 감동을 받으면서도 죽은 동생을 생각한다. "잠시 전쟁에서 용감하게 쓰러진 사람들을 위한 장례식을 준비하시오. 특히 엘아자르에게 경의를 표하시오. 그는 가장 훌륭한 코끼리 밑으로 들어가 칼로 찌르니 그 놈이 쓰러지면서 엘아자르도 깔려죽었소."(1마카 6:43-46) [4장] 에우폴레모스가 들어와 로마 의회가 이스라엘과 동맹 관계를 승낙했나며 기뻐한다. "어떤 나라가 우리를 침략하면 로마는 군대를 일으켜 우리를 보호해주기로 했습니다." 이스라엘은 새롭게 쟁취한 평화와 자유를 노래한다. "오 기쁜 평화여! 풍요로운 왕관을 쓰고 오소서. 그대의 축복을 온 땅에 펼쳐주소서. 전쟁 나팔 소리는 멈추고 오직 자연의 노래가 즐거운 아침을 깨우게 하소서." 시몬이 나선다. "환호하라! 유다인들이여, 거룩한 노래로 기뻐하라, 케루빔과 세라핌이 조화롭게 함께 하리니." 이스라엘인들이 외친다. "할렐루야! 아멘."

감상하기

2막. 이스라엘인들의 합창, "쓰러지네, 적들이." CD2/14

Fall'n is the foe; so fall Thy foes, O Lord, Where warlike Judas wields his righteous sword!	쓰러지네, 적들이. 주님이시여 당신의적들이 그렇게 쓰러집니다. 용사 유다가 정의의 칼을 휘두를 때마다.

전쟁에 나간 유다의 승승장구에 힘을 얻어 이스라엘인들이 그를 칭송한다. 전주의 시작부터 유다의 칼에 쓰러지는 적군들이 보인다. 현악기로 연주하는 전주가 신나게 들릴지는 몰라도 바로크 음악의 관습에 의하면 상당히 격렬한 선율이다. 전쟁을 묘사할 때 자주 나오는 음악인 것이다. 전쟁에서 이기는 기쁨도 표현되지만 사람이 죽어가는 것에 대한 두려움도 동시에 표현하고 있다. 곡 중간 중간에 가사의 첫 단어 "쓰러지네"(fallen)가 반복되는 무시무시한 부분을 들을 수 있을 것이다. 작곡 기법 상으로나 표현적인 측면에서 헨델의 합창곡 중에서도 손에 꼽을 수 있는 곡이다.

2막. 유다 마카베오의 아리아, "전장에서 허풍떠는 사람." CD2/15

How vain is man, who boasts in fight The valour of gigantic might! And dreams not that a hand unseen Directs and guides this weak machine. How vain... da capo	전장에서 허풍떠는 사람, 얼마나 부질 없는가, 거인 같은 힘으로 용기를 냈다고. 보이지 않는 손은 꿈도 꾸지 못하리 이 약한 사람을 그 분이 지휘하고 이끄심을. 전장에서 허풍떠는... (반복)

다카포 아리아인 이 곡은 첫 두 행과 나머지 두 행으로 음악이 구분된다. 전반부에서는 거인 같은 힘을 발휘했다고 허풍떠는 사람을 묘사하고 있다. 콜로라투라 선율은 거의 항상 "거인 같은"(gigantic)이라는 단어에서 나온다. 그것도 상당히 허풍쟁이라는 점을 강조하려는 듯이 그야말로 과장되어 있다. 뒷부분은 매우 절제된 모습을 보인다. 주님의 보이지 않는 손이 도움을 주고 계심을 깨달아야 한다며 겸손함을 보인다. 전반부의 힘있는 반주와 후반부의 가라앉은 반주가 가사의 의미를 적절히 묘사하고 있다.

3막. 이스라엘인들의 합창, "보라, 정복의 영웅이 오신다." CD2/16

Youths	청년들
See, the conqu'ring hero comes!	보라, 정복의 영웅이 오신다.
Sound the trumpets, beat the drums.	나팔을 울리고, 북을 울려라.
Sports prepare, the laurel bring,	환영식을 준비하고 월계관을 가져오라.
Songs of triumph to him sing.	그를 위해 승리의 노래를 부르리.
Virgins	처녀들
See the godlike youth advance!	보라 거룩한 젊은이가 나선다.
Breathe the flutes, and lead the dance;	피리에 숨을 불어넣고 춤을 이끌어라.
Myrtle wreaths, and roses twine,	빛나는 화환, 장미로 꾸미고
To deck the hero's brow divine.	영웅의 성스러운 이마에 올려라.

[전체 합창이 앞 부분을 반복한다.]

이 합창곡은 원래 <여호수아>를 위해 작곡한 곡이지만 이 오라토리오에 포함되면서 널리 알려졌고 <유다 마카베오>를 대표하는 곡이 되었다. 여기서는 전쟁에서 승리하고 돌아오는 유다 마카베오를 맞이하는 음악으로 사용된다. 가사와 음악은 변화 없이 원곡에서 그대로 가져왔다. <여호수아>에서는 젊은 차세대 리더 오트니엘(옷니엘)을 위한 합창이어서 처녀들이 노래하는 '거룩한 젊은이'라는 표현이 어울리지만 여기서는 다소 어색하다. 오르간의 조용한 반주로 높은 음역의 합창단이 먼저 첫 두 행을 부르면 두 대의 호른이 같은 선율을 반복하고 이어서 호른과 합창단이 나머지 두 행을 노래한다. 1절을 마친 다음에는 여성들만으로 이루어진 합창단이 2절을 시작하는데 악기가 달라진다. 가사의 내용대로 호른 대신 플루트가 연주된다. 2절 후에 다시 첫 절을 반복하는데 이번에는 전체 합창단과 여러 악기(팀파니가 첨가되기도 함)가 동원되어 그 웅장함이 최고조에 달한다. 매우 단순한 선율을 반복하면서도 합창단과 악기 변화를 주어가며 우리의 귀를 사로잡는다.

감상 추천곡

1막은 이스라엘인들이 마타티아스의 죽음을 애도하는 합창, "슬퍼하라, 너희 고통 받는 자손들아"(No. 2. Mourn, ye afflicted children)를 노래한다. 전체적으로 '슬퍼하라'(mourn)를 강조하는 합창으로 그 비통함이 훌륭하게 묘사되어 있다. 단조로 시작한 곡이 중간에 '희망'(hopes)이라는 단어가 나오면서 장조로 변한다. 그럼에도 계속 강조되는 '슬퍼하라'는 여전히 슬프다. 헨델은 이런 추모 음악에는 상당히 강한 편이다. 금방 떠 올릴 수 있는 멋진 추모곡으로 <삼손>과 <사울>의 음악이 떠오른다. 이스라엘 남자와 여자의 이중창, "이 두려운 순간에"(No. 4. From this dread scene)는 두 명의 이스라엘인이 예루살렘이 적군에 파괴되는 모습을 보며 슬퍼하는 곡이다. 중간에 나오는 '솔리마'(Solyma)는 예루살렘의 애칭이다. 이어지는 합창 역시 첫 곡만큼 그들의 아픔이 가슴 깊이 느껴지는 곡이다. "시온을 위해 탄식하니"(No. 5. For Sion lamentation make)는 탄식의 노래답게 전주의 저음을 들어보면 고통스럽게 아래로 계속 내려가는 것을 들을 수 있다. 노래도 단어들이 길게 이어지기 보다는 계속 끊긴다. 우리가 흐느낄 때 말을 쉽게 이어가지 못하는 것과 같다. 선율도 그리 아름답지는 않다. 그러나 처절한 슬픔이 충분히 전달되는 곡이다. 지금까지 이어온 슬픈 분위기를 시몬이 바꾸기 위해 전쟁 준비를 알리는 아리아, "무장, 무장하라, 너희 용맹한 사람들"(No. 10. Arm, arm, ye brave!")을 노래한다. 선율의 시작부터 마치 출정을 알리는 나팔 소리 같다. 시몬의 아리아에 힘을 얻은 이스라엘인들이 합창, "저희가 갑니다, 멋진 행렬을 이루어"(No. 11. We come, we come, in bright array)로 호응한다. 이 두 곡은 계속 이어 연주하는 것이 보통이다. 전쟁을 기다리며 이스라엘인들은 자신들의 자유를 갈망한다. 이스라엘 여인이 아리아, "오라, 영원토록 미소 짓는 자유여"(No. 16. Come, ever-smiling liberty)를 노래한다.

2막의 앞부분에 이스라엘 남자와 여자 독창자의 이중창에 합창으로 이어지는 "시온은 이제 머리를 들 수 있으리"(No. 31-32. Sion now her head shall raise)는 우아한 3박자 전주로 시작한다. 처음에는 이중창처럼 흐르다가 합창단이 자연스럽게 가세한다. 마치 원래부터 합창이 함께 하고 있었다는 착각을 줄 정도이다. 점차적으로 확대되는 합창은 찬송가 방식과 돌림노래 방식을 자유자재로 활용하며 진행한다. 이중창에서 합창으로 이어지는 "만세, 만세 유다여, 행복의 땅이여" (No. 35-36. Hail, hail, Judea, happy land)는 짧은 이중창에 이어 곧바로 합창이 합류한다. "만세"(hail)를 외치는 힘에서 그들의 승리의 기쁨을 느낄 수 있다. 처음 이중창에서 독창자들은 만세 삼창을 한다. 그들도 삼창이 전통인지는 모르겠으나 한 음씩 올라가는 세 음이 단순하지만 매우 효과적이다. 합창 부분은 거의 찬송가 방식으로 노래하며 "만세"라는 단어를 노래할 때 헨델 특유의 '망치 코드'가 그 효과를 발휘한다. 또 다른 위기가 닥치고 이스라엘인들이 절망에 빠지자 시몬이 나서서 그들을 격려하는 아리아, "주님께서 기적을 행하시네"(No. 43. The Lord worketh wonders)를 노래한다. 베이스 아리아의 맛을 제대로 느낄 수 있는 곡이다. 많은 콜로라투라 선율이 곡의 화려함을 더하지만 노래하는 성악가에게는 부담이 될 것이다. 곧 이어 유다가 나서서 전쟁을 선포하며 백성을 준비시킨다. 유다의 아리아, "나팔을 불어라! 이 고르기아스와 싸우러 가겠노라"(No. 45. Sound an alarm! Against this Gorgias will I go)를 노래하는 유다의 목소리에는 자신감이 넘친다. 처음부터 그 흔한 현악기의 반주도 없이 베이스 반주만으로 전체 아리아를 노래하는 것처럼 진행한다. 그런데 이 아리아는 다카포 아리아여서 처음에 노래한 선율이 뒤에서 반복된다. 반복될 때 트럼펫을 비롯한 전체 오케스트라가 유다를 뒷받침한다. 만군의 지원을 받은 듯하다.

이어지는 합창, "무서운 부름을 기쁘게 듣습니다"(No. 46. We hear, we hear the pleasing dreadful call)는 유다가 혼자가

아님을 확인시켜 준다. 시몬은 주님께 기도드린다. 그의 아리아, "경건한 마음으로, 그리고 경건한 만큼 용감하게"(No. 48. With pious hearts, and brave as pious)를 노래한다. 다른 시몬의 아리아에 비하면 매우 절제된 느낌이 들며 아마도 경건함을 표현하기 위한 방편이었을 것이다. 이어서 이스라엘 여인이 아리아, "똑똑한 사람들이 달콤한 말로 우리를 속일 수 있지"(No. 50. Wise men, flatt'ring, may deceive us)를 부른다. 간단히 말해서 우상숭배에 더 이상 넘어가지 않겠다는 노래인데 음악적인 분위기는 참회가 아니라 자신감처럼 들린다. 이 아리아의 내용은 이어지는 이중창과 합창에서도 반복된다. 이스라엘 남자와 여자의 이중창, "오, 결코, 결코 고개 숙이지 않으리"(No. 51. Oh, never, never bow we down)에서 단어 '결코'를 수없이 반복한다. 이들은 진정으로 우상숭배를 하지 않겠다는 강한 결심을 보인다. 이어지는 합창, "우리는 결코, 결코 고개 숙이지 않으리"(No. 52. We never, never will bow down)에서 모든 이스라엘인들이 앞의 가사와 선율을 반복하며 다시 한번 다짐한다. 이어서 음악은 분위기를 바꾸어 엄숙한 경건함으로 2막을 마친다. 이 곡처럼 헨델은 종종 2막의 마지막 합창이 3막의 마지막 합창보다 강한 느낌을 주는 경우가 종종 있다.

3막은 이스라엘인들이 예루살렘 성전을 정화하는 의식으로 시작한다. 이스라엘 남자가 노래하는 "하늘에 계신 아버지! 당신의 영원한 권좌로부터"(No. 53. Father of Heav'n! From Thy eternal throne)는 경건한 의식에 적절하게 지나치게 아리아답지 않으면서도 거룩함이 훌륭하게 묘사되어 있다. 기도의 노래로 손에 꼽을 수 있는 명곡이다. 성전에 연기와 향이 가득차면서 이스라엘 여인이 부르는 아리아, "류트와 하프가 그렇게 울리게 하리"(No. 56. So shall the lute and harp awake!)는 성공적인 성전 정화를 기뻐하는 노래이다. 악기들이 울리고 세라핌의 선율이 울리는 기쁜 분위기를 전달한다. 이 오라토리오의 끝은 시몬의 독창과 이어지는 합창으로 마무리된다. 시몬은 "기뻐하라, 유다여, 거룩한 노래로"(No. 67. Rejoice, O Judah, and, in songs divine)를 활기찬 전주에 이어 노래한다. 시몬의 독창이 끝날 무렵 합창단이 조용하게 "할렐루야, 아멘"을 노래하며 합류한다. 합창은 점차 확대되며 관악기와 팀파니가 가세하여 화려한 막을 내린다.

오라토리오 끝난 후

이 오라토리오의 대본을 만든 토마스 모렐은 당시 성직자이면서 문학적인 활동으로 알려져 있었다. 모렐은 극작가이기보다는 시인에 가깝다고 하겠다. 극에 대한 상상력이 앞서 보았던 찰스 제넨스에 비해 한 수 아래다. 그러나 이는 어쩌면 소재 자체가 갖는 한계일 수도 있다. 성경의 마카베오기는 드라마의 소재로 활용하기에 어려운 전쟁 일변도의 내용으로 되어 있다. 등장인물을 정하면서도 그의 고민이 그대로 드러난다. 실명을 지닌 인물은 유다와 시몬, 그리고 3막에 잠시 나오는 에우폴레모스가 전부다. 성악가 배역을 정하면서 헨델은 그가 자주 사용한 소프라노와 알토, 또는 소프라노와 테너의 짝을 만들지 못했다. 그 대신에 두 명의 이스라엘인을 추가해서 그 둘이 소프라노와 메조소프라노의 쌍을 이룬다. 문제는 이 둘이 익명의 등장인물이라는 점이다. 즉, 드라마에 별다른 영향을 주지 못하는 한 쌍이 음악적으로 중요해 진다. <벨사차르>처럼 극적인 구성을 위해 창조된 등장인물이 아예 없다. 그 결과 대본의 내용은 성경에서 크게 벗어나지 않는다. 단지, 성경에 비하면 시몬의 역할이 매우 중요해 진다. 결과적으로 <유다 마카베오>는 테너와 베이스가 오라토리오를 이끌어 나간다. 다행히 헨델에게는 항상 만족스런 노래를 불러주는 영국인 베이스가 있었다. 헨리 라인홀드는 이탈리아 오페라 시절에 헨델과 알게 된 후 1743년부터 1751년에 죽기까지 거의 모든 헨델의 오라토리오에서 베이스를 맡았다.

극적인 구성이 거의 없다고도 할 수 있는 <유다 마카베오>가 헨델 생존 당시에는 <메시아> 못지않은 인기를 누렸다는 점은 앞서 설명한 대로 당시 정치적인 분위기가 한 몫했을 것이다. 그럼에도 모든 것을 시대적 배경에 돌리는 것은 무리이다. 시대가 바뀌었음에도 <유다 마카베오>에 대한 인기는 지금도 시들지 않았기 때문이다. <유다 마카베오>의 매력은 음악에 있다. 물론 가장 유명한 "보라, 정복의 영웅이 오신다"가 <여호수아>에서 빌려온 것이지만 이 오라토리오를 통해 유명해졌고 그 외에도 다양한 합창곡과 독창 아리아들, 그리고 독창 또는 이중창과 합창이 연결되는 다양한 방식의 음악도 중요한 요인이었을 것이다. 이제 헨델은 극적인 내용이 약해도 사람들을 감동시킬 수 있는 방법을 알고 있었다. 천편일률적인 아리아가 나열된 오페라는 극적인 내용이 그 음악적 빈약함을 보충해 주었다면 극적인 내용이 빈약한 오라토리오에서는 독창과 합창의 다양한 활용을 통해 음악적 풍부함을 제공한 것이다. <유다 마카베오>는 그 유명한 '영웅' 말고도 훌륭한 작은 영웅들이, 보석 같은 선율들이 가득한 오라토리오이다.

(옆) 프랑스의 17세기 화가 푸생의 <예루살렘 성전의 파괴>. 기원후 70년에 있었던 예루살렘 성전의 파괴를 묘사한 그림이다. 당시 유대인들은 로마에 반역을 일으켰고 로마는 무참하게 예루살렘 성전을 파괴하고는 유대인들을 아예 예루살렘 도시로 들어오지 못하게 했다고 한다. 다윗의 도시라고 불리는 예루살렘은 이스라엘인들에게는 가장 중요한 민족적 상징이었다. 특히 다윗의 뒤를 이어 솔로몬이 거대한 성전을 건축했을 때 그들의 민족적 자부심은 상당했을 것이다. 이 성전이 네부카드네자르(느부갓네살)에 의해 파괴되어 이스라엘인들의 유배 생활이 시작되었고 페르시아 키루스(고레스) 대왕이 그들을 해방시켜 예루살렘 성전의 재건축을 허용한 후에 완성된 제2 성전은 그 이전의 위용에 비하면 형편없었을 것이라고 한다. 제2 성전은 알렉산드로스 대왕의 점령에도 살아남았지만 그의 후계자인 셀레우코스 왕국의 안티오코스 에피파네스(4세)의 명에 따라 이교도 의식이 거행되면서 더렵혀진다. 이 성전을 재탈환하여 더렵혀진 성전을 정화한 인물이 유다 마카베오이다. 탈환 이후 성전을 정화하고 바친 의식을 빛의 의식이라고도 하는데 8일 동안 등잔불(또는 촛불)을 매일 하나씩 켜기 때문에 붙여진 이름이다. 이 유대인 축일은 하누카라고 불리는 유대교의 가장 중요한 축제로 현재까지 기념하고 있다. 하누카 축일 때 밝히는 촛불을 위한 촛대는 가장 유명한 유대교의 상징이기도 하다. 그림의 왼쪽 첫 번째와 두 번째 기둥 사이에 한 남성이 큰 물건을 들고 뛰어가고 있는데 이것이 바로 하누카 촛대이다. 그림 오른쪽을 보면 말을 탄 장수와 그의 주변 군인들이 놀라워하며 위를 쳐다본다. 동시대 유대인 역사가 플라비우스 요세푸스는 예루살렘 공격을 지휘한 로마의 장군 티투스는 예루살렘 성전을 파괴하지 말라고 했는데 현장에 도착했을 때에 상황이 자신이 통제할 수 없이 진행되고 있음을 알고 탄식하였다고 한다. 이 그림에서 말을 탄 장군이 바로 티투스이다. 예루살렘은 이후에도 아랍과 십자군 전쟁 등으로 지속적으로 고통과 참극의 장소로 기록된다. 유대인들에게 가장 성스러워야 할 곳이 가장 비극적인 장소로 역사에 남게 되었으니 이 또한 그들에게는 큰 아픔이었을 것이다.

알렉산드로스 발라스 (Alexander Balus)

헨델과 대본가 모렐은 <유다 마카베오>의 성공에 고무되어 속편 준비에 들어갔다. 음악역사상 속편 제작은 유례가 없는 일이다. <유다 마카베오>의 인기가 어느 정도였는지를 짐작케 한다. 1747년 여름에 <알렉산드로스 발라스>와 <여호수아>를 작곡하는데 둘 다 전쟁 오라토리오에 속한다. 특히 <알렉산드로스 발라스>는 마카베오기의 요나탄 마카베오를 주인공으로 하여 <유다 마카베오>의 속편임을 숨기지 않고 있다. 헨델과 모렐은 전편 오라토리오의 주인공 유다의 후계자인 요나탄이 이번에도 그들을 승리로 이끌 것으로 기대했을 것이다. 그러나 결과는 좋지 않았다. <알렉산드로스 발라스>는 1748년 초연 이후 단 한번 재공연 되었다. <메시아>와 <유다 마카베오>가 거의 매년 재공연 된 것과는 상당한 대조를 보인다. 헨델의 인기는 사후에도 수그러들지 않았다. 모렐은 헨델 사후에도 인기 오라토리오를 만들기 위해 노력했다. 헨델이 작고한 지 5년이 지난 1764년 헨델의 제자이며 사보가였던 존 크리스토프 스미스가 헨델의 여러 작품에서 발췌한 곡으로 사무엘 상권의 다윗과 아비가일 이야기에 등장하는 주인공을 제목으로 <나발>이라는 오라토리오를 헨델의 이름으로 발표한다. 이 오라토리오의 대본가가 바로 모렐이었다. 또한 모렐과 스미스는 이번에는 판관기(사사기)의 기드온을 중심으로 한 <기드온>을 헨델의 이름으로 1769년에 발표한다. 일종의 짝퉁 헨델 오라토리오가 나온 셈이다. 스미스는 헨델의 악보를 그리던 인물이었기 때문에 상당수의 헨델 악보를 소장하고 있었고 이를 바탕으로 "죽은 작곡가"의 신작을 발표한 것이다.

이런 작품을 '파스티치오'라고 부른다. 기존의 여러 곡들을 엮어서 새로운 작품으로 만드는 관습이었으며 특히 헨델 시대에 만연해 있었다. 헨델 스스로도 신작을 만들 시간이 없을 때에는 자신의 과거 곡목과 다른 작곡가들의 곡목을 섞어서 공연했었다. 지금의 관점에서 보면 불성실하거나 속임수라는 생각을 할 수도 있으나 당시에는 하루 저녁의 오락물을 제공한다는 차원에서 그리 문제시 되지 않았다. 유언장에 의하면 헨델은 스미스에게 2000 파운드 가량을, 그리고 모렐에게는 200 파운드의 유산을 남겨주었다. 오랜 기간 시력이 떨어진 자신을 도와 악보를 그려준 스미스에게 큰 액수의 상속을 한 것이다. 사실 헨델은 스미스와 모렐에게 더 큰, 돈으로는 환산할 수 없는 액수의 유산을 남겨주었다. 바로 헨델 오라토리오의 명성이었다. 이 명성의 후광을 업은 이들은 작곡가 사후 10년후 까지도 그의 이름으로 오라토리오를 발표할 수 있었던 것이다.

오라토리오 시작 전에

알렉산드로스 발라스, 또는 발루스는 성경에 알렉산드로스 에피파네스로 나오며 안티오코스의 아들로 되어있다.(1마카 10:1) 그러나 실제로 안티오코스 4세의 아들은 아니었을 것으로 추정한다. 안티오코스 4세가 셀레우코스 왕위에 있던 기원전 162년에 로마에 인질로 잡혀있던 셀레우코스 4세의 아들 데메트리오스 1세는 로마를 탈출하여 시리아에 왕국을 세운다. 셀레우코스와 안티오크스 가문은 셀레우코스 왕국을 놓고 심한 갈등을 보였던 집안이었다. 따라서 셀레우코스 집안의 데메트리오스가 시리아의 왕을 자처하며 나서자 역시

(위) 동전에 새겨진 클레오파트라 테아와 알렉산드로스 발라스의 초상
(아래)동전에 새겨진 프톨레마이오스 6세의 초상. 오라토리오 〈알렉산드로스 발라스〉의 핵심 인물 세 명의 초상이다. 프톨레마이오스 6세의 딸인 클레오파트라는 기원전 150년경에 아버지의 축복 속에 알렉산드로스 발라스와 결혼을 했으나 자기 사위를 없애기로 마음먹은 145년에 프톨레마이오스는 클레오파트라를 알렉산드로스의 적장인 열여섯 살의 데메트리오스 2세에게 두 번째 결혼을 시킨다. 클레오파트라는 두 번째 남편인 젊은 왕에게 셀레우코스 5세와 안티오코스 8세를 낳아 주었다. 그러나 데메트리오스는 144년에 일어난 반란으로 도망가고 그의 동생 안티오코스 7세가 왕위를 주장하며 138년에 형수 클레오파트라와 결혼한다. 클레오파트라는 안티오코스 7세의 아들 안토오코스 9세를 낳았으며 전쟁터에 나가있던 남편을 대신하여 시리아를 통치했다. 그러나 도망갔던 전 남편 데메트리오스 2세는 왕위와 부인을 되찾겠다며 기원전 129년에 돌아와 자기 동생을 무찌른다. 전(?) 남편의 동생과의 사이에 태어난 안티오코스 9세를 피난시킨 클레오파트라는 다시 데메트리오스 2세의 부인이 되었다. 이 때 그녀의 나이는 35세였다.
한편 이집트에서 자기 동생과 정권 다툼을 하고 있던 클레오파트라의 어머니 클레오파트라 2세는 사위인 데메트리오스에게 이집트를 침공해서 동생을 처벌해 줄 것을 요청했으나 데메트리오스는 이 전쟁에서 지고 만다. 이집드의 지배자로 올라선 데메트리오스의 처삼촌은 알렉산드로스 사비나스를 알렉산드로스 발라스의 아들이라고 하며 그를 앞세워 데메트리오스에게 보복을 한다. 이 전쟁에서 빼한 데메트리오스가 궁으로 돌아가려 했으나 부인 클레오파트라가 이를 막았고 멀리 도망간 그를 125년에 사람을 시켜 살해한다. 데메트리오스의 뒤를 이어 그의 장남 셀레우코스 5세가 왕위에 오르지만 어머니인 클레오파트라는 아들을 살해하고 둘째 아들 안티오코스 8세를 왕위에 올려 섭정을 시도한다. 그러나 성인이 된 안티오코스 8세가 어머니의 말을 듣지 않자 그마저 독살하려고 했으나 이를 의심한 아들은 어머니에게 독잔을 돌리고 클레오파트라 테아는 기원전 121년에 생을 마감한다.

무슨 영문인지 잘 모르겠다는 독자들이 있을 줄로 안다. 흔한 집안 싸움 같지만 정권과 사람들의 목숨이 걸린 문제라서 부인, 남편, 시동생, 처삼촌, 아들, 등등 복잡하게 얽히고 그것도 시리아와 이집트라는 강대국 간의 싸움이라 쉽게 무시하기도 어려운 일이다. 클레오파트라는 알렉산드로스 발라스와의 첫 결혼부터 아버지의 변심으로 잘못 시작되었다. 그 이후 그녀의 삶은 놀라움 그 자체이다. 그런데 실제로 이런 내용은 이탈리아 오페라에서 심심치 않게 나온다. 창작물도 있지만 대부분 실제 역사 인물을 대상으로 하는 내용이다. 유명한 율리우스 시저와 클레오파트라 이야기는 헨델의 오페라 〈줄리오 체사레〉에서 볼 수 있다. 그런 덕분인지 오라토리오 〈알렉산드로스 발라스〉에는 그 전편 〈유다 마카베오〉와는 달리 오페라 같은 드라마가 있다.

안티오코스의 아들로 자처한 발라스가 그를 물리치고 명실상부한 셀레우코스 왕국을 차지한다. 발라스의 왕위 계승은 로마와 이집트로부터 인정을 받았고 그는 이집트의 프톨레마이오스 6세의 딸 클레오파트라 테아와 결혼한다. 프톨레마이오스 6세는 기원전 180년에 6살의 나이로 왕위를 이어받아 처음에는 3년간 어머니가 섭정을 하였으나 어머니마저 죽자 그는 왕위를 둘러싼 갈등의 주인공이 되었다. 한 때는 그의 동생과 공동 정부를 이루었고 또 한때는 자기의 아들과 이집트를 나누어 통치하는 등 그의 왕좌는 평탄치 않았다. 그 영향인지는 알 수 없으나 프톨레마이오스는 데메트리오스와 발라스 사이에 오락가락하는 면모를 보인다. 결정적인 사건은 그가 기원전 147년에 데메트리오스 2세와 전쟁을 벌이는 발라스를 지원하러 시리아에 갔다가 갑자기 생각을 바꾸어 데메트리오스 2세 편에 선다. 당연히 발라스에게 주었던 자기 딸 클레오파트라를 그의 적인 데메트리오스 2세와 재혼시킨다.

프톨레마이오스가 기원전 145년에 안티오크에서 발라스를 물리치자 데메트리오스 2세는 셀레우코스의 유일한 지배자가 되었다. 그러나 이 전쟁에서 치명적인 부상을 입은 프톨레마이오스도 같은 해에 사망한다. 이런 복잡한 상황에서 마카베오 집안의 막내 요나탄이 유다 마카베오의 뒤를 이어 유대인들을 이끌고 있었다. 요나탄은 초기에 자기 형을 죽인 셀레우코스의 장군 바키데스와의 전투에서 일방적으로 몰려 인근 나라로 피신하기도 했지만 끝까지 버텨내며 바키데스와 평화 협정을 맺기에 이른다. 요나탄은 다시 유다 땅에서 안정을 찾았고 셀레우코스 왕국을 놓고 경쟁하던 발라스와 데메트리오스 1세는 요나탄을 자기 편으로 끌어들이려고 애쓴다. 결국 요나탄은 자신을 대사제로 임명하겠다는 발라스를 지원했고 발라스는 데메트리오스를 물리친다. 요나탄은 발라스와 클레오파트라의 결혼식에도 초대되어 왕들과 같은 자리에 앉을 정도로 대접을 받았다고 한다. 기원전 147년에 데메트리오스 2세와 발라스가 대립하고 있을 때 데메트리오스가 코일레 시리아의 총독으로 내세운 아폴로니우스가 요나탄에게 도전장을 내밀었으나 요나탄과 그의 형 시몬은 시리아의 군대를 물리친다.

오라토리오 <알렉산드로스 발라스>는 발라스와 요나탄의 우정, 발라스와 클레오파트라의 사랑, 프톨레마이오스의 변절 등이 복잡하게 얽혀있는 작품이다. 전편 <유다 마카베오>에서 이스라엘인들이 주인공이었던 반면에 여기서는 조연에 머문다. 그러나 발라스와 프톨레마이오스, 이스라엘에게는 항상 경계의 대상이었던 셀레우코스와 이집트의 왕들이 죽는 장면에서 요나탄은 자기네들만 살아남았다며 하느님께 찬미를 드리며 끝맺는다. 역사와는 상관없이 요나탄과 발라스는 선이고 프톨레마이오스는 악으로 묘사된 <알렉산드로스 발라스>는 발라스가 데메트리오스 1세를 물리치고 돌아오는 장면부터 시작한다.

등장인물과 줄거리

알렉산드로스(시리아의 왕, 알토)
프톨레마이오스(이집트의 왕, 베이스)
요나탄(유대인의 지도자, 테너)
클레오파트라(프톨레마이오스의 딸, 소프라노)
아스파시아(클레오파트라의 시녀, 소프라노)

1막

[1장] 알렉산드로스 발라스가 시리아의 데메트리오스 왕을 물리치고 돌아온다. 아시아(시리아)인들이 발라스를 환영한다. "발라스를 위해, 미트라를 위해 승리의 노래, 찬양의 노래를 불러라." 발라스가 함께 싸운 요나탄를 치켜세운다. "기록에 남겨라. 요나탄은 알렉산드로스의 친구이며 우리의 형제애가 우리의 위대한 결의를 지켜주리." 요나탄도 알렉산드로스와 뜻을 같이 한다. "하느님, 이 우호 동맹을 지속적인 사랑의 사슬로 묶으소서."(1마카, 10:18-20) 이집트의 왕 프톨레마이오스가 둘의 우정에 만족해한다. 클레오파트라도 그들을 축하하는 노래를 부른다. 모두들 기뻐한다. "너희 행복한 민족들은 목소리 높여 승리를 노래하라. 아름다운 합창으로 위대한 알렉산드로스를 찬양하라." [2장] 알렉산드로스가 요나탄에게 클레오파트라에 대한 사랑을 고백한다. "친구여, 미모는 기분 좋은 폭군이라네. 머뭇거리는 의지를 비웃는다네. 또 왕의 마음이 그녀의 매력에 무너진

다네." 요나탄도 클레오파트라의 아름다움을 인정한다. [3장] 한편 클레오파트라도 마음 속 한 구석에서 사라지지 않는 알렉산드로스에 대한 사랑을 시녀에게 털어놓는다. "아스파시아, 이 걸 뭐라고 해야 하는지 모르겠어. 행복하면서도 근심으로 마음이 아파. 왕을 봤지, 아스파시아, 그분은 정말 왕 같지 않아?" 아스파시아는 클레오파트라에게 부끄러워 할 필요 없다고 조언한다. "용맹한 장군에게 열정을 품는 것은 당연한 거예요." [4장] 요나탄이 알렉산드로스에게 클레오파트라에 대한 사랑을 프톨레마이오스에게 알리고 결혼 승낙을 요청하라고 조언한다. "맞아! 친구여, 어서 서둘러 나의 메시지를 전해주오. 왕에 걸맞는 선물을 잔뜩 갖고 떠나게나. 영웅들이 자기들의 대단한 공적을 떠벌일지는 몰라도, 아름다운 여인은 그 정복자를 사슬로 묶어 포로로 만든다네. 빨리 가서 좋은 소식을 갖고 돌아오게나." [5장] 요나탄이 새롭게 찾아온 자유와 평화에 감사해 한다. "위대한 주님이시여, 모든 축복, 생명, 자유, 명성 이 모든 것의 원천이시여. 당신을 위해 유다가 감사의 노래를 부르게 하시어 당신의 이름을 드높이리라." 이스라엘 사람들이 요나탄과 함께 감사의 기도를 올린다.

2막

[1장] 알렉산드로스가 조바심 내며 요나탄을 맞이한다. "만수무강하소서, 임금님! 이집트의 메시지는 이렇습니다. '프톨레마이오스는 그대를 아들로 맞아들이며 클레오파트라는 신부의 옷으로 치장하고 행복한 그 날을 위해 프톨레메이스에서 기다리고 있소.'"(1마카 10:54-58) 알렉산드로스

가 기뻐하며 빨리 떠날 채비를 하지만 아첨꾼이 막아선다. “떠나지 마십시오. 어떤 사악한 인간이 우정이라는 가면을 쓰고 임금님 목숨과 왕국을 노리고 있습니다. 바로 그 역적은 이 요나탄입니다.” “뭐라고! 네 놈을 죽여 버리기 전에 어서 나의 형제 요나탄을 위해 자주색 의복과 왕관을 가져오라.”(1마카 10:61-62) 요나탄이 중상모략이라며 분노한다. “못된 놈! 너의 중상모략이 쏜 독화살이 무용지물이 되었구나.” 이스라엘인들이 요나탄을 돕고 나선다. “중상모략은 어둠 속으로 사라져라. 너의 그 사악한 계략을 갖고 떠나라.” [2장] 클레오파트라는 기쁨과 두려움이 동시에 머리 속에 맴도는 것을 이해하지 못한다. “환희가 나를 둘러싸면서도 두려움 때문에 혼란스럽네. 내 사랑이여, 나의 모든 열정은 당신 것이오.” 아스파시아가 클레오파트라를 안정시킨다. “그런 의구심은 바람에 실려 보내세요. 사랑과 영광, 야망, 그 무엇이 되었든 간에 순수한 마음으로 갈망하는 것은 불꽃을 피우지요.” [3장] 프톨레마이오스 마음에는 또 다른 책략이 있다. “내가 원하는 대로 되고 있어. 알렉산드로스가 신나서 이리로 오고 있겠지. 친구, 형제, 아들? 상관없어. 너는 죽을 것이다. 그래서 내가 클레오파트라를 너에게 주는 것이지. 너를 내 편으로 만들어 놓고 내가 다스리기 쉬운 어린 데메트리오스를 너 대신 왕으로 세우리라.” [4장] 결혼식이 거행되고 요나탄이 이스라엘인들과 함께 결혼 축가를 노래한다. “한 쌍의 부부가 이렇게 만나고 이렇게 기쁨으로 충만하네. 남자는 용맹한 장수요, 여인은 아름다워라.” 알렉산드로스는 감격해 한다. “얼마나 기쁜 시간인가? 미트라 신이여, 감사드리나이다. 클레오파트라가 나의 부인이 되었나이다." 클레오파트라도 자기 신에게 감사드린다. "이시스 신이여, 나의 감사의 마음을 정절의 약속과 떨어지지 않게 하소서." 아시아인들이 축복한다. "우라니아 여신의 아들, 휘멘이시여, 당신의 선택한 최고의 축복을 이 사랑스런 부부에 내리소서."

3막

[1장] 클레오파트라가 정원에서 혼자 거닐고 있다. "예전에 느꼈던 의심과 두려움은 쓸모 없는 걱정이었어. 얼마나 행복한 나날들인가? 기쁨, 기쁨만이 있네." 이 때 악당들이 몰래 정원에 잠입하여 클레오파트라를 납치한다. "도와주세요! 이시스 신이시여! 알렉산드로스! 도와주세요." [2장] 알렉산드로스가 클레오파트라의 비명을 듣는다. "고통스러운 클레오파트라의 목소리였어! 그럴 리가? 누가 감히 이 왕궁에 침입한단 말인가?" 그러나 클레오파트라가 사라진 것을 알고 놀란다. "만물의 강력한 수호자이시여, 나의 사랑스런 아내를 보호하소서." 요나탄이 급하게 들어온다. "임금님, 반역입니다. 시리아의 도시들이 프톨레마이오스에게 성문을 그냥 열어주었습니다. 임금님의 장인께서 이집트 군사들과 함께 시리아 성들을 짓밟고 있습니다. 안티오크도 공격 중이랍니다." "우리 왕국이 무너지고 있단 말인가? 그런데 클레오파트라에게 무슨 일이 있었는지 아는가? 아스파시아, 나의 왕비, 나의 클레오파트라가 어디에 있는가?" "나리! 우리의 보초병들이 프톨레마이오스가 보낸 악당들을 들여보냈고 어린 데메트리오스에게 주려고 납치했답니다." "이게 무슨 일이란 말인가? 내 군사들을 불러라. 나의 요나탄 그들에

게 무장을 명하시오." 아스파시아가 절망한다. "인간의 운명이 이렇게 바뀌다니." 요나탄이 걱정한다. "임금님께서 승리하셨으면 좋으련만. 그 분이 믿는 신들은 도와주지 못하리. 그것들은 신이 아니라 허상에 불과하지 않은가? 모든 승리는 만군의 주님이신, 여호와만이 주실 수 있으니." 이스라엘인들이 함께 기도한다. [3장] 프톨레마이오스가 클레오파트라를 설득시키고 있다. "맞아. 내 딸아 그 놈이 너에게 잘못한 거야, 나의 목숨을 노리고 반역을 일으킨 거야. 그러니 알렉산드로스는 잊어버리고 내 뜻대로 더 나은 영웅과 결혼하거라."(1마카 10:9-12) "그럴 수 없어요. 그렇게 훌륭하고 정의로운 분께서 저와 아버지에게 나쁜 마음을 가질 리 없어요. 저의 남편을 마지막으로 한번만 보게 해 주세요." "못난 아이구나. 너는 결코 그 놈을 보지 못하리라." 프톨레마이오스는 칼을 들고 전장에 나간다. [4장] 클레오파트라가 슬픔에 잠겨 있을 때 전령이 들어와 전쟁 소식을 알린다. "그 용맹한 유대인이 아스돗으로 퇴각한 적들을 추격하여 물리치고 다곤 신전까지 모조리 파괴했습니다. 그러나 저희 임금님은 프톨레마이오스에게 패배하여 아라비아로 피신했으나 못된 잡디엘이 임금님의 목을 베어 프톨레마이오스에게 보냈습니다."(1마카 10:15-17) 클레오파트라가 절망한다. "이 고통을 끝내려면 죽음뿐이네." 이 때 또 다른 전령이 들어와 이번에는 아버지의 죽음을 알린다.(1마카 10:18) 클레오파트라는 남편과 아버지의 죽음 소식에 충격을 받으며 스스로 진정하려고 애쓴다. "나의 영혼을 안정시켜 주소서, 이시스 신이시여. 저를 평화로운 해변으로 데려가소서. 그 곳에서 환희는 없어도 조용하게 살고 싶습니다. 모든 것을 잊고 싶습니다." [5장] 요나탄이 주님의 섭리에 경이로움을 느낀다. "세 명의 왕이 지배하더니 주님에 의해 모두 쓰러지는구나. 이집트와 시리아여, 너희 왕들이 어디에 있는가? 하느님께서 선택하신 유다는 승리하고 여호와께서 함께 하심을 느끼고 있도다." 요나탄과 이스라엘인들이 기도한다. "영원한 임금의 종들아, 그분의 위력과 영광을 노래하라. 그분의 정의로움을 경이와 찬양으로 말하라. 할렐루야. 아멘."

감상하기

1막 1장. 아시아인들의 합창, "너희 행복한 민족은 소리쳐라." CD2/17

Ye happy nations round,	너희 행복한 민족은 소리쳐라.
Loudly triumph, your voices raise!	크게 승리를, 너희의 목청을 높여라
In choral symphony resound	합창 음악이 울려퍼지네
Great Alexander's praise.	위대한 알렉산드로스를 칭송하며

알렉산드로스를 따르는 시리안인들을 헨델의 대본가는 아시아인이라 부른다. 자기네들 입장에서 크게 틀린 말은 아니다. 구약 성경의 이스라엘인들과 동일시했던 영국인들에게 아시아인은 야만족에 속한다고 봤다. 그래서 이 합창도 우아함과는 거리가 멀다. 전주부터 울리는 관악기의 소리가 거칠게 느껴지는 이유다. 그럼에도 승리한 알렉산드로스를 환영하는 합창인 만큼 흥겨움이 넘친다. 합창은 대부분 찬송가 방식으로 노래하며 중간 중간에 여러 성부로 갈리지만 복잡하게 들리지는 않는다. 거칠기는 하지만 강력한 합창의 맛을 느낄 수 있는 곡이다.

2막 3장. 프톨레마이오스의 아리아, "덕망, 이상적인 이름이지만" CD2/18

Virtue, thou ideal name,	덕망, 이상적인 이름이지만
All thy honours I disclaim;	너의 모든 명예를 나는 거절하리.
Vain delight of coward minds!	겁쟁이 놈들의 쓸데없는 즐거움이지
Bold ambition knows no law,	대담한 야망은 법을 모른다네.
Active souls, like mine, to awe,	나같은 강한 영혼을 두려워하라.
Raging fierce as boist'rous winds.	난폭한 바람처럼 강렬하게 분노하니.
Virtue. . . da capo	[앞부분 반복]

이 아리아는 프톨레마이오스의 검은 마음을 드러내는 곡이다. 딸의 결혼식 날에 아버지라는 사람은 그녀를 이용해 알렉산드로스를 잡아놓을 생각이다. 날카롭게 움직이는 바이올린의 전주가 우리를 긴장하게 만든다. 성악 선율은 긴 콜로라투라로 장식되지만 화려하다기 보다는 과장된 느낌이 든다. 짧고 긴 콜로라투라가 자주 나와 남용에 가깝다. 바로 이같이 과다한 콜로라투라 선율의 사용이 그를 겁도 없는 인물로 만드는 데에 일조한다. 쉽지 않은 이 노래를 불렀던 헨델의 베이스는 분명 뛰어난 성악가였을 것이다. 사악한 인물이 자신의 음흉한 생각을 드러내는 아리아이지만 멋진 곡이다. 그래서 프톨레마이오스가 정말 사악하게 다가온다. 그래서 무조건 성악가는 성공적으로 노래를 불러야 작곡가의 의도가 살아나게 되어 있다. 나쁜 인간의 노래라고 잘 못 부르면 안된다는 것이다.

3막 1장. 클레오파트라의 아리아와 합창, "여기 그늘진 숲속에서." CD2/19

Cleopatra	클레오파트라
Here, amid the shady woods,	여기, 그늘진 숲속에서

Flagrant flow'rs and crystal floods,	향기로운 꽃들과 맑은 물을
Taste, my soul, this charming seat,	내 영혼이 이 멋진 곳에서 맛을 보네
Love and glory's calm retreat.	사랑과 영광의 조용한 휴식처에서.
Hence, vain doubt, and idle fear:	그러니 쓸데없는 근심과 한가한 두려움이지.
Joy and only joy dwells here.	기쁨 오로지 기쁨만이 이곳에 머무네.
Ruffians	악당들
Mistaken queen! The Gods and Ptolemee	뭘 모르시네, 여왕님! 신들과 프톨레마이오스는
Have otherwise ordain'd! You must with us.	생각이 다르지요. 당신은 우리와 함께 가야해요
Cleopatra	클레오파트라
Help, help, O Isis, Alexander, help!	도와주세요, 도와주세요, 이시스 신이여, 알렉산드로스, 도와주세요.

3막의 시작은 클레오파트라가 궁정 정원에서 혼자 편안한 시간을 보내며 결혼 생활의 행복감에 아리아를 노래한다. 소리를 작게 만드는 약음기를 사용한 현악기의 소리가 부드럽게 흐른다. 클레오파트라의 선율도 그 반주 음악에 편안하게 몸을 맡긴다. 가사의 내용처럼 꽃향기를 맡을 수 있는 달콤한 선율이다. 그녀의 선율은 거의 부드러운 곡선을 그리며 그야말로 "조용한 휴식처"의 안락함을 묘사한다. "그러니 쓸데없는 근심과"에서 클레오파트라가 다카포 아리아를 부르기 위해 중간 부분으로 들어가자마자 프톨레마이오스가 보낸 악당들이 몰래 잠입하여 그녀를 납치한다. 음악 형식을 방해하는 난폭함에 클레오파트라의 선율은 높게 뛰어오르며 소리친다. 물론 클레오파트라는 다카포 아리아를 완성하지 못하고 알렉산드로스에게 도움을 요청하지만 소용없

다. 이 곡은 청중들이 예상하는 다카포 아리아를 일부러 완성하지 않음으로써 극적인 상황을 묘사하고 있다. 원래는 시작부분의 멋진 선율을 한번 더 들을 수 있었던 청중의 입장에서는 악당들의 난데없는 등장이 미울 것이다.

감상 추천곡

1막이 시작하면서 아시아인들, 즉 발라스가 이끄는 시리아인들이 합창, "정복으로 의기양양하게, 미트라신의 힘으로"(No. 2. Flush'd with conquest, fir'd by Mithra)를 노래한다. 관악기와 함께 흥겨운 전주에 이어 전반적으로 찬송가 방식으로 노래한다. 발라스가 요나탄과의 우정을 선포하자 요나탄은 아리아, "이 조화의 위대한 창조주시여"(No. 4. Great Author of this harmony)를 잔잔한 바이올린 반주에 맞춰 노래한다. 전쟁 영웅 알렉산드로스를 본 클레오파트라는 영웅을 환영하는 아리아, "들어라, 들어! 그분이 황금 리라를 연주하신다"(No. 8. Hark, hark! He strikes the golden lyre)를 노래한다. 이 곡은 당시 음악으로는 드물게 만돌린이 반주 악기로 나온다. 하프와 쌍을 이룬 만돌린으로 헨델은 이국적인, 즉 이집트의 분위기를 만들고자 했다. 물론 우리에게는 특별하게 들리지 않지만 당시 런던의 청중들에게는 신선하게 들렸을 것이다. 제법 길게 연주되는 전주가 아리아보다 더 아름다운 특별한 예에 속한다. 1막 2장, 알렉산드로스는 클레오파트라의 아름다움에 매료되어 아리아, "아, 거부할 수 없는 매력이"(No. 13. Oh, what resistless charms are giv'n)를 노래한다. 1막 3장, 클레오파트라의 아리아, "알 수 없는 사랑, 상상 속의 모습"(No. 14. Subtle love, with fancy viewing)은 첼로와 바이올린의 반주만으로 사랑의 감정을 처음 느끼는 젊은 아가씨의 마음을 표현한다. 이 아리아를 들어보면 클레오파트라는 아마도 알렉산드로스가 첫 사랑이었던 것으로 보인다. 계속되는 클레오파트라의 아리아, “우리 인간은 얼마나 행복한가”(No. 16. How happy should we mortals prove)는 천진난만한 클레오파트라의 성격을 보여주는 경쾌하면서도 유쾌한 노래이다. 클레오파트라는 자신의 하녀 아스파시아와 함께 이중창, “오, 얼마나 큰 기쁨이, 신속하게”(No. 20. O, what pleasures, past expressing)를 노래한다. 사랑에 들뜬 클레오파트라의 심정과 함께 기뻐하는 하녀의 느낌이 잘 전달된다. 빠르게 움직이는 바이올린 선율은 이들의 기분을 표현한다. 헨델의 오라토리오에서 매우 드물게 만나는 두 명의 소프라노가 노래하는 이중창이다.

2막의 첫 합창, “중상모략이여, 덕망을 기다리며”(No. 31. O calumny, on virtue waiting)는 이 오라토리오에서 가장 심각한 곡에 속한다. 천천히 그러나 매우 신중하게 움직이는 베이스와 음산한 분위기의 화음은 불편한 느낌을 준다. 전체적으로 찬송가 방식으로 진행되지만 단순하기보다는 복잡하게 들린다. 불길한 생각에 근심하는 클레오파트라를 위해 아스파시아는 그녀를 위로하는 아리아, “사랑, 영광, 야망, 그 무엇이 자극해도”(No. 35. Love, glory, ambition, whate’er can inspire)를 노래한다. 6/8박자의 경쾌한 리듬과 선율의 단순함이 그녀가 높은 지위의 여인이 아님을 나타낸다. 형식은 다카포 아리아이지만 그 길이에 있어서 다른 등장인물에 비하면 상당히 짧다. 2막의 마지막 합창, “휘멘, 우라니아의 멋진 아들이여”(No. 42. Hymen, fair Urania’s son)는 아시아인들이 노래한다. 결혼식을 마친 신혼부부를 위한 축하음악이다. 트럼펫 독주와 현악기가 멋지게 울리며 젊은 한 쌍을 축하한다.

3막에서 납치당한 클레오파트라의 비극을 목격한 아스파시아는 아리아, "인간 운명의 기괴한 반전이여"(No. 52. Strange reverse of human fate)를 노래한다. 음악의 분위기는 슬픔에 초점이 있는 것 같지가 않다. 오히려 전주의 느낌은 강한 결심과 같은 느낌을 준다. 어쩌면 헨델은 클레오파트라의 운명을 숙명적인 결과로 해석하고 있는지 모르겠다. 슬픈 소식을 접한 요나탄의 아리아, "주님께, 찬란한 태양을 만드신"(No. 54. To God, who made the radiant sun)은 아스파시아의 아리아보다 훨씬 슬픔에 싸인 곡이다. 물론 주님께 도움을 요청하는 기도인 만큼 슬픔은 곧바로 경건함으로 바뀐다. 요나탄의 아리아에 이어 합창단은 "태양, 달, 별, 그리고 하늘의 모든 주인이시여"(No. 55. Sun, moon and stars, and all ye host of Heav'n)을 부른다. 처음에는 요나탄이 아리아의 분위기를 이어가지만 중간에 돌림노래 방식으로 바뀌면서 종교적인 음악으로 발전한다. 남편으로부터 납치해온 딸을 설득하다 실패한 프톨레마이오스가 이번에는 협박하는 아리아, "칼이여, 그리고 너 무자비한 손이여"(No. 58. O sword, and thou, all-daring hand)를 노래하며 오로지 칼만을 믿는다고 소리친다. 앞에서 나왔던 사악한 아리아에 비하면 다소 착하게 들린다. 아니면 '칼을 믿는' 단순 무식한 프톨레마이오스를 표현하기 위함인지 모르겠다. 전주로 나오는 바이올린 선율이 곡 중간에 계속 반복되며 곡의 분위기를 유지한다.

오라토리오 끝난 후에

<알렉산드로스 발라스>의 전편인 <유다 마카베오>에 비하면 대본가 모렐은 드라마적인 요소를 크게 강화한 작품이다. 전체적으로 성경의 마카베오기 상권 10장부터 11장까지의 내용을 따르고 있지만 성경보다 알렉산드로스 편을 더 든다. 성경에서는 프톨레마이오스의 변절에 대해서 "사악한 음모"(1마카 11:8)라고 비난하지만 이는 프톨레마이오스가 데메트리오스와 동맹관계를 맺었기 때문이다. 물론 성경에서도 프톨레마이오스가 자기 딸을 데메트리오스에게 주었다는 말이 있지만 이 사실이 그리 크게 부각되지는 않는다. 이에 비하면 오라토리오는 딸 클레오파트라의 비극적 운명을 강조하여 이를 주도한 프톨레마이오스는 잔혹한 아버지로 그린다. 그래서 그에게 베이스 역을 배정했다. 전형적인 소프라노와 알토 짝은 부부의 연을 맺게 되는 클레오파트라와 알렉산드로스에게 주어진다. 사랑하는 한 쌍인 만큼 충분히 예상할 수 있는 역할 배정이다. 그 결과 전형적인 젊은 사랑하는 남녀와 사악한 아버지의 관계가 만들어 진다. 반면에 성경의 주인공인 요나탄은 주변 인물로 물러서 있다. 주인공에서 빠진 이상 요나탄에게 중요한 역을 주기 어려웠을 것이다.

<알렉산드로스 발라스>의 대본을 성경에만 기초했다고 보기에는 너무 많은 상상력이 필요하다. 당시 고대 이스라엘의 이야기는 플라비우스 요세푸스의 <유대인의 전쟁>이나 <고대의 유대인>과 같은 저서를 통해 전해져 오고 있었다. 알렉산드로스 발라스와 요나탄 이야기는 그의 <고대의 유대인>의 제13권에 집중되어 있다. 요세푸스는 서기 1세기에 살았

던 유대인이라 그와 가까운 시대의 이야기는 상당한 신빙성이 있는 것으로 평가된다. 따라서 대본가 모렐은 성경과 요세푸스 등을 참조하여 드라마를 만든 것이다. <유다 마카베오>에 비하면 1년 사이에 상당히 발전한 모습을 보여준다. 그러나 이번에는 헨델이 다소 지친 것 같다. <알렉산드로스 발라스>는 그의 오라토리오 중에 음악적으로 빈약한 작품에 속한다. 모렐과는 궁합이 잘 맞지 않았던 것이다. 대본이 어정쩡한 <유다 마카베오>에는 최고의 음악을, 대본이 매우 그럴 듯한 <알렉산드로스 발라스>에는 어정쩡한 음악을 만들었다.

메시아 (Messiah)

헨델의 마지막 오라토리오 시즌은 1759년 3월 2일 <솔로몬>으로 시작하여 <수산나>, <삼손>, <유다 마카베오>로 이어졌고 시즌의 마지막 작품은 <메시아>였다. 4월 6일에 공연된 시즌 마지막 공연에 헨델이 힘든 몸을 이끌고 음악회장에 나타났다고 한다. 헨델은 시즌 후에 요양을 가려했으나 건강이 악화되어 떠나지 못하고 4월 14일 성토요일, 즉 부활절 전날에 사망한다. 그의 죽음은 곧바로 신문을 통해 알려졌고 그의 유언대로 그는 웨스트민스터 사원에 안장되었고 장례식을 조용히 치러달라고 부탁했으며 기념비를 제작하는 데에 600파운드를 넘기지 말라는 유언을 남겼다. 4월 20일 거행된 장례식은 그의 유언과는 달리 공개적으로 진행되었고 3천명 가량이 참석했다고 한다. 그의 묘비는 작곡가 생전에 만들어진 동상의 조각가인 루비리악이 다시 맡았고 3년 후에 그의 무덤에 설치되었다. 영국인들에게 헨델의 죽음은 영어 오라토리오의 종식과 같았다. 물론 그 이후 헨델의 오라토리오가 기억에 생생하던 시절에 <유다 마카베오>의 대본가 모렐과 헨델의 제자인 스미스는 그의 이름으로 새로운 오라토리오를 만들었고 몇몇 영국 작곡가들은 <바빌론의 이스라엘인>이라든지 <사울의 치료>와 같이 헨델의 작품을 연상시키는 유사품까지 성행했다고 한다.

<메시아>는 지금까지도 헨델을 대표하는 작품이고 어떤 면에서는 이 오라토리오 때문에 헨델의 다른 작품들이 다소 평가절하 되는 것이 아닌가 싶을 정도로 그와 함께 거론되는 명곡이다. 그런데 실제로 그의 대표작인 <메시아>는 헨델

의 작품 중에는 매우 특이한 예이다. 다른 오라토리오와는 달리 <메시아>는 성경 구절을 그대로 사용한 대본을 바탕으로 한 작품이다. 이런 예는 <이집트의 이스라엘인> 밖에 없으며 둘 모두 찰스 제넨스의 대본 작품이다. 또 <메시아>는 다른 오라토리오와는 달리 그의 런던 오라토리오 시즌과 관계없이 아일랜드의 더블린에서 초연되었다는 점도 특이하다. 런던에서 초연되지 않은 오라토리오는 초기 <에스테르>를 제외하면 옥스퍼드에서 초연된 <아탈야>뿐이다. 1741년 11월에 더블린에 도착한 헨델은 다양한 자선 공연에 참여했으며 1742년 2월까지 더블린 시즌이 진행되었다. 시즌 후에 헨델은 더블린을 위한 오라토리오 <메시아>가 준비되었고 4월 12일 초연이 예고되었다. 그런데 4월 10일에 지역 유지들의 요청이라면서 초연이 하루 미루어졌음을 알리는 기사가 실린다. 동시에 여성들은 치마폭을 넓히는 틀인 후프를 착용하지 않고 오기를 바란다는 내용이 함께 실려 있었다. 그 이유는 좀 더 많은 사람들이 자리에 앉을 수 있기 때문이란다. 자선 공연인 만큼 좀 더 많은 사람들이 입장하여 더 많은 기금 수입을 올릴 수 있도록 여성들에게 협조를 구한 것이다. 초연 당시의 기사를 보면 700명 가량이 입장했으며 총 400파운드의 기금이 조성되었고 이중 127파운드가 세 개의 단체에 전달될 것이라고 한다. 그러면서 신문은 작곡가 헨델의 이름을 감사의 마음으로 기억해달라고 부탁한다. 그 기사를 쓴 기자는 그 때 그곳에서 초연된 <메시아>의 작곡가 이름이 지금까지 전 세계의 클래식 음악팬들의 기억 속에 있음을 알게 되면 무척 기쁠 것이다. 우리도 기억해 두지. <메시아>는 1742년 4월 13일 더블린 피쉬앰블 스트리트의 음악당에서 초연되었다.

오라토리오 시작 전에

<메시아>는 헨델의 작품 중 가장 유명하면서도 가장 특이한 오라토리오이다. <메시아>는 구체적인 줄거리도 없고 등장인물도 없다. 그렇다고 같은 대본 작가의 작품 <이집트의 이스라엘인>처럼 구약의 특정 이야기에 집중하는 것도 아니다. 대본가 찰스 제넨스는 성경에 상당히 조예가 깊었던 사람임에 틀림없다. 그의 대본은 구약과 신약의 다양한 구절들을 짜깁기하여 예수 탄생 이전의 메시아에 대한 예언과 예수 탄생과 죽음, 그리고 부활을 담고 있다. 전통적으로 예수 재림에 대한 예언으로 여겨진 구절들은 거의 다 포함되었다. 이 중 상당 부분은 신약 성경에서 구약의 구절을 인용하는 것들이다. 유명한 예로 세례자 요한은 광야에서 이사야 예언서를 인용하면서 "광야에서 외치는 이의 소리. 너희는 주님의 길을 마련하여라"고 선포하는데 이 구절은 이사야서 40장 3절이다. 이런 식으로 구약의 구절을 인용하면서도 신약과 자연스런 연결을 꾀하고 있다. 예수 탄생이 임박했을 때에 루카(누가) 복음을 인용하기 전까지의 내용은 이사야서와 하까이(학개)서, 말라끼서를 활용하지만 이 중 대부분이 신약 성경에도 인용되어 나온다. 예수의 탄생부터 죽음까지 다룬 제2부는 세례자 요한이 예수를 처음 보는 순간으로 시작하여 다시 구약의 이사야서와 시편에서 집중적으로 예수 수난과 관련지어 전개되고 죽은 후에는 놀랍게도 그 유명한 '할렐루야' 합창으로 2부를 끝맺는다. 아마도 이 합창곡만 알고 있는 독자는 이 곡이 메시아의 마지막 곡이라고 생각했을 수도 있다. 그러나 제넨스는 예수의 죽음은 곧 부활이라는 그리스도교 신앙의 핵심을 강조하여 이 부분에

16세기 이탈리아 화가 브론치노의 〈목동들의 경배〉. 예수의 구유에서의 탄생 장면은 오랜 역사를 지닌 그림 소재이다. 마구관의 모습은 왼쪽 허술한 집안에 있는 소의 모습으로 나타냈고, 푸른 옷을 입은 마리아와 오렌지색 옷을 걸친 요셉이 보인다. 성모 마리아는 종종 푸른 색 옷을 입는데 이 색을 내는 물감이 가장 비싼 재료였기 때문이라고 한다. 예수 탄생과 관련하여 복음서 중에 가장 긴 내용을 전하는 루카(누가)복음서에 의하면 예수의 탄생 직후에 천사가 베들레헴의 목자들에게 나타나 구원자(영어로 메시아)께서 태어나심을 알린다. 이 때 하늘에서 수많은 천사가 나타나 "지극히 높은 곳에서는"(하늘 높은 데서는)으로 시작하는 가톨릭 미사 의식의 대영광송을 노래한다. 이 말을 들은 목자들은 직접 예수를 찾아가 천사의 말이 그대로임을 알고 하느님을 찬미하며 돌아갔다고 한다.(루카 2:8-20) 이 그림의 배경 뒤쪽에 흰색으로 작은 천사가 날아가는 모습이 보인다. 아마도 이 천사가 목자들에게 나타났을 것이다. 그리고 하늘에는 아기천사들이 막 쏟아져 내려오는 듯이 보이고 마리아 주위에는 세 명의 천사가 함께 자리를 지키고 있다.

아기 예수를 보러 온 목자들이 그림 오른쪽에 모여 있는데 이들이 목자임을 어떻게 알 수 있을까? 우선 한 젊은이가 양을 안고 있다. 그리고 앞에 무릎을 꿇고 있는 이의 바지를 보면 양털로 된 옷처럼 보인다. 그런데 이 그림에는 이들이 목동임을 말해주는 음악적 증거물이 있다. 모자를 쓰고 옆에 있는 사람과 말을 나누는 털보 아저씨가 들고 있는 악기가 바로 그 증거물이다. 이 악기는 요즘 스코틀랜드의 전통악기처럼 알려져 있는 백파이프이다. 백파이프는 백과 파이프로 구성된다. 백은 보통 농물의 가죽으로 만들어 공기를 모았다가 파이프로 보내는 역할을 한다. 그리고 파이프는 최소한 세 개로 구성된다. 그림에서처럼 뒤로 뻗은 긴 파이프는 고정된 음을 지속적으로 낸다. 그리고 또 한 파이프는 입으로 물고 공기를 불어넣는 역할을 하며 털보 아저씨 입 근처에 백에 붙어 있는 파이프가 바로 그것이다. 마지막으로 털보 아저씨가 두 손으로 잡고 있는 파이프는 피리처럼 구멍이 여럿 있어서 이를 손가락으로 막고 열며 음높이를 조정하며 역시 백과 연결되어 있다. 백파이프는 민속 악기여서 클래식 음악에서는 사용되지 않는다. 그러나 목동, 또는 전원 생활을 묘사하는 음악에서 작곡가들은 이 백파이프의 독특한 음색을 흉내 내어 분위기를 살린다.

목동들의 아기 예수 경배 장면을 그린 그림 중에는 이런 백파이프가 자주 등장한다. 오라토리오 〈메시아〉에서 1부의 13번 곡은 기악음악으로 제목이 〈전원 심포니〉 또는 피리라는 뜻으로 〈피파〉라고 한다. 이 곡이 바로 백파이프의 소리를 흉내 내고 있다. 천사가 목동들에게 나타나기 직전에 이 음악을 연주하여 이야기의 배경 장소를 묘사하고 있다.

할렐루야를 외치게끔 배려한 것으로 보인다. 제3부는 첫 곡에 나오는 욥기의 인용구절을 제외하면 전체가 신약의 내용을 사용한다. 신약 중에서도 코린토 첫째 서간의 15장의 상당 부분을 인용한다. 이 부분은 사도 바오로(바울)가 예수의 부활을 주제로 말하는 내용이다.

이렇게 짜깁기를 하면서도 제넨스는 부드러운 연결을 위해 일관된 흐름을 만들려고 노력한 것으로 보인다. 한 예로 제9번 곡부터 제11번 곡까지 대본가는 이사야서 60장과 9장을 가져오면서도 공동의 소재 '빛'을 통해 이 부분 전체를 하나로 묶는다. 목동들을 암시하는 기악곡 이후 루카 복음의 내용을 가져옴으로써 어두운 '밤'을 비추는 천사의 등장으로 연결시킨다. 이 때 등장하는 목동 모티브와 구유는 서양에서 예수 탄생을 묘사하는 그림에서 자주 등장한다. 목동의 등장 이후 20번 곡에서 목자와 양의 이미지로 연결된다. 제2부의 첫 곡인 요한 복음서의 '하느님의 어린양'을 선포함으로써 희생제물로서의 어린양, 즉 예수의 수난을 노래한다.

줄거리

<메시아> 대본의 특성을 그대로 살리기 위해 내용을 간추리기보다는 각 곡목의 전체 가사를 그대로 가져왔다. 영어

와 우리말의 어순 차이로 문장이 마침표 없이 끝나는 경우가 있다. 이 경우 "생략"이라고 표시하였다. 성경의 어느 부분을 발췌한 것인지 표기했으며 각 곡목의 종류도 함께 밝혀둔다.

1부

[2 아콤파냐토, 테너] 위로하여라, 위로하여라, 나의 백성을. — 너희의 하느님께서 말씀하신다. — 예루살렘에게 다정히 말하여라. 이제 복역 기간이 끝나고 죗값이 치러졌으며. [생략] 한 소리가 외친다. 너희는 광야에 주님의 길을 닦아라. 우리 하느님을 위하여 사막에 길을 곧게 내어라.(이사 40:1-3)

[3 아리아, 테너] 골짜기는 모두 메워지고 산과 언덕은 모두 낮아져라. 거친 곳은 평지가 되고 험한 곳은 평야가 되어라.(이사 40:4)

[4 합창] 이에 주님의 영광이 드러나리니 모든 사람이 다 함께 그것을 보리라. 주님께서 친히 이렇게 말씀하셨다.(이사 40:5)

[5 아콤파냐토, 베이스] 정녕 만군의 주님께서 이렇게 말씀하신다. — 머지않아 나는 다시 하늘과 땅 바다와 뭍을 뒤흔들리라. 내가 모든 민족들을 뒤흔들리니 모든 민족들의 보화가 이리 들어오리라.(하까 2:6-7) [생략] 너희가 찾던 주님, 그가 홀연히 자기 성전으로 오리라. 너희가 좋아하는 계약의 사자 보라, 그가 온다. — 만군의 주님께서 말씀하신다. —(말라 3:1)

[6 아리아, 소프라노] 그가 오는 날을 누가 견디어 내며

그가 나타날 때에 누가 버티고 서 있을 수 있겠느냐? 그는 제련사의 불 같고 [생략](말라 3:2)

[7 합창] 그는 [생략] 레위의 자손들을 깨끗하게 하고 [생략] 주님에게 의로운 제물을 바치게 하리라.(말라 3:3)

[8 레치타티보, 알토] 보십시오, 젊은 여인이 잉태하여 아들을 낳고 그 이름을 임마누엘이라 할 것입니다.(이사 7:14)

[9 알토 아리아와 합창] 기쁜 소식을 전하는 시온아 높은 산으로 올라가라. 기쁜 소식을 전하는 예루살렘아 너의 목소리를 한껏 높여라. 두려워 말고 소리를 높여라. 유다의 성읍들에게 "너희의 하느님께서 여기에 계시다." 하고 말하여라.(이사 40:9) 일어나 비추어라. 너의 빛이 왔다. 주님의 영광이 네 위에 떠올랐다.(이사 60:1)

[10 아콤파냐토, 베이스] 자 보라, 어둠이 땅을 덮고 암흑이 겨레들을 덮으리라. 그러나 네 위에는 주님께서 떠오르시고 그분의 영광이 네 위에 나타나리라. 민족들이 너의 빛을 향하여, 임금들이 떠오르는 너의 광명을 향하여 오리라.(이사 60:2-3)

[11 아리아, 베이스] 어둠 속을 걷던 백성이 큰 빛을 봅니다. 암흑의 땅에 사는 이들에게 빛이 비칩니다.(이사 9:2)

[12 합창] 우리에게 한 아기가 태어났고 우리에게 한 아들이 주어졌습니다. 왕권이 그의 어깨에 놓이고 그의 이름은 놀라운 경륜가, 용맹한 하느님, 영원한 아버지 평화의 군왕이라 불리리이다.(이사 9:5)

[13 기악곡. 전원 심포니]

[14a) 레치타티보, 소프라노] 그 고장에는 들에 살면서 밤에도 양 떼를 지키는 목자들이 있었다.(루카 2:8)

[14b) 아콤파냐토, 소프라노] 그런데 주님의 천사가 다가오고 주님의 영광이 그 목자들의 둘레를 비추었다. 그들은 몹시 두려워하였다.(루카 2:9)

[15 레치타티보, 소프라노] 그러자 천사가 그들에게 말하였다. "두려워하지 마라. 보라, 나는 온 백성에게 큰 기쁨이 될 소식을 너희에게 전한다. 오늘 너희를 위하여 다윗 고을에서 구원자가 태어나셨으니, 주 그리스도이시다."(루카 2:10-11)

[16 아콤파냐토, 소프라노] 그때에 갑자기 그 천사 곁에 수많은 하늘의 군대가 나타나 하느님을 이렇게 찬미하였다.(루카 2:13)

[17 합창] "지극히 높은 곳에서는 하느님께 영광 땅에서는 그분 마음에 드는 사람들에게 평화!"(루카 2:14)

[18 아리아, 소프라노] 딸 시온아, 한껏 기뻐하여라. 딸 예루살렘아, 환성을 올려라. 보라, 너의 임금님이 너에게 오신다. 그분은 의로우시며 민족들에게 평화를 선포하시리라.(즈카 9:9, 10)

[19 레치타티보, 소프라노] 그때에 눈먼 이들은 눈이 열리고 귀먹은 이들은 귀가 열리리라. 그때에 다리 저는 이는 사슴처럼 뛰고 말 못하는 이의 혀는 환성을 터뜨리리라.(이사 35:5, 6)

[20 아리아, 소프라노] 그분께서는 목자처럼 당신의 가축들을 먹이시고 새끼 양들을 팔로 모아 품에 안으시며 젖 먹이는 어미 양들을 조심스럽게 이끄신다.(이사 40:11) "고생

하며 무거운 짐을 진 너희는 모두 나에게 오너라. 내가 너희에게 안식을 주겠다. 나는 마음이 온유하고 겸손하니 내 멍에를 메고 나에게 배워라. 그러면 너희가 안식을 얻을 것이다." (마태 11:28, 29)

[21 합창] 정녕 내 멍에는 편하고 내 짐은 가볍다.(마태 11:30)

2부

[22 합창] "보라, 세상의 죄를 없애시는 하느님의 어린양이시다."(요한 1:29)

[23 아리아, 알토] 사람들에게 멸시받고 배척당한 그는 고통의 사람, 병고에 익숙한 이였다.(이사 53:3) 나는 매질하는 자들에게 내 등을, 수염을 잡아 뜯는 자들에게 내 뺨을 내맡겼고 모욕과 수모를 받지 않으려고 내 얼굴을 가리지도 않았다.(이사 50:6)

[24 합창] 그렇지만 그는 우리의 병고를 메고 갔으며 우리의 고통을 짊어졌다. 그러나 그가 찔린 것은 우리의 악행 때문이고 그가 으스러진 것은 우리의 죄악 때문이다. 우리의 평화를 위하여 그가 징벌을 받았고.(이사 53:4, 5)

[25 합창] 그의 상처로 우리는 나았다.(이사 53:5)

[26 합창] 우리는 모두 양 떼처럼 길을 잃고 저마다 제 길을 따라갔지만 주님께서는 우리 모두의 죄악이 그에게 떨어지게 하셨다.(이사 53:6)

[27 아콤파냐토, 테너] 저를 보는 자마다 저를 비웃고 입술을 비쭉거리며 머리를 흔들어 댑니다.(시편 22:8)

[28 합창] 주님께 맡겼으니 그분께서 그자를 구하시겠지.

그분 마음에 드니 그분께서 구해 내시겠지.(시편 22:9)

[29 아콤파냐토, 테너] 모욕이 제 마음을 바수어 저는 절망에 빠졌습니다. 동정을 바랐건만 허사였고 위로해 줄 이들을 바랐건만 찾지 못하였습니다.(시편 69:21)

[30 아리오소, 테너] 살펴보고 또 보시오. 내가 겪는 이내 아픔 같은 것이 또 있는지.(애가 1:12)

[31 아콤파냐토, 소프라노] 정녕 그는 산 이들의 땅에서 잘려 나가고 내 백성의 악행 때문에 고난을 당하였다.(이사 53:8)

[32 아리아, 소프라노] 당신께서는 제 영혼을 저승에 버려두지 않으시고 당신께 충실한 이는 구렁을 아니 보게 하십니다.(시편 16:10)

[33 합창] 성문들아, 머리를 들어라. 오랜 문들아, 일어서라. 영광의 임금님께서 들어가신다. 누가 영광의 임금이신가? 힘세고 용맹하신 주님, 싸움에 용맹하신 주님이시다. 성문들아, 머리를 들어라. 오랜 문들아, 일어서라. 영광의 임금님께서 들어가신다. 누가 영광의 임금이신가? 만군의 주님 그분께서 영광의 임금이시다.(시편 24:7-10)

[34 레치타티보, 테너] 하느님께서 천사들 가운데 그 누구에게 "너는 내 아들. 내가 오늘 너를 낳았노라."하고 말씀하신 적이 있습니까?(히브 1:5)

[35 합창] "하느님의 천사들은 모두 그에게 경배하여라."(히브 1:6)

[36 아리아, 소프라노] 주 하느님으로 좌정하시려고 당신께서는 포로들을 거느리시고 높은 데로 오르셨으며 사람들에게서, 심지어 반항자들에게서도 예물을 받으셨습니다.(시편 68:19)

[37 합창] 주님께서 말씀을 내리시니 기쁜 소식 전하는 이들이 대군을 이루네.(시편 68:12)

[38 아리아, 소프라노] "기쁜 소식을 전하는 [평화를 선포하고] 이들의 발이 얼마나 아름다운가!" (로마 10:15)

[39 합창] "그들의 소리는 온 땅으로, 그들의 말은 누리 끝까지 퍼져 나갔다."(로마 10:18)

[40 아리아, 베이스] 어찌하여 민족들이 술렁거리며 겨레들이 헛일을 꾸미는가? 주님을 거슬러, 그분의 기름부음받은 이를 거슬러 세상의 임금들이 들고 일어나며 군주들이 함께 음모를 꾸미는구나.(시편 2:1-2)

[41 합창] 저들의 오랏줄을 끊어 버리고 저들의 사슬을 벗어 던져 버리자.(시편 2:3)

[42 레치타티보, 테너] 하늘에 좌정하신 분께서 웃으신다. 주님께서 그들을 비웃으신다.(시편 2:4)

[43 아리아. 테너] 너는 그들을 쇠 지팡이로 쳐부수고 옹기장이 그릇처럼 바수리라.(시편 2:9)

[44 합창] 할렐루야! 주 우리 하느님, 전능하신 분께서 다스리기 시작하셨다.(묵시 19:6) 세상 나라가 우리 주님과 그분께서 세우신 그리스도의 나라가 되었다. 주님께서 영원무궁토록 다스리실 것이다.(묵시 11:15) '임금들의 임금, 주님들의 주님'(묵시 19:16)

3부

[45 아리아, 소프라노] 그러나 나는 알고 있다네, 나의 구원자께서 살아 계심을. 그분께서는 마침내 먼지 위에서 일어서시리라. 내 살갗이 이토록 벗겨진 뒤에라도 이내 몸

으로 나는 하느님을 보리라.(욥 19:25-26) 그러나 이제 그리스도께서는 죽은 이들 가운데에서 되살아나셨습니다. 죽은 이들의 맏물이 되셨습니다.(1코린 15:20)

[46 합창] 죽음이 한 사람을 통하여 왔으므로 부활도 한 사람을 통하여 온 것입니다. 아담 안에서 모든 사람이 죽는 것과 같이 그리스도 안에서 모든 사람이 살아날 것입니다.(1코린 15:21-22)

[47 아콤파냐토, 베이스] 자, 내가 여러분에게 신비 하나를 말해 주겠습니다. 우리 모두 죽지 않고 다 변화할 것입니다. 순식간에, 눈 깜박할 사이에, 마지막 나팔 소리에 그리될 것입니다.(1코린 15:51-52)

[48 아리아, 베이스] 나팔이 울리면 죽은 이들이 썩지 않는 몸으로 되살아나고 우리는 변화할 것입니다. 이 썩는 몸은 썩지 않는 것을 입고 이 죽는 몸은 죽지 않는 것을 입어야 합니다.(1코린 15:52-53)

[49 레치타티보, 알토] 그때에 성경에 기록된 말씀이 이루어질 것입니다. "승리가 죽음을 삼켜 버렸다."(1코린 15:54)

[50 이중창, 알토와 테너] "죽음아, 너의 승리가 어디 있느냐? 죽음아, 너의 독침이 어디 있느냐?" 죽음의 독침은 죄이며 죄의 힘은 율법입니다.(1코린 15:55, 56)

[51 합창] 우리 주 예수 그리스도를 통하여 우리에게 승리를 주시는 하느님께 감사드립시다.(1코린 15:57)

[52 아리아, 소프라노] 하느님께서 우리 편이신데 누가 우리를 대적하겠습니까?(로마 8:31) 하느님께 선택된 이들을 누가 고발할 수 있겠습니까? 그들을 의롭게 해 주시는 분은

하느님이십니다.(로마 8:33) 누가 그들을 단죄할 수 있겠습니까? 돌아가셨다가 참으로 되살아나신 분, 또 하느님의 오른쪽에 앉아 계신 분, 그리고 우리를 위하여 간구해 주시는 분이 바로 그리스도 예수님이십니다.(로마 8:34)

[53 합창] 살해된 어린양은 [주님의 피로 저희를 속량하시어] 권능과 부와 지혜와 힘과 영예와 영광과 찬미를 받기에 합당하십니다. 어좌에 앉아 계신 분과 어린양께 찬미와 영예와 영광과 권세가 영원무궁하기를 빕니다. [아멘.](묵시 5:12, 13)

감상하기

1부. 합창, "우리에게 한 아기가 태어났고" CD2/20

For unto us a child is born,	우리에게 한 아기가 태어났고
unto us a son is given,	우리에게 한 아들이 주어졌습니다.
and the government shall be upon His shoulder;	왕권이 그의 어깨에 놓이고
and His name shall be called	그의 이름은 불리리이다
Wonderful, Counsellor,	놀라운 경륜가,
the mighty God, the Everlasting Father,	용맹한 하느님, 영원한 아버지
the Prince of Peace.	평화의 군왕이라.

이 합창곡은 돌림노래 방식이 중요하게 작용하여 각 성부가 골고루 주제 선율을 노래한다. 단어 "태어나다"(born)가 매우 중요하게 취급되고 있다. 특이한 것은 다른 헨델의 합창보다 선율의 반복이 심하다는 점이다. 어쩌면 이 반복 덕분에 우리는 이 음악을 쉽게 오래 기억하는지 모른다. 돌

림노래 방식으로 가사 처음부터 "그의 이름은 불리리이다" 까지를 노래하고 "놀라운 경륜가"부터 "평화의 군왕이라"까지는 거의 항상 찬송가 방식으로 처리된다. "그의 이름"을 우리가 확실하게 알아들을 수 있도록 취한 조치일 것이다. "그의 이름"을 크게 노래한 다음 가사의 앞부분을 반복하며 진행한다.

2부. 합창, "할렐루야" CD2/21

Hallelujah: for the Lord God	할렐루야! 주 우리 하느님, 전능하
Omnipotent reigneth.	신 분께서 다스리기 시작하셨다.
The kingdom of this world is become	세상 나라가 되었다,
the kingdom of our Lord,	우리 주님과 그분께서
and of His Christ; and He shall reign	세우신 그리스도의 나라가. 주님께
for ever and ever.	서 다스리실 것이다, 영원무궁토록.
King of Kings, and Lord of Lords.	임금들의 임금, 주님들의 주님
Hallelujah!	할렐루야

헨델의 이름과 함께, 또 <메시아>의 작품 제목과 함께 떠오르는 이 곡의 가사는 요한 묵시록(계시록)의 두 부분, 즉 일곱번째 나팔과 어린양의 혼인 잔치에서 가져온 구절로 구성된다. 묵시록 19장 1절부터 "하늘에 있는 많은 무리가 내는 큰 목소리"라는 구절이 나오며 위의 가사 직전에도 "많은 무리의 목소리 같기도 하고 큰 물 소리 같기도 하고 요란한 천둥소리 같기도 한 소리"를 들었다고 한다. 바로 그런 소리가 내는 첫 단어가 "할렐루야"이다. 처음에는 "할렐루야" 만 노래하다가 나머지 구절을 완성하고는 다시 "할렐루야"를 외치는 데 이 때 트럼펫과 팀파니가 합세한다. <메시아>는

현악기 외에 다른 악기는 거의 듣지 못하는 특이한 곡이다. 그런데 그 예외적인 곡이 바로 “할렐루야”이다. 트럼펫을 선택한 것은 당연히 일곱 번째 나팔 소리와 연관을 지을 수 있다. 팀파니는 천둥소리를 위해 동원되었을 것이다. 이 곡이 나올 때까지 조용히 있던 트럼펫과 팀파니가 한꺼번에 나오면 엄청난 소리가 울리는 것같은 효과를 낸다. 그만큼 아껴 둔 보람이 있다. 사실 이 곡보다 “많은 무리의 요란한 소리”는 다른 오라토리오에 얼마든지 있다. 그러나 <메시아>만큼의 효과를 올리지는 못한다. 그것도 상당 부분 찬송가 방식으로 계속되는 첫 부분은 특별하게 들릴 수 있다. <메시아>의 1부와 2부는 유별나게 돌림노래 방식의 합창곡이 많은 편이다. 이렇게 합창단 전체가 동시에 같은 가사를 길게 노래하는 곡이 없었다. 두 요소, 트럼펫과 팀파니의 등장, 그리고 찬송가 방식의 긴 합창 부분이 시너지 효과를 가져와 웅장한 “하늘에서 들려오는 소리”를 만들어 낸다.

이 “할렐루야” 부분이 끝나고 “세상 나라가...”시작하는 중간 부분은 잠시 소강 상태에 들어간다. 이 중간 부분의 첫 몇 마디도 찬송가 방식을 유지한다. “주님께서...”를 노래할 때 비로소 돌림노래 방식이 사용된다. 마지막 “임금들의 임금...”이 시작하면 이번에는 두 성부가 한 음으로 말씀을 선포하듯 “임금들의 임금, 주님들의 주님”을 길게 끌고 있으면 다른 두 성부가 “영원무궁토록”(forever)과 “할렐루야”를 처음처럼 노래한다. 이때부터 선포하는 성부들은 음이 계속 하늘로 올라가고 다시 처음의 주제로 돌아와 장엄하게 음악이 끝난다. 이 곡이 끝나는 방식을 “아멘 종지(끝내기)”라고 하는데 보통 종교음악에서 “아멘”으로 끝맺을 때

상투적으로 나오는 마무리 방법이다. 마무리하며 성악가들은 입으로 “할렐루야”를 노래하고 음악은 “아멘”을 외치고 있는 것이다. “할렐루야, 아멘”을 하고나면 집에 가야할 것 같지만 이 곡은 2부의 끝이다. 아직 3부가 남아있다. 2부에서 이렇게 장대하게 끝나면 3부는 어떻게 마무리할 것인지 걱정된다. 가사의 내용을 보면 2부 끝에서 예수님은 십자가에 못 박혀 돌아가신다. 이 부분에서 이렇게 “할렐루야”를 외치는 것은 무엇을 뜻하는 걸까? 하느님께서 예수를 우리에게 보내신 목적을 이루었음을 뜻하는 것일까? 예수님의 죽음으로 우리가 부활의 영광에 이르는 은총을 받았음을 기뻐하는 것일까? 각자의 판단에 맡기기로 한다.

감상 추천곡

1부의 첫 곡, “위로하여라, 위로하여라, 나의 백성을”(No. 2. Comfort ye, comfort ye my people)을 헨델은 아리아라 부르지 않았다. 몇몇 오라토리오에서도 보았지만 아콤파냐토가 아리아 못지않게 아름다운 곡들이 더러 있다. 이 곡은 그 중에서도 가장 아름다운 아콤파냐토일 것이다. 조용히 울리는 현악기의 반주에 우리는 충분히 ‘위로’받는다. 이때 나오는 반주 패턴이 제법 오래 지속되면서 곡의 통일성을 강화한다. 이 곡의 끝부분에 가서야 통상적인 아콤파냐토가 나온다. 가사의 “한 소리가 외친다”부터 진정한 의미의 레치타티보인 셈이다. 앞의 아콤파냐토를 불렀던 테너의 아리아, “골짜기는 모두 메워지고”(No. 3. Every valley shall be exalted)가 이어진다. 우리 가사의 “메워지고”는 영어 가사에서 “exalted”에 해당한다. 단어 그대로 번역하면 칭송하다, 고양하다, 높이다 등으로 옮길 수 있다. (기독교의 개역개정 성경은 이 단어를 '돋우어지며'로 번역한다.) 이 단어에 긴 콜로라투라가 나오는 이유는 영어 단어의 원래 의미, 즉 '높이다'를 살리기 위함이다. 화려하게 처리할수록 효과를 볼 수 있는 단어에 콜로라투라 선율이 자주 나온다. "이에 주님의 영광이 드러나리니"(No. 4. And the glory of the Lord)는 이 오라토리오의 첫 번째 합창으로 가벼운 3박자의 경쾌함이 거의 춤곡을 연상시킨다. 합창 선율 역시 가벼운 리듬을 타고 자연스럽게 서로 주고받는다. 중간에 "주님께서 친히 이렇게 말씀하신다"라는 부분은 같은 음을 계속 반복하여 "말씀하듯이" 노래하는 동안 다른 성부에서 주님께서 말씀하시는 내용을 반복한다. 합창, "그는 레위의 자손들을 깨끗하게 하고"(No. 7. And He shall purify the sons of Levi)에서 헨델이 가장 강조하고 싶은 단어는 "깨끗하게 하고"(purify)이다. 전곡에 걸쳐 이 단어는 거의 항상 길게 콜로라투라로 노래한다. 돌림노래 방식과 찬송가 방식이 적절하게 조화를 이루는 곡이다. 13번 곡은 이 오라토리오에서 유일한 기악 음악이다. 루카 복음서에 의하면 천사가 목동들에게 나타나 예수의 탄생을 알렸다고 한다. 피리는 목동들의 필수품이다. 그래서 이 곡의 제목이 "피파"(Pifa) 즉 피리인 것이다. 그런데 이 곡 어디에서도 피리 소리가 들리지 않는다. 그러나 자세히 곡의 분위기를 음미하면 피리 소리는 아니더라도 피리 소리가 은은하게 들리는 들판을 떠올리게 된다. 피리라기보다는 백파이프 소리에 가깝다. 백파이프도 대표적인 목동들의 악기로 민속적인 분위기를 살리는 데에 중요하게 사용된다.(앞의 그림 참조) 백파이프는 혼자서 연주하는 악기이지만 항상 두 음을 동시에 낼 수 있도록 되어 있다. 한 음은 낮은 음역에서 지속되는 음이고 다른 음은 선율을 만드는 데에 사용되는 것이다. 이 곡에서 베이스 음이 자주 한 곳에 머물며 길게 지속되고 그 위에 선율이 연주되는 것을 들을 수 있다. 바로 이런 음향이 백파이프 소리를 흉내내는 역할을 한다. 짧은 기악곡을 통해 목동들의 모습을 들려주고 있는 것이다.

1부의 14번(그 고장에는 들에 살면서, There were shepherds abiding in the field)부터 16번(그때에 갑자기 그 천사 곁에, And suddenly there was with the angel)까지 소프라노는 레치타티보와 아콤파냐토를 번갈아 노래한다. 아콤파냐토 부분을 보면 모두 천사가 나타나는 대목이며 바이올린이 높게 울리는 선율은 마치 하늘에서 천사들이 화려하게 나타나는 듯한 착각을 불러일으킨다. 여기서의 아콤파냐토도 짧지만 아리아에 떨어지지 않는 선율을 들려준다. <메시아>의 강점은 아리아와 합창 뿐만 아니라 이같은 아콤파냐토가 뛰어나기 때문이다. 이 오라토리오에서 오케스트라 반주가 없는 단순한 레치타티보는 매우 드물고 매우 짧다. 사실 이 당시의 오페라와 오라토리오를 듣다보면 레치타티보 부분이 가장 지겹다. 물론 극적 상황을 이해하기 위한 필수적인 요소이기는 하지만 따분한 선율이 듣기 좋을 리 만무하다. 헨델은 비교적 짧은 레치타티보를 선호하는 편이다. 그만큼 청중들을 배려하고 있다고 볼 수 있다. 특히 <메시아>는 드라마가 있는 오라토리오가 아닌 만큼 극의 진행을 위한 단순한 레치타티보가 그렇게 크게 중요하지 않다. 합창, "지극히 높은 곳에서는 하느님께 영광"(No. 17. Glory to God in the highest)은 천주교의 대영광송의 출처인 루카복음서 2장 14절을 노래하는 곡이다. "하느님께 영광"은 높은 음역에서 그리고 "땅에서는"에서 낮은 음역으로 급격하게 내려간다. 나머지 가사는 돌림노래 방식으로 처리되며 전체 가사를 여러 번 반복한다. 소프라노 아리아, "딸 시온아, 한껏 기뻐하여라"(No. 18. Rejoice greatly, O daughter of Zion)의 가사는 다카포 형식은 아니지만 헨델은 앞부분의 가사를 뒤에서 반복하여 다카포와 같이 만들었다. 단어 "기뻐하여라"(rejoice)에 콜로라투라 선율이 사용되었으며 "그분은 의로우시며"부터 분위기가 바뀌며 다카포의 중간부분처럼 들린다. 헨델이 가사에도 없는 반복을 일부러 만든 데에는 그만한 이유가 있다. 대본 자체가 성경 구절을 그대로 인용하였기 때문에 성경에 구절의 반복이 없으면 음악의 반복도 불가능하다. 그러니 당시 가장 대표적인 음악 형식인 다카포 아리아에 맞는 가사를 성경에서 찾기란 불가능했을 것이다. 그래서 헨델은 대본가의 의도와는 달리 이 곡에서 앞부분 전체를 반복하여 다카포 아리아를 인위적으로 만든 것이다.

소프라노 아리아 "그분께서는 목자처럼 당신의 가축들을 먹이시고"(No. 20. He shall feed His flock like a shepherd)는 또 다른 방식으로 대본이 의도하지 않은 음악 형식을 만들어 나간다. 이 곡은 크게 두 부분으로 나뉜다. 가사로 말하면 이사야서 부분과 마태오 부분으로 구분된다. 그런데 두 부분이 다른 음악으로 구분되는 것이 아니라 같은 음악으로 구분된다. 즉, 1절과 2절처럼 가사를 처리한 것이다. 노래 가사가 아닌 성경 구절을 절이 있는 유절 형식의 음악처럼 만든 것이다. 혹시 이 곡에서도 목동(목자)들의 피리 소리,

또는 백파이프 소리가 들리는지 모르겠다. 그런 분위기를 조성하는 데에 큰 역할을 하는 것을 바로 '지속저음'이라 부른다. 앞서 들었던 기악곡 "전원 심포니" 피파도 다시 들어보면 아래 베이스 음이 길게 끌고 있는 것을 들을 수 있다. 이런 지속저음이 전원 풍경을 연상시키는 장치로 활용된 것은 백파이프란 악기와 연관이 있다. 바로 여기서 유래하여 지속저음이 있는 음악은 백파이프를 연상시키는 것이고 백파이프는 목동을, 목동은 시골, 즉 전원을 떠올리게 하는 것이다. 특히 이 곡처럼 12/8박자 또는 6/8박자에 붓점 리듬이 강조되면 더더욱 시골풍을 강조한다고 보면 된다. 합창 "정녕 내 멍에는 편하고 내 짐은 가볍다"(No. 20. His yoke is easy, and His burden is light)는 소프라노 성부가 시작하자마자 매우 가볍게 느껴지는 주제 선율을 노래하고 다른 성부들이 차례대로 돌림노래 방식으로 이어가며 부른다. 이 주제 선율이 계속 반복되다가 끝에 가서 전체 성부가 함께 찬송가 방식으로 노래하며 끝맺는다. 가사의 뜻대로 가벼움이 훌륭하게 묘사된 곡이다.

2부의 첫 아리아 "사람들에게 멸시받고 배척당한 그는"(No. 23. He was despised and rejected of men)은 내본가가 의도적으로 다카포 아리아식으로 성경 구절을 인용한 것으로 보인다. 이사야서 53장 3절과 이사야서 50장 6절의 내용을 구분하여 두 부분으로 만들었고 첫 부분을 뒤에서 다시 반복함으로써 다카포가 완성된다. 제넨스가 이 곡을 다카포 아리아라는 형식을 염두에 두었음을 짐작할 수 있는 것은 두 부분의 분위기가 크게 다르기 때문이다. 첫 부분은 가사와 음악이 '슬픔'에 초점이 맞춰져 있어 느리고 힘겨운 선율이 분위기를 만든다. 반면에 두 번째 부분은 '당당함'을 강조하여 템포가 빨라지며 결단에 찬 듯한 반주 음악이 받쳐준다. 즉 두 부분의 가사 분위기가 달라서 다카포 아리아에 적절한 가사가 된 것이다. 18번의 아리아는 헨델이 만든 다카포라면 이 곡은 대본가 제넨스가 만든 다카포 아리아인 것이다.

24번(그렇지만 그는 우리의 병고를 메고 갔으며 Surely He hath borne our griefs)부터 26번(우리는 모두 양 떼처럼 길을 잃고 All we like sheep have gone astray)까지 이어지는 합창곡은 함께 설명하는 것이 적절하다. 각각의 곡이 독립된 것처럼 들리기는 하나 전체를 하나의 작품으로 간주하여 일종의 3악장으로 된 곡으로 보는 것이 맞을 것이다. 가사의 내용도 전체가 이사야서 53장 4절부터 6절까지 이어진다. 첫 곡의 시작은 매우 강력한 느낌을 주는 붓점 리듬의 전주가 인상적이다. 이 전주에 합창단 전체가 "그렇지만"(surely)을 멋지게 시작한다. 원래 영어 단어의 의미는 '분명하게' 또는 '반드시'를 뜻한다. 우리말의 가사보다 영어 단어의 의미를 음악적으로 묘사하고 있다고 보면 매우 잘 어울린다. 단호한 느낌의 반주를 통해 "분명하게 말하는데 그는 우리의 병고를 메고 갔으며 우리의 고통을 짊어졌다"라는 의미를 전달하고 있는 것이다. 곡의 중간은 "그러나 그가 찔린 것은..."부터 시작하며 반주의 분위기와 선율이 바뀐다. 다시 붓점리듬의 반주가 나오는 부분의 가사는 "우리의 평화를..."의 문장부터이다. 이 곡을 설명을 달아 간단하게 표시하면 다음과 같다. (강하고 단호하게) "그는 우리의 고통을 짊어졌다." 그러나 (느리게 참회하며) "우리의 죄악 때문"이었다. 그래도

(강하고 단호하게) "우리를 위하여 그가 징벌을 받았다." 이렇게 하여 헨델은 '그'가 우리를 위해 희생되었음을 강조하는 데에 성공하고 있다.

두번째 곡(25번)은 짧은 가사로 돌림노래 방식이 주도하여 앞의 곡과 대조를 이룬다. 우리말 가사의 "상처"에 해당하는 영어는 "stripes"이다. 이 단어는 보통 매질 때 생기는 자국을 뜻한다. 따라서 영어에 가깝게 번역하면 "그의 매질당함으로 우리는 나았다"가 될 것이다. (기독교 개역개정 성경은 '상처'를 '채찍'으로 번역한다.) 여기서 "매질당함" 단어가 나올 때 선율은 아래로 매우 고통스런 음으로 내려간다. 이 선율이 왜 고통스러운지를 느껴보기 위한 방법은 간단하다. 그 선율을 한번 따라 불러보면 된다. 쉽지 않을 것이다. 세 번째 곡은 전체 곡의 90%가 "우리는"부터 "따라갔지만"까지를 지속적으로 노래한다. 특히 "길을 잃고" "따라 갔지만"을 강조한다. 듣는 이의 입장에서 가사의 이 부분까지만 계속 노래하고 있으면 그 다음에 나올 내용이 궁금해지기 마련이다. 곡이 끝날 무렵 빠르기가 갑자기 늦춰지며 나머지 구절이 완성된다. 이 곡을 듣다보면 길을 잃고 헤매는 우리 스스로를 발견하게 될 것이다. 그 때 마지막 구절이 나오며 다시 한번 "우리 모두의 죄악이 그에게 떨어지게" 하심을 깨닫게 된다. 가사를 음미하며 전체를 따라가면 <메시아>가 왜 그렇게 많은 사람들에게 감동을 주는지 알 수 있다.

합창 "주님께 맡겼으니 그분께서 그자를 구하시겠지"(No. 28. He trusted in God that He would deliver Him)는 돌림노래 방식의 합창으로는 <메시아>에서 가장 강력한 곡일 것이다. 헨델의 빼어난 작곡 솜씨가 여실히 나타난다. 이 시편 구절은 예수님이 십자가에 목 박혔을 때 수석 사제들과 율법 학자들이 예수님을 조롱하면서 한 말, "하느님을 신뢰한다고 하니, 하느님께서 저자가 마음에 드시면 지금 구해 내 보시라지"(마태 27:43)라는 구절을 떠 올린다. 이 곡을 들을 때에는 이 노래가 예수님을 고발한 수석 사제나 율법학자들의 합창이라고 생각하면 도움이 될 것이다. 합창, "성문들아, 머리를 들어라"(No. Lift up your heads, O ye gates)는 앞서 들은 다른 합창과 비교하면 상당히 긴 가사를 가진 곡이다. 그러나 정작 이 곡을 듣고 나면 다음과 같은 '질의-응답'만 남는다. "Q. 누가 영광의 임금이신가? A. 용맹하시고 만군의 주님이신 그분이시다." 소프라노 아리아, "기쁜 소식을 전하는 이들의 발이"(No. 38. How beautiful are the feet of them)의 가사는 정확하게 말하면 신약성경의 로마 신자들에게 보내는 서간 10장 15절과 이사야서 52장 7절의 내용을 합친 것이다. 로마서에 나오는 구절은 이사야서를 인용한 것처럼 되어 있으나 로마서에는 "평화를 선포하고 기쁜 소식을 전하며"가 생략되어 있다. 대본가 제넨스는 로마서의 구절을 인용하며 이사야서에서 빠진 부분을 보충하였다. 이 부분을 가사 대로 정확하게 번역하면 "평화의 기쁜 소식을 선포하고"가 될 것이다. 베이스 아리아 "어찌하여 민족들이 술렁거리며"(No. 40. Why do the nations so furiously rage)의 전주는 전형적인 폭풍우 음형이다. 강렬하게 몰아치는 리듬과 뛰어오르는 선율이 비바람이 심하게 몰아치는 것을 연상시킨다. 우리 가사의 "술렁거리며"에 해당하는 영어 가사는 "그토록 사납게 분노하여"(so furiously rage)이다. (기독교 개역개정 성경에는 '술렁거리며'를 '분노하며'로 번역한다.) 바로 이 가사가 전주를

"그토록 사납게" 만든 것이다. "분노하여"(rage)라는 단어에서는 긴 콜로라투라로 감정이 격해 있음을 암시한다. 테너 아리아 "너는 그들을 쇠 지팡이로 쳐부수고"(No. 43. Thou shalt break them with a rod of iron)의 전주에서 옹기그릇이 바수어지는 소리가 들리는지 모르겠다. 위에서 내리치는 듯한 선율과 강하게 때리는 아래의 음들이 가사를 그대로 그래픽하게 보여주는 것처럼 실감난다.

3부의 첫 곡인 소프라노 아리아, "그러나 나는 알고 있다네, 나의 구원자께서 살아 계심을"(No. 45. I know that my Redeemer liveth)은 구약의 욥기와 신약 코린토 서간을 절묘하게 이어놓은 가사를 노래하며 이 가사를 다루는 헨델의 방식을 보면 그에게 <메시아>와 같은 대본이 얼마나 작곡하기 어려운 곡이었을지 짐작케 한다. 앞에서도 일부 보았지만 성경 구절을 그대로 사용할 경우 그 자체가 노래 가사와 상당한 거리가 있기 때문에 이 간격을 줄이기가 쉽지 않다. 이 곡의 특징은 처음 전주에 나오는 주제 선율을 소프라노가 반복한 이후에 지속적으로 중간 중간에 나옴으로써 음악적 형식을 갖추려는 노력을 볼 수 있다. 우선 첫 행을 헨델은 선율을 조금씩 바꿔가며 3번 반복한다(A). 그 다음에 완전히 다른 선율로 욥기의 두 번째 문장을 노래한 다음(B) 첫 행의 선율 앞부분만 반복한다(A'). 다시 두 번째 문장을 노래한 다음에도 같은 식으로 주제 선율을 노래하고 코린토 부분을 또 다른 선율(C)로 노래한 후 마지막에 악기 후주로 주제 선율(A)을 다시 연주하며 끝난다. 이를 영어 알파벳을 사용하여 정리하면 <A-B-A'-B'-A'-C-A>와 같이 된다. 다시 말해서 가사 첫 문장의 선율 일부분이 곡 중간 중간에 계속 반복되어 원래 가사의 구조와는 달리 만들어져 있다. 실제로 이런 종류의 음악 형식이 없는 것은 아니나 헨델의 음악에서는 그리 자주 볼 수 없다. 이같은 형식의 난맥상을 해결하기 위해 헨델은 전체 곡을 통해 반주 선율을 통일되게 사용하여 형식감을 유지하고 있다. 반복되는 A에 해당되는 가사가 "그러나 나는 알고 있다네"이므로 중간에 이 부분이 반복되어도 내용상으로는 큰 지장이 없다.

합창, "죽음이 한 사람을 통하여 왔으므로"(No. 46. Since by man came death)의 두 문장으로 된 가사는 각각의 문장에 죽음과 부활이 함께 나온다. 첫 문장은 아예 죽음과 부활이 거의 동일시되며 두 번째 문장에서도 죽음과 살아남이 같은 방식으로 표현된다. 헨델은 이같은 특징을 음악으로 그대로 옮겨 놓는다. 죽음 부분은 악기 반주 없이 합창단이 조용하고 천천히 노래하고 부활과 살아남 부분은 악기와 함께 합창단이 매우 활기차게 노래한다. 그래서 조용하게 느리게(합창)-크게 활기차게(합창과 악기)의 쌍이 반복되는 것이다. 베이스 아리아, "나팔이 울리면"(No. 48. The trumpet shall sound)의 가사에서 핵심 되는 단어를 고른다면 무엇일까? 그렇다. "변화"일 것이다. 헨델은 이 곡에서 "우리는 변화할 것입니다"를 수없이 되풀이 한다. 사도 바오로(바울)는 이 가사의 구절을 "죽은 이들이 어떻게 되살아나는가? 그들이 어떤 몸으로 되돌아오는가?"(1코린 15:35)라고 묻는 사람들에게 한 답변이다. 헨델도 이 문장에 해답이 있음을 알고 있었다. 가사의 '나팔', 즉 '트럼펫'을 위해 이 곡에서 트럼펫은 거의 독주 악기처럼 중요하게 등장한다. 소프라노 아리아, "하느님께서 우리 편이신데"(No. 52. If God be for us)

에서 헨델은 가사를 반복하여 음악형식을 만들려는 노력을 포기한다. 처음부터 끝까지 계속 변해가는 선율로 작곡하면서도 반주의 분위기를 유지하여 그나마 곡의 통일성을 부여한다.

합창, "살해된 어린양은"(No. 53. Worthy is the Lamb that was slain)은 <메시아>의 마지막 합창이다. 요한 묵시록에서 인용한 두 문장이 각기 다른 뷰위기로 작곡되었다. 첫 문장은 찬송가 방식으로 천사들의 큰 소리를 들려준다. 이어서 두 번째 문장은 돌림노래 방식으로 노래한다. 성경에는 없는 "주님의 피로 저희를 속량하시어"(hath redeemed us to God by his blood)는 묵시록 같은 장의 9절에 나오는 문구를 가져와 12절의 내용에 추가한 것이다. 이 합창곡만으로 2부의 끝 곡인 "할렐루야"를 넘어설 수 없음을 알았는지 헨델과 제넨스는 성경에는 없는 "아멘"을 추가한다. 엄격히 말하면 위의 가사 바로 뒷 절에 "그러자 네 생물은 '아멘!'하고 화답하고"(묵시 5:14)라고 하였으니 "아멘"을 추가한 것까지도 성경에 충실했다고 할 수 있다. 이 아멘 합창은 앞의 합창곡과 별도로 간주해야한다. 그 자체로 3분이 넘는 곡이며 작곡 기술적인 측면에서도 <메시아>에서 가장 뛰어난 곡에 속한다. '아멘'만으로 3분 이상을 노래하는 것이 그리 쉬운 일이 아니다. 단어 '아멘'은 원래 히브리어라고 한다. 강한 긍정의 의미를 뜻하는 단어로 우리말의 "참으로" 또는 "진실로"에 해당한다. 이 합창을 마지막으로 <메시아>가 끝나면 우리는 고개를 끄덕이며 '아멘'의 말뜻을 생각하게 된다. "참으로" 훌륭한 작품이다.

오라토리오 끝난 후에

이 대본을 만든 찰스 제넨스를 어떻게 평가해야할지 쉽지 않다. 결과론적으로 헨델 최고의 명작을 탄생시킨 장본인이라는 데에는 이의가 없지만 애초에 이런 오라토리오를 착안한 것은 어찌 보면 기발한 발상이고 동시에 무모한 시도이기도 하다. 헨델은 <메시아>를 작곡하는 데에 꽤 어려움을 겪었던 것으로 알려져 있다. 원래 작품을 재공연 할 때 수정하는 것은 헨델에게 흔한 일이지만 <메시아>는 그 중에서도 심한 예에 속한다. 그리고 일부 곡에 대해서는 대본가 제넨스와 갈등을 겪기도 했다. 이런 어려움의 출발점은 대본에 있다. 성경은 시편을 제외하면 대부분이 문어체이다. 그 자체로 시적인 운율을 찾기 어렵다. 물론 제넨스가 사용한 킹 제임스 버전 영어 성경은 소리 내어 읽는 데에 중점을 두었다고 한다. 그만큼 낭송적인 측면이 강조되었다는 뜻인데 그래도 한계는 있다. 이 성경 구절을 마치 운율이 흐르는 노래 가사처럼 다루어야 하는 헨델의 고충이 컸을 것이다. 또 위에서도 여러 번 강조했지만 가사 자체가 당시의 음악적 형식과 동떨어져 있는 문제도 있었다. 놀라운 것은 이 모든 난관에도 불구하고 명작을 남긴 헨델의 솜씨이다. 현재 연주되고 있는 판은 다양하지만 보통 원래대로 연주하는 경우는 많지 않다. 종종 오보에나 바순과 같은 목관악기를 현악기와 함께 연주하여 사운드를 강화하는 경우가 있으며 실제로 헨델 당시에도 그렇게 연주되었을 것이라고 한다. 어떤 버전이 헨델이 최종적으로 결정한 것인지는 알기 어렵다. 헨델이 수정한 이유는 대부분 음악적인 이유보다는 성악가들이 바뀌면서 생기는 일이었기 때문이다. 따라서 수정한 부분은 대부분 독창자들을 위한 곡들이고 합창곡은 거의 변하지 않았다. 그래서 그 어떤 버전으로 연주해도 "할렐루야"는 그대로 "할렐루야"이다.

이 명작이 런던 초연 때에는 특별한 호응을 얻지 못했다. 1743년 런던 초연 후에 1745년과 1749년에 재공연 되었으니 1748년까지 <메시아>는 큰 호응을 얻지 못했음을 짐작케 한다. 그러나 1749년부터는 거의 매년 그의 오라토리오 시즌에 공연되어 런던 초연 후 6년만에 제대로 평가받기 시작한 것이다. 1749년부터 헨델의 오라토리오 시즌은 명실공이 런던의 최고 흥행 공연이 되었고 이 때부터 런던 청중은 헨델 오라토리오의 진가를 발견하기 시작한 것이다. 이로부터 10년이 지나 헨델이 사망한 후에는 그의 명성에 가속도가 붙었고 <메시아>가 그의 대표작으로 굳어지기 시작한다. 1784년을 헨델의 탄생 100주년으로 잘못 알고 시작한 기념 공연은 해마다 거듭되었고 동원된 연주인원이 매년 늘어나며 대규모 공연의 전통을 쌓아갔다. 1787년에는 806명이 무대에 섰다고 하니 <메시아>의 "할렐루야"가 어떠했을지 짐작이 갈 것이다. 또 1791년에는 무려 1068명의 연주자가 동원되었고 이 <메시아> 공연 때 하이든이 참석했던 것으로 알려져 있다. 운동장에서 공연되는 대형 오페라처럼 1000명이 동원된 <메시아>가 음악적으로 훌륭하지는 않았을 것이나 그 장대함은 그 자체로 볼거리였을 것이다. 천 명이 외치기도 전인 1789년, 모차르트는 헨델의 <메시아> 악보를 손에 쥐었고 전곡에 자신의 생각을 넣은 모차르트판 <메시아>를 만든다. 전체적으로 모차르트는 관악기 부분을 강화했고 일부 아리아는 길이를 줄이기도 한다. 자기 곡을 쓰기도 바빴을 모차르트가 전 시대의 작곡가의 대작 전체를 편곡했다는 것만으로 그의 <메시아>에 대한 존경심을 엿볼 수 있다. 한편 베토벤도 선배 작곡가에 대한 자신의 관심을 표명한다. 베토벤이 헨델을 칭송했다는 말이 구체적으로 전해지기는 하지만 그 말의 진위를 따지기 보다는 그의 손으로 직접 베낀 <메시아>의 25번 합창곡인 "그의 상처로 우리는 나았다"가 모든 것을 대변한다.

요즘 <메시아>는 클래식 음악팬이 있는 곳에서는 거의 매년 크리스마스 시즌에 연주된다. 외국에서는 청중들이 악보를 들고 객석에서 무대 위의 합창단과 함께 노래하기도 한다. 종교적 내용을 지닌 음악으로는 가장 유명한 곡을 작곡한 헨델은 교회에 열심히 나갔을까? 그는 루터교 집안에서 태어났고 가톨릭의 중심지인 로마에서 가톨릭 종교음악을 작곡하기도 했으나 개종하지는 않았다고 한다. 런던에 정착한 후에는 영국 교회를 받아들였을 것으로 추정된다. 요한 세바스찬 바흐와는 달리 그의 종교에 대한 태도를 직접적으로 드러내는 일화는 거의 없다. 단지 우리는 그가 살아생전 실천했던 많은 자선 활동을 통해 그의 종교에 대한 생각을 간접적으로 추정할 뿐이다. 헨델이 죽기 전에 마지막으로 대면했던 향수판매업자 제임스 스미스는 작곡가의 죽음을 친구에게 알리며 다음과 같은 말을 한다. "그는 자기가 살던 대로 죽었다네. 착한 그리스도인으로 말이지. 주님과 인간에 대한 자신의 의무를 충실하게 수행했고 이 세상 모든 이를 진정으로 사랑하며 떠났네." 헨델은 자신의 유산을 배분하면서 자기를 시중들었던 하인들에게도 유산을 남겼고 가장 큰 돈을 자선 단체인 파운들링 고아원에 기부했다.

동시에 <메시아>의 원본 악보도 이 고아원에 기부하여 지금도 그 자선 단체 소유로 보관되어 있다고 한다. 말 그대로 헨델은 자기가 살던 대로 죽은 것이다. 일상의 삶속에서 많은 자선 단체를 위한 연주회를 기꺼이 개최하였고 죽으면서 자신이 가장 아끼는 <메시아>의 원본까지 고아원에 남겼다. 또 그는 수많은 아름다운 선율을 우리에게 그의 유산으로 남겨주었다.

음반 목록

요셉과 그의 형제들 Hyperion, CDA67171/3

이스라엘의 이집트인 Coro, Cor16011

여호수아 K&K, KuK 07

드보라 Hyperion, CDA66841/2

입타 K&K, KuK 60

삼손 Coro, Cor16008

사울 K&K, KuK 83

솔로몬 K&K, KuK 73

아탈야 Naxos, 8.554364-65

수산나 BIS, BIS-SACD-1436

벨사차르 K&K, KuK 67

에스테르 Coro, Cor16019

유다 마카베오 K&K, KuK 71

알렉사드로스 발라스 Hyperion, CDA67241/2

메시아 Coro, Cor16062

교양서적(100 시리즈)

101 고전음악의 이해 | 본문 허영한·이석원 저
1994/신국판 385면/15,000원

102 고전음악의 이해 | 감상용 CD 허영한·이석원 편
1997/CD 5매/35,000원

103 마법의 성: 오페라 이야기 1 허영한 저
2002/신국판 320면/15,000원

104 마법의 성: 오페라 이야기 2 허영한 저
2002/신국판 368면/15,000원
2002년도 문화관광부 추천도서-교양부문 선정

105 음악 속의 철학 오희숙 저
2009/신국판 276면/15,000원
2009년도 문화관광부 추천도서-학술부문 선정

106 철학 속의 음악 오희숙 저
2009/신국판 324면/16,000원
2009년도 문화관광부 추천도서-학술부문 선정

107 현대사회·현대문화·현대음악 이석원 저
2010/4·6배판 236면/25,000원

108 헨델의 성경이야기: 오라토리오와 구약성경 허영한 저
2010/신국판 371면/30,000원(CD 2매 포함)

전공자용 기초교재(200 시리즈)

201 새 들으며 배우는 서양음악사 | 본문 1 허영한·김문자·박미경·주대창·권송택·이석원·신인선 저
2009/4·6배판 290면/20,000원

202 새 들으며 배우는 서양음악사 본문 2 상동
2009/4·6배판 398면/21,000원

203 새 들으며 배우는 서양음악사 | 선곡집 1 허영한·김문자·박미경·주대창·권송택·이석원·신인선 저
2009/4·6배판 466면/25,000원

204 새 들으며 배우는 서양음악사 | 선곡집 2 상동
2009/4·6배판 522면/25,000원

205 새 들으며 배우는 서양음악사 | 선곡집 3 상동
2009/4·6배판 642면/28,000원

207 들으며 배우는 음악분석 1 전지호·이석원·허영한 저
2001/4·6배판 168면/24,000원(CD 2매포함)

208 들으며 배우는 음악분석 2 전지호·이석원·허영한 저
2001/4·6배판 272면/27,000원(CD 2매포함)

209 들으며 배우는 관현악문헌 | 실내악 1 차호성·오희숙 저
2003/4·6배판 341면/19,000원

210 들으며 배우는 관현악문헌 | 실내악 2 차호성·오희숙 저
2003/4·6배판 291면/17,000원

211 들으며 배우는 관현악문헌 | 실내악 CD 차호성·오희숙 편
2003/감상용 CD 6매/38,000원

214 들으며 배우는 피아노문헌 1 김미옥·차호성·오희숙 저
근간

215 들으며 배우는 피아노문헌 2 김미옥·차호성·오희숙 저
근간

238 무조음악분석-집합이론의 적용과 실습 (절판) 안소영 저
2008/4·6배판 254면/19,000원

분야별 상급교재 및 전문서적(300시리즈)

301 음악학 홍정수·허영한·오희숙·이석원 저
2004/신국판(양장) 592면/25,000원
2004년도 문화관광부 추천도서-학술부문 선정

302 음악음향학 이석원 저

2003/신국판(양장) 467면/22,000원

2003년도 문화관광부 추천도서-학술부문 선정

303 음악심리학 이석원 저

1994/신국판 340면/13,000원

305 20세기 음악미학 이론 홍정수·오희숙 저
-아도르노·달하우스·크나이프·다누저

2002/신국판 410면/16,000원

306 20세기 음악 1: 역사·미학 오희숙 저

2004/신국판(양장) 560면/24,000원

307 20세기 음악 2: 시학 오희숙 저

2004/신국판(양장) 384면/21,000원

2004년도 문화관광부 추천도서-학술부문 선정

308 음악이론의 역사 김연 저

2006/4·6배판(양장) 560면/35,000원

2008년도 학술원 우수학술도서 선정

309 음악이론과 분석(절판) 김연 책임편집

2005/4·6배판(양장) 432면/24,000원

2005년도 문화관광부 추천도서-학술부문 선정

310 중세음악: 역사·이론(절판) 김미옥 저

2005/신국판(양장) 528면/24,000원

2005년도 문화관광부 추천도서-학술부문 선정

311 음악학 원전 강독 홍정수·허영한·오희숙·이석원 편

2005/신국판(양장) 522면/24,000원

2005년도 문화관광부 추천도서-학술부문 선정

312 음악학 문헌 강독 홍정수·허영한·오희숙·이석원 편

2007/신국판(양장) 572면/25,000원

2007년도 문화관광부 추천도서-학술부문 선정

313 음악사회학 원전 강독 한독음악학회 편

2006/신국판(양장) 528면/24,000원

2007년도 문화관광부 추천도서-학술부문 선정

논문집(400시리즈)

401 음악과 이론 1(절판) 서우석 편
1985/신국판 400면/6,800원

402 음악과 이론 2(절판) 서우석 편
1986/신국판 525면/7,500원

403 음악과 이론 3 서우석 편
1988/신국판 386면/6,000원

404 음악과 이론 4 서우석 편